D1654494

Lieber Raffael,

mach Dir Deine Welt wie sie DIR gefällt!

Viel Spaß & Erfolg bei der Suche nach DEINEM

5. September 2019

OLIVER M. GULDE

MENTALMAN

ENTDECKE DEN SUPERHELD IN DIR

ISBN: 978-3-96301-001-9
1. Auflage März 2018
© 2018 by Oliver M. Gulde
Verlag: GULDE media, Seestraße 15, 97996 Niederstetten
Covergestaltung und Lektorat: Fabian Gulde
Gestaltung Innenteil und Lektorat: Monika Gulde
Technischer Support: Daniel Gulde
Druck und Bindung: CPI books GmbH, Leck
Printed in Germany

www.gulde-media.com

Bibliografische Information der Deutschen Nationalbibliothek
Die Deutsche Nationalbibliothek verzeichnet diese Publikation in der Deutschen
Nationalbibliografie; detaillierte bibliografische Daten sind im Internet
über http://dnb.dnb.de abrufbar.

Alle Rechte der Verbreitung, auch durch Funk, Fernsehen und sonstige Kommunikationsmittel, fotomechanische oder vertonte Wiedergabe, elektronische Datenträger sowie auszugsweise Nachdrucke, sind vorbehalten.

Alle Informationen und Ratschläge in diesem Buch wurden vom Autor und vom Verlag sorgfältig erwogen und geprüft. Eine Garantie kann dennoch nicht übernommen werden. Eine Haftung des Autors beziehungsweise des Verlags und seiner Beauftragten für Personen-, Sach- und Vermögensschäden, die sich aus der praktischen Umsetzung der in diesem Buch dargestellten Inhalte ergeben, ist daher ausgeschlossen.

Die Handlung, Namen und alle handelnden Personen sind frei erfunden oder abgeändert. Jegliche Ähnlichkeit mit lebenden oder realen Personen wären rein zufällig.

VORWORT

Die nachfolgende Geschichte schlummerte schon lange in mir und hat nun endlich das Licht der Welt erblickt.

Inspiriert und motiviert haben mich die Erlebnisse und Erkenntnisse meiner Klienten und Seminarteilnehmer. Diese Geschichte ist auch zusätzlich verbunden mit meinem eigenen, in der Vergangenheit oft holprigen Lebensweg sowie den Erfahrungen und Abenteuern auf den zahlreichen Reisen in nahe und ferne Länder.

Willst Du ein wirklich selbstbestimmtes Leben haben, in dem Freiheit groß und grenzenlos ist? Dann hält Dir dieser Roman mit seinen Abenteuern so einige Geheimnisse dafür bereit. Ich lade Dich auf eine Entdeckungsreise ein, um diesen Schatz für Dich selbst zu finden. Du kannst Detektiv, die Hauptfigur Mark oder wenn Du möchtest, sogar der Superheld sein – oder Du bleibst einfach Du selbst. Hauptsache, Du entdeckst den Weg zu Deinem Mentalman.

Entdecke neue Impulse und Erkenntnisse für ein tieferes Bewusstsein dafür, dass es die Abenteuer sind, die das Leben mit Begeisterung füllen.

Ich wünsche Dir ganz viel Spaß und Freude auf der Spurensuche nach dem Superheld in Dir.

Heldenhafte Grüße
Dein Oliver M. Gulde

– Dieses Buch widme ich Dir –

Warum spreche ich Dich mit Du an?
Weil ich mich freue, wenn wir uns im Leben einmal persönlich begegnen und Du mich auch mit Du ansprichst. Dann weiß ich genau, dass Du MENTALMAN entdeckt hast.

Mentalman
Entdecke den Superheld in Dir

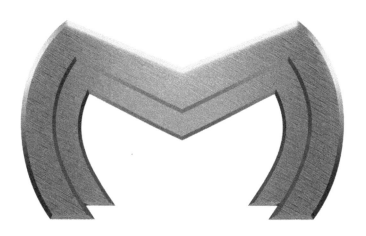

Inhalt

Auf der Suche nach dem Paradies	11
Nur Superhelden können fliegen	23
Freunde für's Leben	43
Adler müssen fliegen	65
Der Ernst des Lebens beginnt	89
Der Held regiert das Geld	115
Das Leben ist ein Pferdehof	143
Neues Ziel, neues Glück	185
Ein heller Stern macht Hoffnung	223
Club der großen Helden	241
Der Ruf nach Freiheit	255
Mach doch was Du willst	295

AUF DER SUCHE NACH DEM PARADIES

Gerade erinnere ich mich an eine Zeit zurück, als ich 67 war.

Es fühlte sich wohlig warm um mich herum an und ich lag schwebend in einem mit Wasser gefüllten höhlenartigen Becken. Obwohl ich ganz für mich alleine war, spürte ich eine tiefe, liebevolle Verbundenheit in dieser Stille, untermalt von einem pulsierenden Klopfen. Jede noch so kleine Veränderung brannte sich tief in meine Zellen ein. Unauslöschlich sollten alle Erinnerungen bleiben. Ich war im Paradies angekommen.

   Da waren sie wieder, diese Geräusche, deren Schwingungen meinen Körper durchströmten. Es kam mir vor wie eine halbe Ewigkeit, sobald erneut diese Stille aufkam. Nur noch das gewohnte Pulsieren in meinem Bauch konnte ich spüren. Es spendete mir immer und immer wieder Energie und dieses wohlige Gefühl der Liebe und Zuneigung. Ein weiteres Mal nahm ich Geräusche wahr – doch diesmal anders. Deutlicher und schon fast bedrohlich wirkten sie in mir. Plötzlich durchfuhr es mich wie ein elektrischer Schlag und mein ganzer Körper wurde steif und starr. Es fühlte sich so unangenehm an, dass ich noch Stunden oder sogar Tage verbrachte, damit zurechtzukommen. Doch was war das? Es sollte allerdings nur der Anfang sein einer immer wiederkehrenden Tortur von Schmerz, Angst und Unbehagen.

Ich lernte schnell, dass ich es oftmals selbst steuern konnte. Immer, wenn ich meine Beine stärker bewegte, mich streckte, spürte ich wieder und wieder diesen Elektroschock. Also schön ruhig bleiben, dann ist alles gut! Allerdings stellte ich auch fest, dass mein Paradies immer ungemütlicher wurde und ich spürte einen Drang nach Freiheit. Besonders einmal, als ich in dieser dunklen Höhle bemerkte, wie sich etwas Schlauchartiges um meinen Kopf und Hals legte und es immer enger und enger wurde. Ich kämpfte mit diesem Etwas auf Leben und Tod und riss es mit bloßen Händen von meinem Hals. Ich konnte gerade noch aus diesem Würgegriff entkommen. Da nahm ich ihn wieder wahr, meinen unbändigen Drang nach Freiheit.

Doch ich wusste damals noch nicht, was mich erwartet, falls ich diese Höhle jemals lebend verlassen sollte. Ist dann dort auch ein Paradies und finde ich dort wirklich meine Freiheit?

Mittlerweile waren viele Tage vergangen und ich fühlte mich bisher einfach noch nicht reif genug diesen Weg zu beschreiten. Ich zögerte immer wieder mit meinem Vorhaben. Vor was hatte ich denn so viel Angst?

Plötzlich fühlte ich diesen einen Moment, in dem ich all meine Gedanken auf einen Prozess bündeln musste, den ich nicht mehr stoppen konnte. Und erneut spürte ich diesen Schlauch, der mich zurückhalten wollte. Doch ich presste und drückte mich mit aller Kraft und dem Kopf voraus durch diese enge Stelle, welche der Weg zur Freiheit zu sein schien. Der Druck war unbeschreiblich und wirkte auf meinen ganzen Körper. Zu allen mir bisher bekannten Emotionen mischten sich neue unbekannte hinzu. Die Geräusche wurden immer lauter und ich erblickte nach 281 Tagen schließlich das Licht der Welt. Die letzten 215 davon habe ich alles abgespeichert, vom ersten Moment an, als ich mit 67 Tagen angefangen hatte zu denken – also zu sein!

Es war eine komische neue Welt – hell, kalt und laut. Das machte mir Angst. Ich hätte sterben können! Und dieser bedrohliche Schlauch, der noch an meinem Körper haftete, wurde zum Glück entfernt. Plötzlich fühlte ich mich schwer, mit dem Kopf nach unten hängend und an den Beinen gehalten, so dass meine Knie zitterten. Ich bekam von hinten einen unerwarteten Schlag auf meinen Po und begann zu schreien. Meine Lungen füllten sich zum ersten Mal mit Luft. Mann, war das eine stressige Erfahrung so machtlos in der Luft zu hängen. Doch es gab keinen Weg mehr zurück. Alles neu und unbekannt. Wo war ich jetzt?

Da hörte ich eine mir bekannte Stimme, die etwas erschöpft, jedoch liebevoll zu mir sprach:

»Da ist er ja endlich, mein geliebter Sohn Mark.«

Das musste sie also sein, die Frau, welche mich in den letzten neun Monaten in sich getragen hatte. Endlich wurde ich zu meiner Mama auf den Brustkorb gelegt und ich hörte ihre Worte:

»Du bist so schön, du kleines Wunder. Endlich bist du da! Und jetzt wird alles gut!«

Ich dachte mir damals: ›Meint die mich? **Gestatten – ICH bin MENTALMAN – Marks Unterbewusstsein.***‹*

ICH hatte bisher folgende Aufgaben – alles mental zu speichern und alle Organe so zu steuern, dass mein Körper gesund auf die Welt kommen konnte. ICH werde sein ganzes Leben bei ihm sein und ihn beschützen. In ziemlich genau zweieinviertel Jahren wird sich Marks Bewusstsein, also sein Wille und Verstand, entwickelt haben. Bis dahin wird er mit dem Bewusstsein seiner Mama eng verbunden bleiben. Und dann stehe ICH Mark mit meinen gespeicherten Erinnerungen, Erfahrungen, Erlebnissen und den damit verknüpften Emotionen als Informationsquelle zur Verfügung.

Ich spürte, wie erschöpft mein Körper von dieser Reise war. Außerdem fehlte mir schon ein wenig die Verbundenheit durch die Nabelschnur. Ganz viele neue Eindrücke sammelte ich an meinem ersten Tag auf der Säuglingsstation. Ich nahm viele fremde Geräusche und Gerüche wahr und konnte mir nicht vorstellen hier im Paradies zu sein. Und dann stach mir auch noch jemand mit etwas Spitzem in meine Ferse. Mann, hab ich mich da erschrocken!

Alles war anders. Alles war neu und ich versuchte mich vorsichtig zu bewegen, um nicht wieder diese Elektroschockstarre am Körper zu spüren. Doch diesmal verlief alles gut und ich hatte sogar richtig Platz, um mich zu strecken.

Außerdem empfing ich unscharfe Bilder von außen – wie ein schlechter Schwarz-Weiß-Film, aber viel besser als die vorherige schemenhafte Dunkelheit in der Höhle. Damals wusste ich noch nicht, dass sich meine Augen zu der wichtigsten Breitbandverbindung nach außen entwickeln sollten.

Also machte ich mich wieder daran alles abzuspeichern – jeden Geruch, jedes Geräusch und jedes einzelne Bild, so lange ich meine Augen offen halten konnte.

Ich wusste zwar noch nicht, warum ich all die Informationen speichern sollte, das zeigte sich aber schon bald ganz deutlich.

Als ich Hunger hatte, brachte man mich zu meiner Mama, die ich sofort am Geruch und an ihrer Stimme erkannte. Ich genoss die Nähe, die Zuneigung und auch die Art und Weise, wie ich nun von ihr die Nahrung geliefert bekam. Nicht mehr über den Bauchnabel, sondern nur noch direkt von ihrer Brust in meinen Mund. Das muss wohl das Paradies außerhalb der dunklen Höhle sein!

Mir fiel auf, je mehr ich abspeicherte, desto mehr fing ich auch an, in meinem Speicher zu suchen. Habe ich das schon einmal erlebt? Wie habe ich mich dabei gefühlt? Und wenn ich keine gute Erinnerung daran hatte, wie könnte ich es künftig vermeiden?

Also steuerte ich meinen Körper am einfachsten, indem ich ihn lauthals zum Schreien brachte, wenn mir etwas nicht gefiel. Denn das hatte ich schon gelernt – man kümmerte sich dann um mich.

In den ersten Tagen bekam ich sogar Besuch. Ich wurde betrachtet und durch die Gegend getragen. Zwei der Besucher fielen mir besonders auf. Ihre Stimmen hatte ich schon länger in meinem Speicher. Eine mit einer tiefen und die andere mit einer hohen Tonlage. Der mit der tiefen Stimme stellte sich im Laufe der Zeit als mein Erzeuger heraus. Mein Papa hieß David. Soweit ich mich erinnern kann, war er fast immer weg. Auch bei meiner Geburt. Von ihm bekam ich mein erstes Geschenk – den Kuschelhasen Floppy, der in meinem Leben noch eine große

Rolle spielen sollte. Die mit der hohen Stimme war meine große Schwester Penny. Sie war sechs Jahre alt, als ich sie das erste Mal sah.

Nach einer Woche kam ich dann schließlich heraus aus dem Krankenhaus. Da ich es nicht nur in guter Erinnerung behalten habe, freute ich mich schon auf das Neue. Endlich hatte ich das Gefühl von grenzenloser Freiheit! Neue Geräusche folgten, wie das tiefe Brummen, das mich in eine schaukelnde Bewegung brachte, so dass sich meine Augen schon nach kurzer Zeit schlossen.

In meinem neuen Zuhause angekommen, roch alles frisch und ich hatte sogar mein eigenes Reich. Hell und freundlich eingerichtet, mit tollen Sachen, die über dem kleinen Bettchen schwebten. Ich wurde von meiner Familie richtig umsorgt und verwöhnt. Das musste doch endlich das Paradies sein. Es war schöner, als ich mir das je hätte erträumen können. Ich hatte alles, was ich zum Glücklichsein brauchte – bis auf meinen Papa, den ich nur selten sah. Doch das machte nichts – ich hatte ja noch meine Mama, meine große Schwester Penny und auch den Kuschelhasen Floppy.

Allerdings bemerkte ich, auf welche Art und Weise sich meine Eltern unterhielten – nämlich viel lauter als sonst. Es hörte sich oft böse in meinen Ohren an. Doch wenn ich dann selbst anfing zu schreien, dann hörten sie auf und kümmerten sich um mich.

Es kamen auch viele Menschen zu Besuch, welche mich sehen und auf den Arm nehmen wollten. Wenn es mir zu viel wurde, dann habe ich erneut geschrien. Schreien half einfach immer!

Ich lernte sehr viel und jeden Tag aufs Neue. Dafür musste ich einfach nur alles nachmachen, was mir Mama und Penny zeigten. Am Anfang fiel es mir schwer, doch mit etwas Übung und Geduld lernte ich sogar mich fortzubewegen – erst rollend, dann krabbelnd. Und weil die anderen alle auf zwei Beinen noch schneller vorankamen, lief ich die ersten Schritte, noch bevor ich ein Jahr wurde. Immer wieder fiel ich hin, schlug mir den Kopf an und zog mir blutige Stellen am Körper zu – so lange bis ich es schließlich richtig gut konnte. Ich hatte es geschafft und mein Ziel erreicht, so wie die Großen zu sein.

Und wenn mein Papa dann mal da war, dann beschlagnahmte ich ihn für mich. Das machte Penny oft wütend, aber sie zeigte es mir immer nur dann, wenn niemand hinsah.

So wie damals, als mich Mama in den Laufstall gesetzt hatte, weil sie kurz zum Einkaufen ging und Penny auf mich aufpassen sollte. Ich gab natürlich keine Ruhe und wollte heraus aus dem Gefängnis. Jedes Mal wenn ich mich am Gitter hochzog und versuchte dieses zu überwinden, warf sie Bücher und Spielzeug auf mich, bis ich wieder umfiel und mir dabei mehrmals den Kopf anschlug. Ich weinte vor Schmerzen und hatte riesige Angst, weil diesmal niemand kam, um mich zu retten. Das machte sie so lange, bis ich in diesen Sachen fast bewegungslos feststeckte. Ich erkannte, wenn ich mich ruhig verhielt, dann hörte Penny auf zu werfen. Es dauerte unendlich lange, bis meine Mama dann endlich zurückkam. Als ich sie sah, strahlte ich sie voller Freude an, obwohl mir noch die letzten Tränchen an den Wangen herunter kullerten. Doch sie nahm als erstes einen Fotoapparat, um das Chaos für die

Nachwelt festzuhalten. Penny erklärte ihr danach, dass sie nur mit mir gespielt hätte.

Ein anderes Mal nahm sie mir, als ich schlief, alle Kuscheltiere weg und versteckte sie in ihrem Zimmer. Trotz allem hatte ich meine große Schwester lieb.

Als ich dann knapp zwei Jahre alt war, gab es wieder einen heftigen Streit zwischen Papa und Mama – noch lauter und länger als sonst. Doch diesmal packte Papa alle Dinge zusammen, die ihm scheinbar wichtig waren, und verließ uns mit dem großen brummenden Auto. Mama stand weinend im Garten und obwohl Penny und ich Papa noch bis zur Straße hinterher liefen, fuhr er weg. Penny versteckte sich daraufhin im Haus und ich lief weinend zu Mama. Sie saß nun auf der Steintreppe vor dem Haus, zitterte am ganzen Körper und drückte mich ganz fest zu sich. Sie brachte nur zusammenhangslose Worte hervor, die sich tief in mir festsetzten: »Für immer weg – haben alles verloren – du musst jetzt groß und stark sein.«

Ich hatte das Gefühl, dass ich immer für meine Mama da sein musste.

Es dauerte nicht lange, da zogen wir zu Opa und Oma aufs Land. Wir hatten dort richtig viel Platz zum Spielen. Im Dorf gab es viele Tiere. In den Wäldern und auf den Wiesen waren wir mit Opa oft und lange unterwegs und ich lernte jeden Tag etwas Neues dazu.

In dieser Zeit merkte ich, wie ich mich veränderte – ICH! Mir kam es vor, als ob in mir noch eine zweite Seite auftauchte, ein *eigenes Bewusstsein, das mit mir, also dem Unterbewusstsein, zwar kommunizierte, aber oft völlig andere Sachen machte, als ICH es aus meiner Erfahrung tun würde. Es hatte für mich den Anschein, als ob sich ein Teil von mir abgespalten hätte und Mark nicht mehr von mir kontrolliert, sondern mehr und mehr von einer anderen Kraft gesteuert werden würde. Tagsüber vor allem hatte es die Macht über Marks Handeln. Als Mark sich dann eines Tages vor dem Spiegel im Schlafzimmerschrank betrachtete und dann nicht mehr wie gewohnt auf sein Spiegelbild zeigte und »Da« sagte, sondern die eigene Nase berührte und »Ich« rief, da merkte ICH, dass ICH nur noch die zweite Geige spielte. ICH sollte mit meinen Millionen von gespeicherten Erinnerungen, diesem riesigen Erfahrungsschatz, von einer anderen Instanz bestimmt werden? Da war ICH schon etwas gekränkt und nannte ihn ab sofort etwas distanziert nur noch Mark.*

ICH fungierte weiterhin als MENTALMAN und tauchte ab in meine Welt – ins Unterbewusstsein. ICH beobachtete natürlich meinen Kontrahenten, Marks Bewusstsein, das von Tag zu Tag stärker wurde. Doch es konnte mir nie das Wasser reichen, egal was es auch tat. Mark merkte es allerdings nicht, dass ICH mich immer mehr zurückzog, denn er hatte für sich einen Weg gefunden, mehr und mehr Freiheit mit seinem eigenen Willen und Verstand zu erlangen.

Nach einiger Zeit verließ Marks Mama morgens regelmäßig das Haus und verabschiedete sich mit den Worten: »Schatz, ich muss arbeiten. Bis später.«

Er spürte ihre Traurigkeit, weil sie ihn allein lassen musste. Doch sie hatte ja Oma, die auf Mark aufpasste, bis sie nachmittags von der Arbeit zurückkehrte und sich dann zuerst einmal um Penny und ihre Hausaufgaben kümmerte.

Mark entwickelte in dieser Zeit ein Verhaltensmuster, das für seine Angehörigen und auch für sein Bewusstsein für Verwunderung sorgte. Wenn er nach dem Mittagsschlaf allein im Wohnzimmer aufwachte und auf sein Rufen niemand reagierte, schlug er solange den Kopf gegen die Tischkante und schrie, bis seine Mama oder Oma hereinkam, um ihn zu trösten. Das führte dazu, dass Mark, wenn er nach einem solchen Anfall mit Beulen und Schrammen am Kopf in der Öffentlichkeit auftauchte, oft bemitleidet wurde und dadurch erneut seine Aufmerksamkeit bekam.

Also hatte ICH durch dieses neue Verhaltensmuster Marks Ziel perfekt erreicht. Um Aufmerksamkeit zu bekommen, genügte es nach seiner Geburt, einfach zu schreien. Es erschien mir zwar komisch, allerdings war nun für Mark der körperliche Schmerz weniger schlimm, als die Angst davor, alleine und machtlos zu sein. Zu diesem Zeitpunkt erwies es sich als meine beste Strategie, um ihn vor seinen Ängsten zu beschützen.

Mark merkte, dass sein Opa Penny immer besser behandelte als ihn. Als er eines Sonntags nach dem Essen auf der Terrasse im Planschbecken saß und auf ein Eis verzichten sollte, weil er seinen Teller nicht leer gegessen hatte, da kam in ihm Wut auf und er sprang heulend aus dem Becken. Denn Penny schleckte vor seinen Augen genüsslich und bewusst provozierend an ihrem Eis.

»Ich verlass euch jetzt, wie Papa!«, teilte Mark unter Tränen mit.

Alle lachten ihn aus, wodurch er noch wütender wurde. Daraufhin setzte er seine Sonnenbrille auf und schnappte sich seinen Floppy. Opa fragte ihn, von was er denn leben wolle.

Da griff Mark nach dem Kinderbesen und sagte trotzig: »Dann werd ich halt Straßenkehrer!«, und stampfte Richtung Hofeinfahrt davon.

Opa rief hinterher: »Komm zurück, Mark!«

Er blieb stehen und drehte sich zu Opa um.

»Hast du nicht was vergessen?«, fragte Opa und wieder lachten ihn alle aus.

ICH versuchte Mark noch zu unterstützen, fand jedoch nichts Wichtiges mehr, was er für seinen Plan brauchen könnte.

Nachdem Marks Mama mit dem Fotoapparat vor ihm stand und diesen Moment für die Nachwelt festhielt, nahm sie ihn in ihre Arme und flüsterte ihm mit einem Lächeln zu: »Mark, du hast doch gar keine Hose an.«

Als Oma Penny wegen ihres unfairen Verhaltens schimpfte und für Mark auch ein Eis holte, konnte er schließlich auch darüber lachen. Allerdings sollte das nur der Anfang sein von einem immer wiederkehrenden Drang, aus Wut unüberlegte Dinge zu tun.

NUR SUPERHELDEN KÖNNEN FLIEGEN

An einem heißen Ferientag im August wollte Penny mit ihren neuen Freundinnen an den nahe gelegenen See zum Schwimmen gehen. Oma musste allerdings noch die Gartenarbeit erledigen und gab Penny die Aufgabe, Mark schon einmal mitzunehmen und auf ihn aufzupassen, bis sie nachkommen könne. Penny wehrte sich voller Wut, da sie keine Lust hatte ihn dabei zu haben. Doch Oma setzte Mark einfach in den neuen Buggy, schnallte ihn an und sagte: »Entweder du nimmst Mark jetzt mit oder du wartest noch eine halbe Stunde hier bis ich fertig bin!«

Penny wählte unter Protest das weniger große Übel und schnappte ihre Badesachen. Sie rumpelte mit dem Buggy über das Gemüsebeet vor zur Straße.

Oma rief noch hinterher: »Penny, geh aber erst ins Wasser, wenn ich da bin und pass solang auf Mark auf.«

Doch Penny hörte nicht mehr richtig hin und stampfte den Landwirtschaftsweg entlang Richtung See.

Bald darauf kamen sie am alten Steinbruch vorbei und Penny schimpfte immer noch auf Mark ein, was er doch für ein doofer Bruder sei und dass nur er Schuld an Papas Verschwinden habe.

»Dafür bekommst du jetzt deine Strafe«, zischte sie voller Hass. »Ich schubs dich jetzt da hinten in den Steinbruch!« Dabei fuhr sie ein Stück vom Weg ab in Richtung des abgesperrten Abgrunds.

Mark erstarrte vor Angst und gab keinen Ton mehr von sich, da er genau wusste, wie gemein Penny sein konnte, wenn sie keiner beobachtete. Doch zum Glück fuhr von hinten ein Auto heran und Penny schwenkte schnell wieder mit dem Buggy auf den richtigen Weg zum See. Mark gab keinen Mucks mehr von sich, während Penny weiter hinab zum See lief. Als sie dort ankamen, schlief Mark vor Erschöpfung bereits tief und fest in seinem Buggy.

Sie stellte ihn ein Stück hinter die Badetücher ihrer Freundinnen in den Schatten. Diese genossen bereits den Badespaß. Rasch zog Penny ihr Kleidchen aus und hüpfte im Bikini in das kühlende Nass. Ohne überhaupt noch an Mark zu denken, hörte sie nach einer Weile ihre Oma rufen: »Penny, Penny, wo ist Mark?«

Sie drehte sich im Wasser zu ihr und rief zurück: »Oma, da oben hinter den Tüchern, hä, wo ist er denn?«

Panisch schwamm Penny ans Ufer, während Oma, so schnell sie konnte, zu dem abschüssigen Hang in Richtung des tieferen Teils des alten Steinbruchs rannte. Dort sah sie in einem Busch auf einem Felsvorsprung noch ein Rad von Marks Buggy nach oben heraus stehen. Als sie genauer schaute, sah sie, wie Mark bewegungslos mit dem Kopf nach unten hing.

Die entsetzte Oma schrie Penny laut zu: »Schnell, schnell wir brauchen dringend die Feuerwehr und einen

Notarzt! Schnell Penny, lauf sofort ins Ort zum Rathaus, dort ist die Polizei!«

Penny und zwei weitere Freundinnen rannten augenblicklich los. Währenddessen eilte der Vater einer Freundin von Penny, der gerade aus dem Wasser kam, Marks Oma sofort zur Hilfe. Er erkannte die bedrohliche Lage und wusste, dass es um Leben und Tod ging.

Er sprintete an sein Auto, zog sich schnell an und schnappte sich ein Abschleppseil, einen Verbandskasten sowie ein großes Messer aus dem Kofferraum. Am Absturzort zurück, band er sich das eine Ende des Seils um seinen Bauch und das andere an einen stabilen Baum, bevor er sich behutsam zu Mark abseilte. Mit Hilfe des Messers befreite er zunächst den bewusstlosen Mark vorsichtig aus dem Buggy und legte ihn anschließend auf dem Felsvorsprung ab. Daraufhin zog er sein Hemd aus und schob es unter den blutüberströmten Kopf. Sofort leistete er erste Hilfe und schaffte es, ihn wach zu bekommen. Mit dem Verbandsmaterial legte er einen Druckverband an. Kurz danach krachte der Buggy mit einem lauten Knall die restlichen zehn Meter in die Tiefe. Mittlerweile kam Penny mit dem Polizist zurück. Er informierte Marks Oma, dass die Feuerwehr, der Notarzt und ein Krankenwagen schon unterwegs seien. Ein paar Minuten später rückte auch schon die freiwillige Feuerwehr mit lautem Martinshorn heran, um Mark mit einer Rettungsliege nach oben zu befördern. Dort angekommen untersuchte ihn der inzwischen eingetroffene Notarzt und versorgte ihn weiter.

Penny stand weinend und kreidebleich daneben und stammelte vor sich hin: »Mark, das wollt ich doch nicht. Oma, das tut mir so schrecklich leid.«

»Es wird bestimmt alles wieder gut«, tröstete Oma Penny.

Noch bevor Oma mit in den Krankenwagen stieg, bat sie den Polizisten darum, mit Penny zur Elektrobaufabrik zu fahren, um ihre dort arbeitende Tochter Angy über den Unfall zu informieren.

Penny saß immer noch apathisch auf dem Rücksitz, als der Polizist an der Eingangspforte parkte. Er ließ sie kurz im Auto sitzen und kehrte anschließend mit einer völlig aufgebrachten Mutter zurück. Penny fiel laut schluchzend in die Arme ihrer Mama: »Ich hab das nicht gewollt! Hoffentlich wird Mark wieder gesund, lieber Gott, bitte!«

Der Polizist bot Angy an, sie beide in das 25 Kilometer entfernte Krankenhaus zu fahren, da er für den Unfallbericht noch ein paar Fragen an Marks Oma hatte. Auf dem Weg zum Krankenhaus versuchte Angy noch ein paar Informationen aus Penny heraus zu bekommen.

Dort angekommen eilten sie zur Notaufnahme und eine Schwester teilte ihnen mit: »Mark wird gerade geröntgt, bitte nehmen Sie im Wartebereich Platz.«

Dort saß auch Oma, die nervös auf neue Nachrichten wartete und ihre Familie erst einmal in die Arme nahm. Anschließend beantwortete sie dem Beamten noch ein paar Fragen, wobei die schweigende Penny beschämt nach unten schaute.

»Wenn Sie noch etwas rausbekommen, dann melden Sie sich bitte bei mir«, verabschiedete sich schließlich der Polizist.

Nach einer gefühlten Ewigkeit kam endlich der Arzt und teilte ihnen die Diagnose mit: »Mark hat eine Gehirnerschütterung, eine Platzwunde über dem linken Ohr und eine komplizierte Mehrfachfraktur am linken Unterarm, die wir operieren müssen. Die Organe sind nach unserer bisherigen Untersuchung in Ordnung und bis auf ein paar Narben wird wohl alles wieder heilen. Dennoch mussten wir ihm ein Beruhigungsmittel geben, weil er wie wild seinen Kopf auf den Röntgentisch schlug und immer wieder ›Nein Penny, nein Penny!‹ rief. Darüber können wir aber später noch einmal reden. Hier habe ich noch die Einwilligung für die Narkose, die Sie als Mutter bitte unterschreiben müssen. Wir werden ihn sofort operieren, deswegen können Sie leider jetzt nicht mehr zu ihm. Am besten gehen Sie nach oben und stärken sich in der Kantine. In ca. drei Stunden melden Sie sich dann bitte bei den Schwestern auf der Intensivstation.« Anschließend verschwand der Arzt in den Operationssaal.

Oben angekommen suchte Oma ein Münztelefon, um Opa anzurufen. Angy holte sich erst einmal einen Kaffee sowie für Penny ein Stück Kuchen und beide setzten sich an einen freien Tisch. Die besorgte Mutter versuchte noch ein paar Details von Penny zu erfahren. Dies scheiterte allerdings, da sie jämmerlich anfing zu weinen. Oma kam mittlerweile wieder zu ihnen und teilte mit, dass Opa sie nach Feierabend abholen käme. Um Penny etwas abzulenken, gingen sie nach draußen und setzten sich auf eine Bank mit Ausblick auf den Stadtrand.

»Wird Mark wieder ganz gesund?«, fragte Penny mit weinerlicher Stimme.

»Ja, bestimmt«, beruhigte ihre Mutter sie, um sie nicht noch weiter zu verunsichern.

Da fiel Penny plötzlich auf, dass an dem Hügel gegenüber ihr altes Haus stand, welches sie vor einem dreiviertel Jahr verlassen mussten.

»Wo bist du Papa?«, schluchzte sie vor sich hin.

Mama und Oma nahmen sie von beiden Seiten in den Arm und schwiegen gemeinsam ein ganze Weile vor sich hin. Als Angy auf ihre Uhr schaute, waren noch nicht einmal zwei Stunden vergangen. Dennoch spürte sie den inneren Drang, nach ihrem Sohn zu sehen.

»Bitte wartet hier, ich möchte jetzt nach Mark schauen und komme gleich wieder zurück«, sagte sie.

Die Schwestern auf der Intensivstation schienen sichtlich erleichtert, Marks Mutter zu sehen, denn er weinte und schrie abwechselnd, so dass zwei Schwestern alle Hände voll zu tun hatten, um ihn festzuhalten, ohne dass er sich wieder verletzte. Angy durfte sofort zu ihm und Mark wurde auch gleich ruhiger. Er freute sich sie wiederzusehen und ihre Hand auf seiner Wange zu spüren.

»Mark, ich bin ja da! Alles ist gut« tröstete sie ihn.

»Penny soll das nie wieder machen. Ich tu auch alles, was sie will. Bitte!«, antwortete Mark.

»Alles gut mein Schatz, jetzt ist alles wieder gut!«, beruhigte ihn seine Mutter.

Es war dieser Geruch nach Krankenhaus, den ICH schon seit dem Tag meiner Geburt als unangenehm abgespeichert hatte. Deshalb schickte ICH Mark diese Erinnerungen mit allen bekannten dazugehörigen Vermeidungsstrategien.

Kurz darauf betrat der behandelnde Arzt den Raum und witzelte mit Mark: »Na kleiner Mann, hast du versucht zu fliegen? Das können nur die Superhelden, also das nächste Mal lieber sein lassen.«

Er wandte sich Angy zu: »Ihr Sohn hat großes Glück gehabt, dass gleich ein Helfer vor Ort war und einen Druckverband angelegt hat. Er hat dennoch sehr viel Blut verloren. Die Platzwunde haben wir genäht und den komplizierten Armbruch in die richtige Position gebracht und fixiert. Das heilt sehr schnell bei kleinen Kindern. Für die Gehirnerschütterung braucht er noch etwas Ruhe. Nur wegen seiner Angst, vor was auch immer, sollten Sie professionelle Hilfe aufsuchen.«

Angy bedankte sich mit Tränen in den Augen bei dem Arzt und fragte, wie es nun weitergeht. Darauf empfahl der Arzt, Mark erst einmal noch zwei Tage zur Beobachtung im Krankenhaus zu behalten. Aufgrund seiner Verhaltensauffälligkeiten bot er Angy an, am besten auch über Nacht dort zu bleiben. Er hatte dafür bereits auf Station B1 ein gemeinsames Zimmer für Mutter und Kind organisiert.

»Okay, dann werde ich jetzt frische Kleidung für uns beide organisieren und gehe zu meinen Angehörigen nach draußen«, antwortete Angy dem Arzt.

Sie drehte sich zu Mark: »Ich bleibe aber auf jeden Fall heute Nacht bei dir. Kann ich dich jetzt mal mit den Schwestern alleine lassen?« Mark nickte. »Wir sehen uns dann nachher auf der Station«, beruhigte Angy ihren Sohn.

Mittlerweile erreichten auch Penny und ihre Oma die Intensivstation, da sie sich schon Sorgen machten. Sie durften allerdings nicht zu Mark und mussten sich im Wartebereich gedulden, bis schließlich Marks Mutter zu ihnen kam, um alles zu berichten. Gemeinsam liefen sie zum Haupteingang. Angy bat Oma darum, noch einmal bei Opa anzurufen, damit er von zu Hause ihre notwendigen Sachen mitbringen und ihren Arbeitgeber informieren solle.

Wartend auf Oma sagte sie zu Penny: »Ich weiß, dass es für dich und für uns alle nicht einfach ist ohne Papa zu sein. Jetzt ist es allerdings sehr wichtig, dass wir alle zusammen halten. Sag mir bitte ganz ehrlich, hast Du ihn da runter geschubst?« Sie schaute ihr dabei tief in die Augen.

»Nein Mama, das hab ich nicht getan, ehrlich!«, beteuerte Penny ihre Unschuld.

»Mark glaubt das aber und daher müssen wir ihm morgen die Geschichte ganz ausführlich erzählen. Ist das okay, meine Große?«

»Ja, das machen wir«, versprach Penny.

Anschließend nahm Angy ihre Tochter liebevoll in die Arme. Als Oma dazu kam, teilte Angy ihr mit: »Penny ist nicht schuld und wir erzählen Mark morgen die ganze Geschichte, damit auch er verstehen kann, was passiert ist. Und bitte fragt Penny nicht weiter aus, damit sie das Ganze verarbeiten kann.«

Es dauerte noch fast eine Stunde, bis Opa am Krankenhaus ankam. Er brachte Angy eine gepackte Tasche und meinte: »Das ist fast wie vor knapp drei Jahren, als ich dich zur Entbindung hierher gefahren hab.«

Anschließend suchte Angy die Station B1, um sich dort anzumelden und das Zimmer zu beziehen. Kurze Zeit später kam auch schon Mark in einem Bett hereingerollt. Mit dem Gips am Arm und den Pflastern am Kopf sah er trotz allem lustig aus. Sehr gerne hätte Angy ein Foto gemacht. Doch diesmal hatte sie keinen Fotoapparat dabei. Mark freute sich so sehr seine Mutter zu sehen, dass er am liebsten aufstehen wollte. Dies konnte die Schwester allerdings gerade noch verhindern: »Halt mein Freund, liegen bleiben! Du hast doch eine Gehirnerschütterung und darfst noch nicht aufstehen.«

Als sie dann beide alleine im Zimmer lagen, erklärte Angy, dass Penny auch ganz traurig sei und ihm schon bald die ganze Geschichte erzählen werde. Da brachte die Krankenschwester auch schon das Abendessen. Mark hatte inzwischen einen Bärenhunger. Er genoss es, dass sich seine Mama endlich Zeit für ihn nahm. Doch schon bald fielen beide, von diesem ereignisreichen Tag erschöpft, in ihre Betten. Sie schliefen so tief, dass sie nicht einmal bemerkten, als die Nachtschwester ihre

Routinerunde drehte, um Mark noch einmal genauer unter die Lupe zu nehmen.

Es folgte für mich eine gewaltige Anstrengung in dieser Nacht. ICH musste alles richtig sortieren und ablegen. Denn was da an diesem Tag passiert war, hatte Mark vorher nicht einmal in einem ganzen Monat erlebt.

Am nächsten Morgen scherzte der Arzt bei der Visite wieder mit Mark: »Na junger Mann, was willst du denn mal werden?«

»Superheld, dann kann ich fliegen!«, entgegnete Mark, woraufhin das gesamte Aufgebot an Ärzten und Schwestern herzhaft lachen musste.

»Na dann sehen wir uns bis dahin wohl noch ein paar Mal. Ich glaube, deine Mutter freut sich, wenn du auf dem Boden bleibst«, fügte der Arzt hinzu.

Am Nachmittag kamen Penny und ihre Oma zu Besuch. Penny versteckte etwas hinter ihrem Rücken, als sie ihren Bruder begrüßte. Sie gab Mark einen Kuss auf die Wange und legte dabei Floppy heimlich neben ihn auf das Kissen.

Als Mark sein geliebtes Häschen mit dem Halstuch entdeckte, strahlte er total glücklich und sagte: »Danke Penny, den hab ich schon vermisst!« Mark ließ Floppy gar nicht mehr los.

Dabei erinnerte ICH Mark an seinen Vater, da Floppy die einzige Verbindung zu ihm war, an der er sich festhalten konnte.

Angy fragte Penny, ob sie ihrem Bruder nicht noch etwas erzählen wolle. Also fing sie zwar stockend, aber mutig an, die Geschichte aus ihrer Sichtweise wiederzugeben. Auch Oma ergänzte detailliert, was sie gesehen und erlebt hatte.

ICH stellte allerdings fest, dass bei Pennys Geschichte am Anfang etwas fehlte. Nämlich die Vorwürfe, dass Mark Schuld daran habe, dass Papa weg sei. Auch die Fahrt zur Absperrung Richtung Abgrund, weswegen Mark kurz danach so erschöpft eingeschlafen war und erst wieder wach wurde, als er mit dem Buggy bergab in den Abgrund rollte, kam nicht darin vor. Mit diesen Bildern vor Marks Augen animierte ICH ihn nochmals nachzuhaken.

»Penny, aber was hast du auf dem Weg zum See mit mir gemacht?«, wollte Mark wissen.

Da stieg Penny die Röte ins Gesicht und sie versuchte sich zunächst herrauszureden. Als sie dann von den anderen mit erwartungsvollen Augen angeschaut wurde, gestand sie, wie sie ihre Wut an diesem Morgen an Mark ausgelassen hatte. Sie versuchte sich noch aus der misslichen Lage zu befreien: »Aber Mama, es stimmt schon, als Mark auf die Welt kam, da haben du und Papa noch mehr und öfter gestritten als sonst.«

»Oh Penny, ich wusste gar nicht, wie dich das alles belastet. Ich glaube wir müssen alle in Zukunft mehr über das Ganze reden, damit so etwas nie wieder passiert! Und jetzt nehmt euch bitte mal in die Arme«, beschwichtigte Angy.

Was ICH damals als ungewöhnlich einstufte, war der Sachverhalt, dass Oma diesmal nichts hinzufügte. Sie hatte sonst immer das letzte Wort. Dies brachte Angy regelmäßig zur Weißglut – besonders dann, wenn noch Opa mit seinem Standardspruch dazu kam, dass er ja von Anfang an diesen verzogenen Lümmel David nicht mochte.

Oma verabschiedete sich für zwei Stunden, um noch ein paar Dinge in der Stadt zu besorgen. Mark fragte seiner Mutter weiter Löcher in den Bauch: »Wie hast du dich in den Papa verliebt?«

Auch Penny spitzte ihre Ohren, als ihre Mutter zu erzählen begann: »Als Opa und Oma damals ihr Haus bauten, da war ich ungefähr so alt wie du heute bist Penny. Der Chef von der Baufirma hatte oft seinen Sohn dabei, mit dem ich auf der Baustelle spielte. Er war fünf Jahre älter und er erzählte mir, dass er Architekt werden wolle, um eines Tages einmal die schönsten Hochhäuser der Welt zu planen. Ich sagte ihm, dass ich das auch machen werde, aber ich glaube, das habe ich nur gesagt, weil ich mich in ihn verliebt hatte.«

»Wer war der Junge?«, fragte Mark.

»Gleich! Es geht doch noch weiter«, entgegnete Angy. »Irgendwann waren wir mal im Keller und da fragte ich ihn, ob er mich später mal heiraten wolle. Doch er lachte mich nur aus und sagte, dass er erst einmal sein eigenes Geld verdienen müsse und ich auch einen Beruf bräuchte, damit ich ihm nicht auf der Tasche läge. Sein Vater merkte, dass es mir auf der Baustelle sehr viel Spaß machte und sagte zu Opa, wenn ich mal eine Ausbildung machen wolle, würde er mich nehmen. Das besiegelte Opa dann lachend mit einem Handschlag. Und so habe ich dann später mit fast 16 Jahren tatsächlich dort meine Ausbildung begonnen. Hier traf ich den Jungen von damals wieder. Er war inzwischen 21 Jahre alt und hieß übrigens David. Diesmal hat er sich dann in mich verliebt und nach einem Jahr war dann schon die kleine Penny auf der Welt. So habe ich euren Papa kennen gelernt.«

»Ach wie süß«, sagte Penny und alle lachten.

»Mark, als Penny in deinem Alter war, passierte noch etwas sehr Schlimmes mit den Eltern von eurem Papa. Es waren nicht seine richtigen Eltern, sondern sie haben ihn damals aus einem Heim zu sich genommen, weil seine richtigen Eltern nach dem Krieg auf der Flucht gestorben waren. Papas neue Eltern hatten das Baugeschäft und ein kleines Flugzeug. Eines Tages sind sie bei einem Flug in ein Gewitter geraten und abgestürzt. Das haben sie leider nicht überlebt. Papa musste sofort das ganze Geschäft übernehmen und danach hat er sich sehr verändert. Er hatte immer weniger Zeit, weil er viel arbeitete und seinen wirklichen Traum mit den Hochhäusern hat er sich deshalb nie erfüllen können. Penny, es war also nicht Marks Schuld, sondern euer Papa hat es wahrscheinlich einfach nicht mehr länger ausgehalten. Und als das Baugeschäft dann auch noch Konkurs ging, hätte er die nächsten 30 Jahre ganz viel Schulden zurückbezahlen müssen. Davor ist er geflüchtet – nicht vor uns! Und deswegen sind kurz danach auch das Haus, die Autos, alle Maschinen und was wir sonst noch für schöne Dinge hatten, versteigert worden. Ich hoffe, dass es ihm gut geht und dass er sich bald bei uns meldet.«

Angy konnte ihre Tränen nicht mehr zurückhalten und beide Kinder weinten mit. Dies hatte zumindest eine befreiende Wirkung auf alle.

Penny versprach: »Ich werde ab jetzt immer auf meinen kleinen Bruder aufpassen!«

»Und ich auf meine große Schwester und auf Mama!« fügte Mark hinzu.

Da konnten sie wieder gemeinsam lachen.

Als Oma zurück kam, wirkte sie abgehetzt und schnappte sich Penny, um mit ihr noch rechtzeitig den Zug nach Hause zu erwischen. Angy und Mark sprachen noch eine ganze Weile über die Erlebnisse der letzten Tage, bis Mark schließlich dankbar einschlief.

An diesem Tag hatte ICH für die Nacht wieder einige Informationen gesammelt, um damit meinen Speicher über Marks Vater weiter zu füllen.

Am übernächsten Tag war der Arzt mit Marks Zustand so zufrieden, dass Angy mit ihrem Sohn nach Hause durfte. Sie packten ihre Sachen zusammen und nahmen ein Taxi zum Bahnhof.

»Mark, jetzt darfst du das erste Mal in deinem Leben Zug fahren«, teilte ihm Angy mit.

»Wie geht denn das?«

»Zuerst schauen wir auf die Tafel, um welche Uhrzeit der Zug fährt. Danach kaufen wir die Fahrkarten am Schalter und warten am richtigen Bahngleis, bis der Zug kommt. Wenn er da ist, steigen wir einfach ein und los geht der Spaß. Während der Fahrt kommt dann der Schaffner und kontrolliert die Fahrkarten.«

»Was passiert, wenn ich keine Fahrkarte hab?« fragte Mark.

»Dann bist du ein Schwarzfahrer und wirst bestraft!« warnte Angy. »Aber keine Sorge, wir kaufen jetzt welche.«

Mark genoss die Zugfahrt, die Landschaft, die an ihm vorbeirauschte und das offene Fester, das den Fahrtwind auf seinen Kopf wehen ließ.

Wieder zu Hause angekommen, merkte Mark, dass ihm sehr viel Aufmerksamkeit in seinem neuen Heimatort zuteilwurde. Jeder kannte ihn plötzlich, alle sprachen ihn an und fragten ihn, wie es ihm gehe. Auch Opa und Penny behandelten ihn seit seinem Absturz anders – viel fürsorglicher und auch liebevoller. Oma hatte eine tolle Idee. Sie wollte alle an Marks Rettung Beteiligten am Sonntagnachmittag zu Kaffee und Kuchen einladen.

Opa hatte ein neues größeres Schwimmbecken aufgebaut, Oma Kuchen gebacken sowie den Garten geschmückt und Angy hatte mit Penny die Kaffeetische gedeckt. Einen Tisch für die Erwachsenen und einen anderen für die Kinder. Mark saß auf dem Liegestuhl und durfte allen zuschauen, wie sie seine Feier vorbereiteten. Als Erstes kamen ein paar der neuen Freundinnen von Penny mit ihren Eltern, die sich gleich, zum Missfallen von Penny, um Mark scharten. Doch auch sie hatte gelernt, dass sie Aufmerksamkeit bekommt, wenn sie sich um Mark kümmerte, statt ihn abzulehnen. Nach einer Weile erschien den Freundinnen das neue Schwimmbecken jedoch interessanter als der noch ziemlich gehandicapte Mark.

Einen der Väter hatte er irgendwo schon einmal gesehen. Dieser kam zu ihm und sagte: »Hallo Mark, wie geht es dir? Hast du dich schon gut erholt?«

»Ja, ich kann schon bald wieder mit den anderen spielen« entgegnete Mark.

Da kam auch schon Angy dazu und meinte: »Sie sind also unser großer Held! Mark, das ist der Mann, der dich gerettet hat.«

Mark schaute den Mann mit großen Augen an.

»Ich heiße übrigens Anton und meine Freunde nennen mich Tony. Ich bin aber kein Held. Das hätte jeder andere auch getan.«

Angy stellte klar: »Ich bin Angy und es war sehr wohl eine Heldentat! Der Arzt im Krankenhaus meinte, dass Mark großes Glück hatte, dass du ihn gerettet hast, indem du die Blutung am Kopf zum Stoppen gebracht hast. Da gehört viel Mut und Tapferkeit dazu, in so einem Moment da runter zu steigen! Wenn du also kein Held sein willst, dann bist du für uns halt ein Superheld!« Angy lächelte ihn freudestrahlend an.

Verlegen meinte Tony: »Okay, dann eben ein Superheld.«

»Echt? Dann kannst du ja fliegen!«, vermutete Mark, worauf die anderen schallend lachten.

»Mark, wie kommst du denn auf sowas?«, wollte Angy wissen.

»Nur Superhelden können fliegen, das hat doch der Arzt gesagt«, beharrte Mark auf seine Meinung.

Tony stimmte zu: »Du hast recht kleiner Mann – nur Superhelden können fliegen. Die haben hinten einen Umhang dran, heben einen Arm nach oben und fliegen los.«

»Das ist ja toll!«, meinte Mark.

»Warum hattest du denn überhaupt ein großes Messer im Auto dabei?«, wollte Angy aus Neugier von Tony wissen.

»Wir lebten mit unserer Familie ein paar Jahre in Kanada und da war es üblich, immer eines dabei zu haben, falls einem Bären über den Weg laufen«, erzählte Tony.

»Wie ein echter Superheld!«, bewunderte ihn Angy.

Ein kleiner Junge zupfte an Tonys Hemd und bat darum: »Dad, darf ich noch einen cake essen?«

»Das ist übrigens mein Sohn Kenny, der in Kanada geboren wurde und zum Glück zweisprachig aufwuchs«, ergänzte Tony lächelnd.

Mark stand vom Liegestuhl auf, schnappte sich Kennys Hand und nahm ihn mit ins Haus.

»Ich glaube, da haben sich zwei Freunde gefunden«, bemerkte Angy, was Tony kopfnickend bestätigte.

Mark wusste, dass im Bad hinter der Türe ein Umhang lag, den Mama immer benutzte, wenn sie ihm die Haare schnitt. Als er versuchte sich den Umhang anzulegen, unterstützte ihn Kenny mit den Worten: »Ich can help dir.« Und dabei drehte er Marks Umhang nach hinten.

Anschließend marschierten beide voller Stolz nach draußen. Vor dem Kaffeetisch der Erwachsenen hielten sie an, Mark streckte seinen rechten Arm in die Höhe und rief: »Nur Superhelden können fliegen!«

Alle Augen waren auf ihn gerichtet und noch bevor Angy eingreifen konnte, meinte der ebenfalls anwesende Dorfpolizist: »Halt Mark! Hast du denn überhaupt einen Flugschein?«

Mark erwidertet die Frage nur mit einem Kopfschütteln und Schulterzucken.

»Na dann darfst du leider auch nicht fliegen«, stellte der Polizist mit einem Augenzwinkern klar.

Angy nahm ihn in den Arm und meinte: »Aber du machst dich richtig gut als Superheld, auch wenn du noch nicht fliegen darfst.«

Dies bestätigten die anderen Gäste durch einen kräftigen Applaus.

Der Nachmittag verlief weiterhin fröhlich und entspannt. Ein wenig später bedankte sich Angy mit einer kleinen Ansprache: »Liebe Gäste! Es gibt im Leben einer Mutter nichts Wertvolleres als ihre Kinder. Danke, dass Mark heute wieder so gesund bei uns sein kann. Ganz besonderen Dank an Dich, Tony, für Deinen heldenhaften Einsatz. Danke, dass Penny hier schon so viele Freundinnen gefunden hat. Danke, dass Ihr heute auch alle hier sein könnt. Danke auch an meine Eltern, dass Ihr uns so toll aufgenommen habt. Das wollen wir jetzt noch ein wenig feiern. Ich danke Euch von ganzem Herzen, dass Ihr Mark das Leben gerettet habt!«

Es entwickelte sich aus dem anfänglichen Kaffeetrinken noch eine lustige Grillparty, die von den anwesenden Feuerwehrleuten und auch einigen Nachbarn, die gar nicht an der Rettung von Mark beteiligt waren, spontan organisiert wurde.

An diesem Abend brachte Opa Mark das erste Mal ins Bett und erzählte ihm das Märchen vom Wolf und den sieben Geißlein. Mark hörte ganz gespannt zu, bis er mitten im Höhepunkt der Geschichte einschlief.

In dieser Nacht durfte ICH tolle Bilder mit schönen Emotionen abspeichern. Diese werden Mark in Zukunft sicherlich von großem Nutzen sein.

Freunde für's Leben

Für Mark stand erneut eine große Veränderung an, auf die er sich schon sehr freute. Ab seinem dritten Geburtstag durfte er vormittags in den Kindergarten. Dort waren viele Kinder, mit denen er spielen konnte. Richtige Freunde hatte er bisher nicht und wenn Pennys Freundinnen in der Vergangenheit mit ihm spielen wollten, konnte sie es immer irgendwie verhindern. Doch einen Jungen hatte er bereits in sein Herz geschlossen – Tonys Sohn Kenny. Mark hatte ihn das erste Mal auf seiner Rettungsparty getroffen und verstand sich auf Anhieb richtig gut mit ihm.

Die beiden Freunde heckten im Kindergarten gemeinsam Streiche aus und halfen sich gegenseitig immer wieder einmal aus der Patsche. Sie waren oftmals so frech zu den Mädchen, dass diese ihnen lieber aus dem Weg gingen, bevor sie wieder Opfer einer ihrer Scherze wurden.

Zu seinem vierten Geburtstag bekam Mark von Opa und Oma etwas, das Penny nicht hatte – eine Carrera-Rennbahn mit richtig coolen Autos. Opa und Mark bauten die Rennstrecke natürlich gleich im Keller auf und spielten den halben Vormittag. Als die Freunde vom Kindergarten nachmittags zur Geburtstagsfeier eintrafen, strahlten alle begeistert, weil noch keiner von ihnen so etwas Tolles besaß. Daher spielten sie jetzt noch öfter und lieber mit Mark als vorher. Opa verwöhnte ihn seit dem Unfall immer mit dem neuesten und schönsten Spielzeug.

Mark wurde mit der Zeit auch Opas Liebling. Er durfte sogar fernsehen, allerdings nur wenn er Opa vorher fragte. Da gab es ein kleines starkes Mädchen mit roten Zöpfen, das einen Piraten als Papa hatte. Der war ganz weit weg und immer, wenn er sie besuchte, gab er ihr einen Koffer voll Gold, damit sie sich alles kaufen konnte, was sie wollte. Diese 'Pippi Langstrumpf' musste nicht einmal in die Schule. Mark konnte ihr Lied auswendig singen. Er trällerte oftmals vor sich hin: »Ich mach mir die Welt, wie sie mir gefällt.« Mark hüpfte dabei mutig und beschwingt durch die Gegend.

Mark wollte gerne wie Pippi sein. Doch irgendwie rutschte er dann öfter in die Rolle von Tommy oder sogar in die der ängstlichen Annika.

Dann gab es noch den kleinen 'Michel aus Lönneberga'. Auch er war für Mark ein Held, da Michel es immer schaffte seine Abenteuer mit allen Konsequenzen durchzuziehen. Die endeten jedoch meistens in Form einer neuen Schnitzfigur im Schuppen.

Einige Zeit später gab es noch eine Kindersendung, die Mark nicht mehr verpassen wollte. Er war bereits in der Vorschule und was er in der 'Sesamstraße' mit Spaß und

Freude lernte, begeisterte ihn sehr. Noch mehr freute es ihn, dass Opa auch oft mit dabei war. Sie lachten gemeinsam und selbst Opa lernte etwas Neues dazu. Immer wenn das Titellied der 'Sesamstraße' lief, drehte Mark den Fernseher auf volle Lautstärke und hüpfte singend durch das Wohnzimmer.

Einmal kam Marks Oma dazu und meinte: »Das Lied macht ja wirklich Sinn! Wieso, weshalb, warum, wer nicht fragt, bleibt dumm! Also Mark, frag uns bitte immer, wenn du was nicht verstehst.«

Auch dieses Lied sang Mark so oft, dass es bei mir im Unterbewusstsein landete. Für mich war das Thema Fernsehen nicht einfach. Denn alle Informationen, die ICH von Augen und Ohren zugeleitet bekam, erschienen echt und realistisch für mich. Wenn ICH Mark bereits gespeicherte Informationen sendete, mischte sich das Bewusstsein mit seinem Besserwisser, dem Verstand, ein. Dieser erklärte Mark, dass das doch nicht geht, dass es jenes nicht gibt und dass so manches nicht echt ist, sondern nur im Film so erscheint. Manchmal wusste ICH gar nicht mehr wie ICH die ganzen Informationen richtig abspeichern sollte.

In dieser Zeit fing Opa an, Mark eigene Gutenachtgeschichten zu erzählen. Er erzählte nicht irgendwelche Geschichten, sondern Opa dachte sich immer wieder neue aus, in denen es kleine und große Helden gab, die am Ende alleine oder gemeinsam alles schafften.

Penny war mittlerweile auf dem Gymnasium und musste jeden Morgen früh aufstehen, um mit dem Zug zur Schule zu fahren. Und wenn sie nach Hause kam, hatte sie viele Hausaufgaben zu erledigen. Ansonsten war sie bei Freundinnen, beim Leichtathletiktraining oder beim DLRG-Schwimmen, so dass Mark sie manchmal tagelang kaum sah.

Eines Nachts wachte Mark von lauten Stimmen im Wohnzimmer auf. Er hörte abwechselnd Oma, Opa und seine Mutter energisch miteinander streiten. Als er an die Kinderzimmertür lief, um sie ein wenig zu öffnen, hörte er, wie Opa laut schrie: »Dieser Nichtsnutz David ist schuld daran, dass du jetzt so ein verpfuschtes Leben hast!«

»Jetzt beruhig dich doch«, wollte Oma schlichten.

»Nein, du bist schuld, weil du noch nie an mich geglaubt hast, sondern mich immer bevormundet hast!«, schrie Angy.

Opa wetterte zurück: »Was glaubst du denn, wo du heute ohne uns wärst! Dieser Versager hat dich einfach mit allen Schulden und zwei Kindern sitzen lassen! Und er kann froh sein, dass er nur einmal bei mir angerufen hat. Da hab ich ihm richtig den Marsch geblasen!«

»Was? David hat angerufen?«, gab Angy entsetzt von sich und wollte wissen: »Wann hat er angerufen?«

Opa entgegnete: »Das ist doch egal – ja und wenn er hier aufgetaucht wäre, dann hätt ich ihm alle Arme und Beine gebrochen!«

»Wo ist David?« keifte Angy.

»Bei den Arabern – da passt er auch gut zu den Kamelen!«, schrie Opa zurück.

»Ruhig jetzt ihr beiden Dickköpfe – die Kinder wachen sonst noch auf!«, beendete Oma den Streit.

Mark hörte nur noch, wie seine Mutter weinend in ihrem Zimmer verschwand und die Türe hinter sich zuschlug. Weil er nicht wusste, was er jetzt machen sollte, schlich er sich so leise wie möglich zurück in sein Bett.

In dieser Nacht übermittelte ICH Mark einen Traum von seinem Vater, der von einer langen Reise endlich nach Hause kam und einen Koffer voller Gold dabei hatte. Der Vater sagte zu ihm: »Mark ich bin immer für dich da.« Leider musste er jedoch ganz schnell wieder auf einem Kamel wegreiten, weil ihn dunkle Gestalten verfolgten.

Der nächste Morgen verlief anders als sonst. Obwohl es Sonntag war und alle gemeinsam am Tisch saßen, redete Angy kein Wort mit Opa und er schaute sie immer wieder böse an.

Nach einer Weile sagte sie zu Penny und Mark: »Wir drei machen heute einen Ausflug mit dem Zug.«

»Echt! Wohin fahren wir denn?«, wollte Mark wissen.

»Sei nicht so neugierig. Das wird eine Überraschung.«

»Kommen Opa und Oma auch mit?«

»Nein!«, sagte Angy klar und deutlich.

Sogar Mark merkte, dass er besser nicht weiter nach dem 'Warum' fragen sollte und summte nur leise das Lied von der 'Sesamstraße' vor sich hin. Also liefen sie schon bald nach dem Frühstück los zum Bahnhof und fuhren in die Stadt, in der Mark geboren wurde und Penny zur Schule ging.

»Warum fahren wir dort hin?«, wollte Mark wissen.

»Mark, frag nicht immer so blöd. Du machst mich heute sonst noch wahnsinnig!«, antwortete Angy genervt.

Penny stimmte ihrer Mutter kopfnickend zu und ergänzte: »Es ist doch ein Überraschungsausflug.«

In der Stadt angekommen hatte sich Angy dann wieder etwas beruhigt und lächelte Mark an: »Als Erstes gehen wir zu Pennys Schule, dass du auch mal siehst, wo sich deine Schwester die ganze Woche so rumtreibt.«

Penny zeigte ihre Schule voller Stolz. Das ging leider nur von außen, weil es ja Sonntag war. Dennoch konnten sie einen Blick durch die Scheiben in ihr Klassenzimmer werfen. Mark war begeistert von Pennys Schule, weil es ein modernes Gebäude war, umgeben von vielen Spiel- und Sportmöglichkeiten.

Schließlich kam ihnen eine Familie mit zwei Kindern entgegen und die Frau rief überrascht: »Ja ich glaube es nicht! Angy, bist du das?«

»Natalie, was für eine Überraschung«, erwiderte Angy.

Sofort lagen sich die beiden in den Armen und die anderen schüttelten sich freundlich die Hände. Es waren Natalie, ihr Mann Helmut und deren Kinder Sven und Carina.

»Mensch Angy, haben wir uns schon lange nicht mehr gesehen!«

»Natalie und Helmut gehört ein Architekturbüro und sie haben bis zum Tod von Papas Eltern mit unserer Baufirma zusammengearbeitet«, erklärte Angy ihren Kindern.

»Ja, sogar noch zwei Jahre danach, mit eurem Vater zusammen«, ergänzte Helmut.

»Wir wollen jetzt in den Wald zum Wildtierpark laufen. Habt ihr Lust mitzukommen?«, fragte Natalie voller Erwartung.

»Kinder, was meint ihr?« Beide stimmten zu, da Penny den Jungen aus dem Gymnasium kannte und das Mädchen mit den langen Haaren auch Marks Interesse weckte.

So hatten sie noch einen erlebnisreichen Sonntag und als sie wieder im Zug nach Hause saßen, erzählte Angy freudestrahlend: »Natalie und Helmut haben mir gerade eine neue Arbeitsstelle angeboten. Sie können sich vorstellen, dass ich bei ihnen im Büro arbeite und das ganz flexibel. Es gibt allerdings auch einen Haken an der Sache. Wir müssten in die Stadt umziehen. Was meint ihr?«

Da Penny sowieso die meiste Zeit in der Schule und beim Sport verbrachte und dort mittlerweile ihre besten Freundinnen wohnten, stimmte sie sofort zu: »Ja, da ist auch mehr los als in unserem Kuhkaff!«

»Und du könntest morgens sogar fast eine Stunde länger schlafen, weil du nicht mehr mit dem Zug fahren müsstest«, fügte Angy hinzu.

Dann schauten beide Mark fragend an.

»Ist da denn auch eine Schule für mich?«, wollte er wissen.

»Na klar, sogar in der Nähe von meinem Gymnasium«, stellte Penny klar.

»Und was ist mit Opa und Oma?«, bohrte Mark weiter.

»Denen sagen wir es jetzt noch nicht – erst, wenn ich die neue Arbeitsstelle habe. Dann werden die das schon verstehen. Aber bis dahin bleibt das unser Geheimnis, versprochen?«

»Und meine ganzen Freunde?«, wollte Mark jetzt noch wissen.

»Du kannst doch in den Ferien immer zu Opa und Oma und siehst sie dann alle wieder. Und in ein paar Jahren sind sie dann auch mit dir in Pennys Schule.«

»Okay Mama, dann machen wir das so.«

»Danke Mark, du bist ein Schatz«, besiegelte Angy den Entschluss.

Alle waren glücklich, als sie zu Hause ankamen.

Beim Abendessen fragte Oma, wo sie denn heute waren. Dabei berichtete Angy nur in Kurzform vom Wildtierpark und Mark erzählte von den verschiedenen Tieren dort. Nach dem Essen brachte sie Mark noch unter die Dusche und anschließend ins Bett, während Penny in ihrem Zimmer noch für die Schule lernte.

Ein paar Tage später teilte Angy Opa und Oma mit, dass sie eine neue Arbeitsstelle in der Stadt gefunden habe und aus diesem Grund nächsten Monat mit den Kindern dort hinziehen werde. Oma blieb fast das Essen im Halse stecken und Opa räusperte sich, um dann mit wütender Stimme zu sagen: »Das ist also der Dank dafür, dass wir alles für Euch getan haben! Wenn du uns jetzt verlässt, dann brauchst du auch nicht wieder nach Hause kommen und auch keine finanzielle Hilfe mehr von uns erwarten!«

Oma fing daraufhin an zu weinen und Angy entgegnete: »Das ist also eure Unterstützung, die ich nur erhalte, wenn ich nach eurer Pfeife tanze. Darauf kann ich in Zukunft auch verzichten!«

»War ja klar – die feine Dame wollte ja schon immer was Besseres sein! Dann bin ich ja mal gespannt, wie du das finanziell hinbekommst. Du konntest ja noch nie mit Geld umgehen.«

Penny und Mark versuchten Oma zu trösten und versprachen ihr, dass sie doch in den Ferien zu Besuch kommen können. Opa stand wütend auf und lief schimpfend nach draußen.

In den nächsten Wochen gingen sich Angy und Opa aus dem Weg, um nicht noch mehr zu streiten.

Der Umzugstag war schließlich gekommen. Natalie und Helmut standen bereits mit einem Kleintransporter und ihrem Familienauto vor der Tür. Es war höchste Zeit, dass sie auszogen. Da die von Natalie vermittelte, neue Wohnung viel kleiner ausfiel, waren die Kinder dazu gezwungen einige Dinge zurücklassen. Dass Mark die Carrera-Rennbahn und den Kettcar nicht mitnehmen durfte, stimmte ihn traurig. Auch Penny verzichtete auf das aufblasbare Schwimmbecken und ihr großes Himmelbett. Dafür benötigte sie jedoch nur noch fünf Minuten, um zur Schule zu laufen. Zusätzlich standen ihr viel mehr Sport- und Freizeitmöglichkeiten als bisher zur Verfügung. Als sie alles verstaut hatten, war Helmut sofort zur Abfahrt bereit. Zum Verabschieden verließ nur Oma das Haus und drückte die drei noch einmal fest an sich, als ob sie spüren könnte, dass sie Angy und die Kinder für eine längere Zeit nicht mehr sehen sollte.

Endlich kamen sie in der neuen Wohnung im zweiten Stock des Wohnblocks an.

»Das sind aber kleine Zimmer!«, stellte Mark ernüchternd fest.

Und tatsächlich verteilten sich die Räume der Wohnung auf gerade einmal 75 Quadratmeter – drei Schlafzimmer, ein Wohnzimmer, nur ein kleines Bad sowie eine sehr einfache Küche.

Natalie und Helmut stellten mit Angys Unterstützung noch die restlichen Kartons in die entsprechenden Räume und bauten Marks Bett auf. Die neuen Zimmer von Mark und Penny waren lediglich mit gebrauchten Möbeln ausgestattet, die von Natalies Kindern stammten und bereits sichtbare Gebrauchsspuren aufwiesen. Auch im Wohnzimmer stand eine bunte Mischung aus Sofa, Sessel, Tisch und Schrank. Angy schien dennoch erleichtert, endlich mit den Kindern alleine zu wohnen. Sie wollte ihr Leben wieder selbst bestimmen, ohne den permanenten Einfluss ihrer Eltern. Doch diese Freiheit hatte auch ihren Preis. Ab jetzt konnte sie nicht mehr auf zusätzliche finanzielle Unterstützung hoffen. Nun war sie zu hundert Prozent selbst für sich und ihre Kinder verantwortlich. Trotz aller Einschränkungen freuten sich auch Mark und Penny auf die neue Freiheit in der Stadt.

Am nächsten Tag kam Natalie mit ihrer Tochter Carina zu Besuch. Sie brachten noch ein paar Kisten mit Spielzeug und alter Kleidung von Sven mit. Dazwischen steckten auch ein paar Helden-Comic-Hefte, die Mark mit Carina begeistert durchblätterte. Obwohl beide noch nicht lesen konnten, gaben sie abwechselnd ihre eigenen Kommentare dazu ab, wobei sie wiederholt ausgiebig lachen mussten. Währenddessen öffnete Natalie im Wohnzimmer den mitgebrachten Sekt und stieß mit Angy auf das neue Heim und den baldigen Berufsstart in ihrem Architekturbüro an. »Prost – auf eine bessere Zukunft!«, meinte Angy und ergänzte: »Hoffentlich reicht das Geld auch für uns drei.«

Natalie beruhigte: »Du bekommst doch künftig dein Gehalt von uns und wir können euch auch gerne darüber hinaus unterstützen. Wenn Mark nächsten Monat in die Schule kommt, dann kannst du die gebrauchten Sachen von Sven haben. Es ist zwar nicht die neueste Kollektion, aber es ist ja alles noch gut in Schuss. Für Carina haben wir schon alles neu gekauft. Sie ist da schon etwas wählerisch – wie eine kleine Prinzessin.«

Dabei mussten beide schon etwas beschwipst kichern und Angy war sichtlich erleichtert. Sie fügte hinzu: »Mark weiß noch gar nicht, dass er in der Grundschule mit Carina in die gleiche Klasse kommt. Ich glaube, er wird sich sehr darüber freuen, schon jemanden zu kennen!«

Beim familiären Abendessen wollte Mark wissen: »Wann kommen denn Opa und Oma zu Besuch?«

»Das weiß ich nicht! Denn Opa ist gerade nicht gut auf mich zu sprechen, weil wir weggezogen sind. Aber das wird schon wieder.«

»Wir können sie ja mal mit dem Zug besuchen«, schlug Mark vor.

»Ja Mark, aber ich bleibe erst mal in der Stadt!«, stellte Penny klar.

Angy ergänzte: »Auf jeden Fall war es mutig, diesen Schritt zu gehen und hierher zu ziehen. Mut wird ja bekanntlich belohnt. Aber Opa hat auch gesagt, dass er uns kein Geld mehr geben wird. Wir müssen daher sparsam sein und können in Zukunft nur das Nötigste kaufen.« Dabei schossen ihr ein paar Tränen in die Augen.

Mark und Penny nahmen sie liebevoll in den Arm.

»Mark, wenn du möchtest, dann darfst du noch in diesen Ferien ein paar Tage zu Oma und Opa.«

»Au ja! Dann kann ich auch noch mit Kenny und meinen anderen Freunden spielen. Und Opa erzählt mir bestimmt wieder ein paar spannende Heldengeschichten«, freute sich Mark.

Zwei Wochen später war es dann soweit. Angy begleitete Mark früh morgens zum Bahnhof. Sie erklärte ihm beim Fahrkartenkauf den kompletten Ablauf von der Fahrkartenkontrolle des Schaffners bis hin zum Ausstieg an der fünften Haltestelle, an der Oma ihn abholen werde.

»Und wenn dich ein Fremder anspricht und dich mitnehmen will, dann darfst du auf keinen Fall mitgehen! Verstanden?«

Kopfnickend nahm Mark den Appell seiner ängstlichen Mutter zur Kenntnis: »Ach Mama, mach dir doch keine Sorgen. Ich kann das und bis zehn zählen kann ich auch!«

Dabei fühlte sich Mark schon ein ganzes Stück erwachsener, da er nun das erste Mal alleine reisen durfte. Nach einer innigen Umarmung stieg Mark mit seinem Rucksack in den Zug und winkte beim Losfahren zum Abschied noch einmal aus dem Fenster. Da saß er nun. Die Häuser und die Landschaft rasten an ihm vorbei. Nach einer Weile nahm er sich ein Brot aus seinem Rucksack und entdeckte dabei seinen Kuschelhasen Floppy, den ihm sein Vater bei der Geburt geschenkt hatte. Allerdings war es ihm etwas peinlich, diesen vor den vielen Leuten im Zug heraus zu holen. So ließ er Floppy im Rucksack und entschied sich lieber die Welt außerhalb des Zugs zu beobachten. Dabei versank Mark in einen tranceähnlichen Zustand.

ICH sortierte alte Erinnerungen zu den vorbeiziehenden Bildern – die Zugfahrt vom Krankenhaus mit dem gebrochenen Arm – die Feier, die Oma für ihn organisiert hatte – wie er seinen besten Freund Kenny kennen gelernt hatte. Dann schickte ICH ihm die Erinnerungen an seine Kindergartenzeit und den gemeinsamen Streichen, wodurch ein Cocktail an Glückshormonen in Mark freigesetzt wurde.

»Junger Mann, die Fahrkarte bitte!«

Eine durchdringende Stimme riss Mark aus seinen Tagträumen. Mark schaute den Mann in Uniform verwirrt an.

»Hallo junger Mann, hast du keine Fahrkarte oder was ist los mit dir?«, gab der Schaffner mit ernster Miene von sich.

»Äh, doch – Moment, ich suche mal«, stotterte Mark vor sich hin.

»Wo sind denn deine Eltern? Oder bist du etwa ein kleiner Ausreiser?«, fragte der etwas böse dreinblickende Mann.

»Meine Mama hat mich in den Zug gesetzt und mein Papa ist bei den Arabern, da wo die Kamele sind. Hier, meine Fahrkarte«, erklärte Mark.

»So so, bei den Arabern. Da sitzt du aber im falschen Zug. Wenn du zu deinem Vater willst, dann musst du in die entgegengesetzte Richtung nach München und dann mit dem Flugzeug weiter in den Nahen Osten. Deine Karte gilt aber nur noch für zwei weitere Stationen«, ergänzte der Bahnbeamte.

»Meine Oma wartet dort am Bahnsteig auf mich«, erwiderte Mark.

Der Schaffner entwertete die Fahrkarte und gab diese wieder in Marks Hände.

»Und vergiss nachher deinen Rucksack nicht, sonst muss ich den im Fundbüro abgeben.« Danach bewegte er sich zum nächsten Platz, um weitere Passagiere zu kontrollieren.

Als Mark wenig später aus dem Zug stieg, begrüßte ihn seine überglückliche Oma. Sie drückte ihm gleich einen dicken Kuss auf die Backe sowie ein paar Süßigkeiten in die Hand. Auf dem Weg zum Haus löcherte sie Mark mit vielen Fragen, welche dieser geduldig beantwortete. Doch eigentlich drehten sich alle Gedanken in seinem Kopf nur darum, wann er endlich wieder seinen Freund Kenny sehen würde. Opa wartete schon gespannt an der Haustür und nahm ihn erst einmal in die Arme. In der Küche sah Mark dann einen schön gedeckten Tisch mit einem leckeren Frühstück. Schnurstracks steuerte er darauf zu und schaufelte das leckere Essen in sich hinein.

»Langsam Mark, wir haben genug Zeit zum Essen, sonst bekommst du noch Bauchschmerzen«, bremste ihn seine Oma.

»Das Frühstück ist kein Wettrennen. Später kannst du dann Gas geben, wenn wir mit der Carrera-Rennbahn im Keller spielen!«, versuchte Opa ihn zu bremsen.

Mark schaute seinen Opa freudestrahlend an: »Na dann solltest du dich aber auch noch stärken, sonst fahr ich dir wieder davon!«

Das brachte alle zum Lachen.

»Ach Mark, du hast uns richtig gefehlt«, seufzte Oma.

»Ihr mir auch – und Kenny! Darf ich bei ihm anrufen? Vielleicht kommt er ja zum Rennbahnspielen vorbei?«, sprudelte es aus ihm heraus. Dabei nahm er einen kräftigen Schluck aus seiner Kakaotasse.

Gesagt, getan! Nach dem ausgiebigen Frühstück griff Mark sofort zum Telefon, um Kenny anzurufen, der auch gleich ran ging: »Hier ist Kenny am Phone, wer da?«

»Und hier ist Mark! Ich bin gerade zu Besuch bei Oma und Opa. Willst du zu mir zum Spielen kommen?«, fragte Mark voller Vorfreude.

»Yes, ich frag noch Mum and Dad, wait a moment.«

Kurze Zeit später antwortete Kenny: »Ich muss noch mein room aufräumen, aber in einer hour bin ich bei dir!«

Mark legte auf und lief zu Opa, um ihn gleich mal etwas aus der Reserve zu locken: »Opa, wir können uns ja schon mal warmfahren, damit du nicht wieder gegen mich verlierst.«

Dies quittierte Opa mit einem glücklichen Lächeln und antwortete: »Bring erst mal den Rucksack in dein Zimmer und dann wasch dir dein Gesicht und die Hände, sonst klebt dein Auto noch vor lauter Marmelade und Kakao auf der Bahn fest.«

Mark folgte bereitwillig den Anweisungen von Opa. In seinem alten Zimmer angekommen staunte er nicht schlecht. Opa hatte es in der kurzen Zeit komplett renoviert. Tapeten, Teppich und auch die Möbel waren alle neu und Mark verschlug es die Sprache. Auf dem Weg zum Bad sah er neugierig in Pennys ehemaligem Zimmer nach. Dort hatte Oma einen Hausarbeitsraum eingerichtet. Dann schaute er auch noch gespannt in das Zimmer seiner Mutter. Jetzt war er vollkommen verwirrt. Opa hatte die komplette Rennbahn aus dem Keller geholt, auf einer Platte befestigt und auf die Pfosten des Bettgestells von Pennys altem Himmelbett gezimmert. Darauf befanden sich kleine Zuschauertribünen und eine richtige Boxengasse. Es gab jetzt sogar eine Steilkurve und einen echten Rundenzähler. Mark merkte gar nicht, dass Opa und Oma bereits hinter ihm standen und sich mit ihm freuten.

»Als deine Mutter vor drei Tagen angerufen hat und uns erzählte, dass du uns besuchen möchtest, da hat Opa

Tag und Nacht nur noch gearbeitet, um dir ein vorgezogenes Geburtstagsgeschenk zu machen.«

Voller Begeisterung sprang Mark in Opas Arme und rief euphorisch: »Du bist der beste Opa der Welt!«

Dabei strahlte sein Opa vor Freude und aus seinen Augenwinkeln kullerten sogar ein paar Tränen. »Ach mein Mark, ich freue mich immer, wenn du uns besuchen kommst.«

»Wir haben sogar noch ein Geschenk für dich. Wenn du dein Gesicht und die Hände endlich gewaschen hast, dann darfst du es gleich auspacken!« fügte Oma hinzu.

Mark lief schnurstracks ins Bad und kam auch genauso schnell wieder zurück, um sein Geschenk zu öffnen.

»Aber vorsichtig aufmachen, damit es nicht kaputtgeht«, ermahnte ihn Opa.

Ehrfürchtig entfernte Mark das Papier von der Schachtel. Als er die weiße Schrift auf rotem Grund als 'Carrera' erkennen konnte und durch das seitliche Sichtfester sein neues Rennauto sah, wurden seine Augen immer größer vor Freude.

Da sprudelte es aus ihm heraus: »Boah, ein Porsche 911 – Opa ein Porsche! Genau so wie im Katalog. Danke, ich hab dich ganz arg lieb.«

»Das weiß ich doch«, bestärkte Opa seinen kleinen Liebling.

»Und auch die Oma?«, kam es ein bisschen verhalten aus Omas Mund.

»Ja, auch dich, Oma!«, erwiderte Mark und sprang auch ihr um den Hals.

»Mark, ich hab mir auch ein neues Rennauto gekauft, schau mal!«

»Wow, ein Ford Mustang! Der sieht echt cool aus. Aber ein Porsche ist immer der Schnellste, hast du immer gesagt.«

Sofort testeten beide die neue Rennstrecke. Mark merkte gar nicht wie die Zeit verging und hörte auch das Klingeln an der Haustür nicht. Doch zum Glück hielt sich Oma schon wieder im Erdgeschoss auf und öffnete Kenny die Tür. »Hallo Kenny, Mark freut sich schon, dich zu sehen. Geh einfach dem Lärm nach, da findest du das kleine und das große Kind.«

Kenny lief voller Neugier los. Als Mark ihn im Augenwinkel bemerkte, stoppte er seinen Renn-Porsche, so dass Opa diesmal zum Sieger wurde. Kenny und Mark fielen sich vor Freude in die Arme und fingen sofort an zu erzählen. Opa verließ dann mit dem Gefühl, nur noch die zweite Geige zu spielen, den Raum. Er ging aber nicht, ohne die neuen Renner in Sicherheit zu bringen. Denn er kannte Kenny und wusste, dass sein Temperament manchmal mit ihm durchging. Allerdings freute er sich auch, dass Mark einen so guten Freund gefunden hatte und er sie dadurch bestimmt auch häufiger besuchen würde.

Nach einem ausgiebigen Rennen machte Oma den beiden Jungs einen leckeren, frisch gepressten Orangensaft. Anschließend zog es die beiden auch schon in den Garten, wo sie sich bei herrlichem Sonnenschein unter den Bäumen ins Gras legten und sich erzählten, was sie in den letzten Wochen alles erlebt hatten. Nach dem

Mittagessen liefen sie zum See, um die anderen Freunde vom Dorf zu treffen. Dabei hatte Mark das gute Gefühl willkommen zu sein.

Als Abschluss für diesen tollen Tag wünschte sich Mark von Opa noch eine Heldengeschichte. Er durfte wie immer ein paar Worte vorgeben, die Opa dann in eine spannende Geschichte verwandeln musste. Diesmal wählte er Sonne, Araber und Kamele. Mark war gespannt, was Opa dazu einfallen würde.

Opa begann etwas stockend: »Es war einmal vor langer Zeit in einem weit, weit entfernten Land. An diesem Ort schien die Sonne fast das ganze Jahr mit unerträglich hohen Temperaturen von über 40 Grad im Schatten, wenn überhaupt einmal ein schattiges Plätzchen zu finden war. Dort lebte ein kleiner arabischer Junge mit seinem Vater an einer Meerzunge, die sich weit ins Landesinnere zog. Der Junge verbrachte seine Zeit oft alleine zu Hause, da sein Vater jeden Tag auf das Meer hinausfuhr, um Fische zu fangen, die er anschließend verkaufte oder selbst zum Essen behielt.«

»Wo ist seine Mutter?«, fragte Mark nach.

»Sie war schon lange nicht mehr bei ihm, da sie ihre kranke Mutter pflegte, welche tief in der Wüste zusammen mit ihrem Vater lebte. Im Dorf des kleinen Jungen gab es keine Schule, so dass er am Vormittag im Haus oder unter einer Dattelpalme saß. Er musste dort abwarten, bis sein Vater vom Meer zurückkam, um ihm dann beim Sortieren und Reinigen der Fische zu helfen. Außerdem unterstützte Afram ihn beim zurechtzumachen der Netze und beim Verkaufen auf dem

Fischmarkt am Hafen. Tag für Tag immer das Gleiche, bis er im Netz eine riesige, in Seetang gewickelte Muschel fand. Diese war verschlossen und der Junge wusste von den anderen im Dorf, dass es auch Muscheln gab, die etwas Wertvolles in sich trugen – eine Perle.«

»Wie kommt die da rein?«, unterbrach Mark seinen Opa.

»Eine Perle entsteht aus einem kleinen Sandkorn. Denn wenn sich ein Sandkorn in einer Muschel eingebettet hat, so sieht die Muschel dieses als Fremdkörper an und versucht es, durch eine Schutzreaktion zu isolieren. Dabei verwandelt sich das Sandkorn Schicht für Schicht in eine wundervolle Perle. Also steckte der Junge die Muschel gleich in seinen Lederbeutel, um diese bei nächster Gelegenheit unbemerkt zu öffnen. Aber er musste sich beeilen, denn wenn er nicht schnell das Netz wieder sauber und richtig gefaltet in das Boot legen würde, konnte sein Vater manchmal sehr böse werden, so dass er ihm mit dem Stock auf Hände und Füße schlug. Also wusste er, was jetzt seine Aufgabe war.«

»Wie hieß denn der Junge?«, wollte Mark im Halbschlaf wissen.

Opa überlegte kurz und erzählte weiter: »Afram hieß der Junge. Als er seine Arbeit getan hatte, lief er wieder zurück zum Haus und setzte sich erwartungsvoll unter die Dattelpalme, um die Muschel mit einem alten Holzstück zu öffnen. Doch jedes Mal, wenn er das Hilfswerkzeug ansetzte und drückte, brach es ab. Afram gab nicht auf und suchte sich einen großen Stein.«

Opa merkte, wie Mark bereits tief atmete und von der Geschichte eingeschlafen war. Er zog ihm die Decke noch etwas zurecht und schloss dann leise die Türe hinter sich.

Dass ICH mich jetzt nicht einfach ausruhen konnte, war klar. Denn als Marks Unterbewusstsein war es meine Aufgabe die heutigen Erlebnisse und auch die Geschichte, die Opa nicht zu Ende erzählen konnte, mit einem passenden Schluss zu versehen. Also sendete ICH Mark den Rest der Geschichte in Form eines Traumes:

›Nach ein paar weiteren Versuchen, konnte der kleine Afram doch noch die Muschel öffnen und erblickte eine wunderschöne Perle. Diese war viel größer als alle, die er sonst im Dorf gesehen hatte. Und er beschloss, später einmal Perlentaucher zu werden, um noch viele weitere von diesen wertvollen Kugeln zu finden, die er dann verkaufen würde. Denn damit könnte er seinen Eltern und sich selbst helfen, glücklich zu leben. Sie hätten dann endlich genügend Reichtum und Zeit, um bei Afram zu sein.‹

ICH schickte ihm anschließend das erste Geheimnis für ein selbstbestimmtes Leben:

> ›**Wenn Dir im Leben etwas Bestimmtes fehlt,**
> **dann liegt es auf dieser Welt schon**
> **für Dich bereit.**‹

ADLER MÜSSEN FLIEGEN

Am nächsten Morgen schwankte Marks Stimmung hin und her. Er war zwar glücklich, wieder bei seinen Großeltern zu sein, aber gleichzeitig auch nachdenklich und irgendwie traurig.

Nachmittags ging Mark zum Spielen zu Kenny nach Hause. Als Kennys Vater Mark sichtlich betrübt auf dem Boden sitzen sah, fragte er: »Was ist denn los mit dir?«

Da brach Mark in Tränen aus und erwiderte mit zittriger Stimme: »Mein Papa, wo ist mein Papa? Der soll doch auch da sein, wenn ich bald in die Schule komm.«

Tony nahm den Jungen in den Arm und versuchte ihn zu trösten: »Weißt du Mark, auch wenn dein Vater nicht dabei sein kann, sind immer andere Menschen für dich da, wenn du sie brauchst. Du musst einfach nur sagen, wenn dich etwas bedrückt. Leider kenne ich deinen Vater nicht, aber er wird schon seinen Grund haben, warum er nicht da sein kann. Konzentriere dich auf das, was du hast und nicht auf das, was dir fehlt. Du wirst sehen, dass es dir dann schnell wieder besser geht. Deine Mutter, Schwester, Großeltern und Freunde wie Kenny sind immer für dich da – gerne auch ich, wenn du möchtest.

Du hast immer die Wahl. Du kannst traurig sein oder glücklich. Das entscheidest du ganz alleine mit deinen Gedanken in deinem Kopf. Und diese Gedanken lösen Gefühle in dir aus.«

»Das ist aber ganz schön schwer. Ein Superheld müsste man sein!«

»Auch Superhelden haben Ängste und Zweifel. Doch sie haben auch große Ziele und dann lassen sie sich von ihren schlechten Gefühlen nicht aufhalten bis sie da sind, wo sie hin wollen«, erklärte Tony.

»Wie wird man denn ein Superheld?«, fragte Mark neugierig nach.

»Ein Superheld versteckt sich in jedem von uns. Wichtig ist es, diesen zu entdecken. Frag dich doch mal selbst, was du am liebsten tust.«

»Carrera fahren und Streiche with me machen!«, kommentierte Kenny ungefragt seinen Vater, woraufhin die beiden Freunde so herzhaft lachen mussten, dass auch Tony sich davon anstecken ließ.

»Ganz bestimmt! Doch echte Superhelden kämpfen für das Gute und unterstützen die Schwachen, so wie ich dich damals aus dem Steinbruch gerettet habe«, ergänzte Tony.

»Das stimmt! Vielleicht rett ich ja auch mal jemanden und werd zum Superheld!«, sprach Mark voller Stolz und schob hinterher: »Darf Kenny am Wochenende mit mir in die Stadt kommen und ein paar Tage bei uns bleiben?«

»Bitte Dad, I'm auch brav«, flehte Kenny und schaute seinen Vater mit einem lächelnden Gesichtsausdruck an, bei dem kein Vater hätte nein sagen können.

»Da fragen wir aber noch deine Mutter, wenn sie später nach Hause kommt. Jetzt lasse ich euch noch ein bisschen spielen«, rettete sich Tony aus der zwiespältigen Lage.

Während die beiden aus Lego eine kleine Stadt bauten, kam Kenny die Idee, dass sie ja nach Marks Vater suchen könnten. Doch Mark schüttelte nur den Kopf und teilte ihm mit, dass die Araber ganz weit weg seien und sie nach München fahren müssten, um dann mit dem Flugzeug dorthin zu gelangen.

»Mit dem Fliegen kenne ich mich aus. Ich bin schon ein paar mal between Canada und München hin- und hergeflogen«, versicherte Kenny.

Voller Motivation bauten beide noch einen kleinen Flughafen an die Legostadt und spielten ihre Abenteuerreise in den Orient. Mark ging erst Stunden später glücklich zu seinen Großeltern zurück.

An diesem Abend brachte Opa ihn früh ins Bett. Mark durfte sich wieder drei Worte für eine Heldengeschichte ausdenken. Doch diesmal stellte er Opa mit diesen drei Worten eine Frage: »Wo ist Papa?«

Opa war sichtlich verwirrt: »Äh, warum willst du das wissen?«

»Weil ich ihn vermisse und ich mich nicht traue, meine Mama zu fragen. Sonst weint sie und ihr streitet euch wieder«, erklärte Mark mit trauriger Stimme.

»Wo soll ich denn anfangen? Dein Papa hat euch mit ganz vielen Problemen und noch mehr Schulden einfach sitzen lassen und ich weiß leider auch nicht genau, wo er sich rumtreibt. Deine Mutter und wir haben immer gehofft, dass er wenigstens mal eine Nachricht schickt. Das Letzte, was ich von ihm mitbekommen hab, ist, dass er von Saudi Arabien nach Dubai gegangen ist, um dort Hochhäuser zu bauen. Doch so wie ich ihn kenn, wird das bestimmt auch wieder nichts.«

»Wo ist denn Dubai?«, fragte Mark.

»Wart mal, ich hol den Weltatlas und zeig es dir«, sagte Opa und lief aus dem Zimmer.

Wenig später blätterte Mark mit ihm in dem großen Buch mit den verschiedenen Karten und Opa zeigte Mark zuerst ihren Standort und auch Marks neuen Wohnort im Atlas. Schließlich fanden sie auch Saudi Arabien und Dubai auf der Weltkarte an einer Stelle, wo es kaum Straßen und Städte gab. Opa erklärte Mark, dass es dort fast nur Sand gibt, sehr hohe Temperaturen herrschen und auch wenig Wasser zum Trinken vorhanden ist.

»Wo ist denn München?«, wollte Mark jetzt noch wissen.

Opa blätterte im Atlas zurück. »Da drüben! Aber warum interessiert dich das?«, hinterfragte er.

»Ach nur so«, gab Mark als Antwort, wobei er insgeheim einen Hintergedanken hatte.

»Das ist jetzt aber genug für heute. Schlaf gut und träum was Schönes. Du kannst ganz sicher sein, dass ich dich niemals verlassen werde.« Mit diesen Worten beendete Opa die Weltreise und legte den Atlas auf den Schreibtisch.

Beim Hinausgehen ließ er die Türe einen Spalt weit offen, damit noch etwas Licht vom Flur in das Zimmer fallen konnte. Mark lag noch eine Weile wach und dachte über die Gespräche mit Kenny, Tony und seinem Opa nach.

Als er dann endlich schlief, zeigte ICH ihm wieder einen seiner ungewöhnlichen Träume:
  ›Mark fand seinen Vater in der Wüste und konnte ihn mit Hilfe von Kenny gerade noch vor dem Verdursten retten, da sie genügend Wasser in ihren Trinkflaschen dabei hatten. Dann zeigte sein Vater ihnen den Weg zu einem riesigen Schatz, den sie gemeinsam aus der Wüste auf Kamelen nach Hause transportierten. Sie feierten ein großes Fest mit der ganzen Familie.‹

Am nächsten Tag kam Kenny schon am Vormittag zu Mark. Kenny sah überglücklich aus, als er sagte: »Ich kann zu dir in die city kommen – hat meine Mum erlaubt.«

Darüber freute sich Mark sichtlich und erzählte ihm gleich von seinem Traum und wie sie darin gemeinsam seinen Vater gerettet hatten. Anschließend zeigte er ihm den Weltatlas und die Karte der Arabischen Halbinsel, wo sie Marks Vater finden könnten. Kenny war so begeistert, dass sie sofort anfingen, einen Plan zu schmieden. Sie überlegten sich, wie sie dort am besten hinkommen könnten. Kurz darauf liefen sie zum Bahnhof und fragten am Fahrkartenschalter nach dem Preis für eine Zugfahrkarte nach München und wann am nächsten Tag ein Zug dorthin fährt. Danach rannten sie noch schnell in einen kleinen Tante-Emma-Laden, um mit

Kennys Taschengeld Wasser und Proviant für die Abenteuerreise zu kaufen. Doch wo sollten sie das Geld für die Fahrkarten herbekommen? Ihnen blieb keine andere Wahl, als das von Kennys letztem Geburtstag prall gefüllte Sparschwein zu schlachten und das Geld in seinem Rucksack unter der Kleidung zu verstecken. Mark packte alle seine Sachen zusammen und telefonierte am Abend noch mit seiner Mutter. Er teilte ihr mit, dass Kenny am Wochenende zu Besuch kommen werde und sie am nächsten Tag rechtzeitig zum Mittagessen bei ihr zu Hause sein werden. Auch seine Oma beruhigte er, indem er sagte, dass sie doch schon groß seien und alleine zum Bahnhof laufen und dort die Fahrkarten kaufen könnten. Oma akzeptierte dies jedoch etwas widerwillig.

Dennoch drückte sie ihm einen Brief in die Hand: »Den darfst du erst an deinem Geburtstag aufmachen. Das wirst du brauchen, wenn für dich der Ernst des Lebens beginnt.«

Mark schaute seine Oma etwas verwundert an, weil er sich unter dem 'Ernst des Lebens' gar nichts vorstellen konnte. Er war jedoch lieber ruhig, um nicht noch versehentlich etwas vom geheimen Plan zu verraten. Diesmal benötigte Mark keine Geschichte von seinem Opa zum Einschlafen, denn Kenny hatte sein Nachtlager neben ihm aufgeschlagen. Sie unterhielten sich noch flüsternd über ihren Plan und was sie am Fahrkartenschalter und dem Schaffner erzählen könnten, wenn diese versuchen würden sie von ihrem Weg abzubringen. Schließlich fielen ihnen vor Müdigkeit die Augen zu.

Am nächsten Morgen klopfte es an der Zimmertür und Oma weckte sie: »Aufstehen ihr zwei Langschläfer! Das Frühstück ist fertig. Euer Zug fährt auch schon bald los. Und Fahrkarten müsst ihr auch noch kaufen!«

Mark und Kenny waren sofort hellwach und liefen schnell ins Bad. Hastig verschlangen beide ihr Frühstück. Mark konnte seine Oma gerade noch davon abbringen, sie doch zum Bahnhof zu begleiten. Auch Opa fiel es sehr schwer, seinen kleinen Mark einfach gehen zu lassen.

Mark beruhigte beide: »In den nächsten Ferien, komm ich auf jeden Fall wieder zu euch.«

Am Fahrkartenschalter angekommen sagte Kenny durch die Sprechschlitze an der Trennscheibe: »Zwei Fahrkarten nach München bitte.«

»Wohin in München?«, wollte der Mann hinter der Glasscheibe wissen.

Die beiden schauten sich fragend an und Mark ergänzte kurz darauf: »Zum Flughafen.«

»Ihr zwei wollt also wegfliegen? Wissen das eure Eltern?«

»Na klar, meine Mutter steigt doch ein paar Orte weiter zu uns in den Zug ein«, entgegnete Mark leicht nervös.

Daraufhin blätterte der Mann in seiner Liste und nannte ihnen den Fahrpreis. Als er sah, dass jeder der Jungen genügend Geld dabei hatte, stellte er ihnen die Fahrkarten aus.

»Ihr habt Glück, bei diesem Zug müsst ihr nicht einmal umsteigen. Der fährt direkt bis zum Bahnhof Riem, kurz vor dem Flughafen in München. Ihr steigt jetzt am Gleis 1 in den nächsten Zug ein – aber in einen der 2. Klasse-Wagen, wenn ich bitten darf!«

Schließlich bedankten sich die beiden und suchten ohne Umwege den richtigen Bahnsteig auf. Mark und Kenny stiegen schon kurze Zeit später in den Zug nach München. Sie schauten sich um und sahen keinen geeigneten Platz, an dem sie für sich alleine sitzen konnten. Da meinte Kenny mit einem spitzbübischen Grinsen: »Wir kommen doch in die 1. Klasse in school. Also können wir auch hier in die 1. Klasse, okay?«

»Okay und dem Schaffner erzählen wir, dass wir noch nicht lesen können«, bestätigte Mark das Vorhaben mit dem gleichen Grinsen, mit welchem sie schon vorher so viele Streiche begonnen hatten.

So wechselten sie mit ihren Rucksäcken die Richtung, um die Abteile der 1. Klasse zu entern. Dort schien es viel ruhiger und entspannter zu sein. Sie fanden einzelne Kabinen mit einem Fenster und sechs Sitzplätzen. Einige davon waren sogar völlig leer. Kenny wählte eines direkt neben der Toilette und setzte sich auf die flauschigen Sitze. Mark machte es sich gegenüber gemütlich. Auf der Fahrt sprachen sie sich gegenseitig Mut zu und malten sich aus, wie sie in München an den Flughafen und von dort aus weiter nach Dubai kommen würden. Als der Zug am Bahnhof von Marks neuer Heimatstadt anhielt, stiegen noch einige Leute zu und bis auf ein älteres Ehepaar ließen sich alle in der 2. Klasse nieder.

Mark bekam ein schlechtes Gewissen: »Ist das richtig, was wir hier tun?«

»Willst du deinen Dad finden or not?«

»Du hast recht Kenny. Mein größter Wunsch ist, dass er zur Einschulung bei mir sein kann und auch wieder zu uns zurückkommt.«

Mark wusste, dass ihn sein schlechtes Gewissen hier nicht weiterbringen würde. Bis überhaupt jemand etwas bemerken würde, säßen sie bestimmt schon im Flugzeug. Also tat er alles dafür, um mit einem guten Gewissen sein Ziel zu verfolgen.

»Kenny, wie kommt man denn in ein Flugzeug rein und braucht man da wieder eine Karte?«

»Yes, die sind teuer. Aber ich weiß noch wie ein Ticket aussieht. Ich can welche malen.«

Und so suchten sie in den Rucksäcken nach Stiften und Papier. Dabei stieß Mark auf das Kuvert von Oma.

ICH erinnerte Mark daran, dass er es erst am Geburtstag öffnen durfte und er es brauchen werde, wenn der Ernst des Lebens beginnen würde. Was sollte das bedeuten? Auch ICH konnte mir keinen Reim darauf machen. ICH hatte zwar des Öfteren von Opa und Oma gehört, dass Mark ernst bleiben solle, doch das passierte immer, wenn er gerade viel zu lachen hatte. Sollte der Ernst des Lebens etwa damit zu tun haben, dass Mark noch das Lachen vergehen würde? Das hatte doch Penny immer gesagt, wenn sie mit Mark etwas Böses vorhatte.

Der Briefumschlag machte Mark neugierig und er überlegte hin und her, ob er ihn öffnen sollte. Einerseits bekäme er vielleicht eine Antwort auf die Frage, was das bedeutet, andererseits konnte Oma auch mal richtig traurig werden, wenn man wie Opa nicht auf sie hörte.

Als Kenny anfing, die Vorhänge aus ihren Befestigungen zu lösen, um die Fenster zum Gang hin zu verdunkeln, schlussfolgerte er: »Wenn der Schaffner uns not sieht, dann kontrolliert er uns not!«

Dabei steckte Mark den Brief wieder in den Rucksack und widmete sich ganz und gar dem neuen Abenteuer.

Kurz danach klappte Kenny einen Tisch heraus und fing an zwei Rechtecke auf ein leeres Zeichenblockblatt zu malen. Zeichnen war wirklich eine Stärke von ihm, denn er hatte schon am Vorabend die Karte der Arabischen Halbinsel sehr präzise nachgezeichnet. Mit dem gleichen fotografischen Gedächtnis entstanden zwei Flugtickets von München nach Dubai, die für Mark auf den ersten Blick sehr gelungen aussahen.

Einige Zeit später musste Kenny auf die Toilette und ließ Mark alleine im Sechserabteil zurück. Als sich dann kurz darauf die Schiebetüre wieder öffnete, sah Mark erwartungsvoll auf den zugezogenen Vorhang. Doch es kam nicht Kenny, sondern der Schaffner herein: »Die Fahrkarten bitte!«

Mark erstarrte vor Schreck und konnte erst gar nicht antworten. »Junge, was ist los? Wo sind deine Eltern?«

»Meine Mutter kommt gleich, sie ist nur kurz auf der Toilette«, entgegnete Mark.

»Okay, dann komme ich in ein paar Minuten wieder«, erklärte der Schaffner und verließ genauso schnell das Abteil, wie er gekommen war.

Ein paar Momente später kehrte Kenny freudestrahlend zurück und als er gerade etwas erzählen wollte, unterbrach ihn Mark: »Schnell Kenny, wir müssen hier weg. Der Schaffner kommt gleich zurück wegen den Fahrkarten!«

Eilig packten sie die restlichen Sachen in die Rucksäcke und verließen fluchtartig das Abteil, noch weiter in den Bereich der 1. Klasse hinein. Anschließend bemerkten sie eine offene Abteiltür und sahen darin den Schaffner, wie er einen gut gekleideten Mann kontrollierte. Sie schlichen sich hinter seinem Rücken vorbei, um sich auf der nächsten Toilette zu verstecken.

»Was machen wir jetzt?«, flüsterte Mark.

»Wir können back to the 2. Klasse gehen, aber wollen wir das?«

»Kenny, du bist echt mutig! Den Mann im Anzug hat er ja schon kontrolliert. Wir können uns einfach zu ihm setzen. Da findet er uns garantiert nicht«, schlug Mark vor.

»Good Idee, du Superheld!« Beide mussten leise kichern.

Sie warteten noch ein wenig und schlichen sich dann zu dem Abteil. Beim Öffnen der Schiebetür fragte Mark: »Entschuldigen Sie, uns ist langweilig, dürfen wir uns zu Ihnen setzen?« Der Mann mit den schwarzen Haaren und dem Vollbart nickte ihnen zu. Als beide gegenüber dem Mann Platz nahmen und ihre Rucksäcke seitlich abstellten, musterte dieser zuerst Mark und dann Kenny, um sich dann wieder in seine Zeitung zu vertiefen. Beide bemerkten komische Zeichen darauf und obwohl sie noch nicht lesen konnten, war ihnen klar, dass sie so eine Schrift noch nie gesehen hatten. Sie bestand aus geschwungenen Linien und Punkten an ganz unterschiedlichen Stellen. Zwischendurch tauchten Schwarz-Weiß-Bilder von Hochhäusern auf. Ein anderes Bild zeigte einen Mann mit einer seltsamen Kopfbedeckung, die umwickelt war mit einer Art Stirnband.

Mark und Kenny sahen sich fragend an, bis Mark mutig fragte: »Entschuldigen Sie, sprechen Sie Deutsch?«

»A little bit«, murmelte der Mann in seinen Bart, ohne den Blick von der Zeitung abzuwenden.

»Or English Sir?«, hakte Kenny nach.

»Of course boy! What are you doing in this train without your parents?«

»We will meet them in Munich", erwiderte Kenny, wobei ihn Mark fragend anblickte, so dass Kenny das Gespräch so gut wie möglich für ihn übersetzte.

Auf die Frage, wo der Mann herkomme, stellte sich heraus, dass er gerade von New York nach Frankfurt gereist war, um dann nach einem Geschäftstermin von München weiter nach Dubai zu fliegen. Ihm gehöre dort eine Ölfirma und zusätzlich wolle er jetzt auch in die Baubranche einsteigen, um das wachsende Interesse nach Wohnraum zu befriedigen.

Mark rutschte schon ganz unruhig auf seinem Platz hin und her, da er den geeigneten Augenblick suchte, um Kenny zu fragen, ob sie dem Mann wohl ihr Vorhaben mit der Suche nach seinem Vater erzählen sollten. Doch Kenny verneinte, denn er befürchtete, dass er sie dann dem Schaffner übergeben würde. So fragte Mark über seinen kleinen Dolmetscher Kenny dem Mann noch einige Löcher in den Bauch – über die Sprache, das Land, die Menschen die dort leben und auch mit welcher

Fluggesellschaft er dorthin fliege. Da zog der Mann sein Ticket aus der Anzuginnentasche und zeigte es ihnen: »It is called Lufthansa.« Dabei fielen ihm ein paar kleine Kärtchen auf den Boden, die Mark für ihn aufhob.

»You´re good guys. Please take my business card and visit my palace anytime.«

»Your palace?«, fragte Kenny nach.

»Okay, my father´s palace. But in future, when you are adult, it will be mine«, ergänzte der Mann aus Dubai, der ihnen allerdings auch signalisierte, dass er jetzt wieder seine Zeitung weiterlesen wolle.

Mark staunte nicht schlecht, als Kenny ihm das mit der Einladung in den Palast nach Dubai übersetzte.

Als der Mann in seine Zeitung vertieft war, bemerkte er nicht, dass Kenny mit einem breiten Grinsen auch in diesem Abteil die Vorhänge zum Gang zuzog. Er flüsterte Mark zu: »Jetzt findet uns der Schaffner nicht mehr.«

Danach holte Kenny erneut seinen Zeichenblock aus dem Rucksack und vollendete sein Flugkartenkunstwerk mit dem Logo der Lufthansa.

Inzwischen war mindestens eine Stunde vergangen. Mark konnte seine Neugier nach dem Inhalt von Omas Brief nicht mehr stoppen und öffnete das Kuvert ein wenig, um einen Blick hinein zu werfen. Darin sah er eine Geburtstagskarte von Oma und drei blaue Geldscheine, mit einer Eins und zwei Nullen darauf. Solche Scheine hatte er vorher noch nie gesehen. Er machte den Umschlag lieber nicht weiter auf, sondern steckte ihn zurück in den Rucksack. Doch diesmal legte er ihn zur

Sicherheit unter die Bodenverstärkung. Als der Mann dann seine Zeitung ordentlich zusammenfaltete und auch seine Koffer von den oberen Gepäckhaltern herunter nahm, wurde ihnen klar, dass sie nun bald aussteigen mussten. Der Mann fragte die beiden: »Where are your parents waiting for you?«

»At the airport, but we don`t know how to get there«, antwortete Kenny mit Blick zu Mark.

»No problem, I'll take a private taxi from the hotel. You can come with me, if you want. My flight starts in 5 hours – this afternoon at 6 p.m.«

Kenny übersetzte, dass der Mann sie mit dem Taxi zum Flughaben mitnehmen könnte. Mark zögerte noch etwas, da ihn seine Mutter immer wieder gewarnt hatte, nicht mit fremden Menschen mitzugehen. Aber schließlich war der Mann ja nicht mehr fremd und sie hatten sogar seine Adresse von der Visitenkarte. Außerdem stammte er ja aus Dubai und könnte somit der Schlüssel zu seinem Vater sein. Also stiegen die drei in München aus dem Zug. Vor dem Bahnhof wartete bereits eine große schwarze Limousine mit Chauffeur auf den Mann. In so einem großen Auto waren Mark und Kenny noch nie gesessen. Es hatte sogar mehr Platz als im Zugabteil.

»First of all, to the airport«, gab der Mann dem Fahrer zu verstehen.

Kenny nickte Mark dabei beruhigend zu und übersetzte ihm noch den anschließenden Satz des Mannes: »Wenn ihr Probleme habt, eure Eltern zu finden, dann meldet euch in meinem Hotel.« Der Mann drückte ihnen daraufhin die Adresse des Hotels in die Hand.

Kurze Zeit später stiegen sie am Haupteingang des Flughafens aus. Sie hörten noch »good luck« und winkten dem Mann hinterher.

Nun standen die zwei Ausreißer vor dem Flughafen ohne wirklich zu wissen, wie es nun weitergehen sollte. Sie schritten mit einem mulmigen Gefühl im Bauch über die Schwelle, die sie nach Dubai bringen könnte. Zum Glück kannte sich Kenny am Flughafen noch aus und so beschlossen sie, erst einmal nach Informationen zu suchen, wie sie am besten in das richtige Flugzeug gelangen könnten. Sie fanden einen Schalter, auf dem das Lufthansa Logo zu sehen war. Mark heckte mit Kenny aus, dass Kenny sich zuerst alleine durchfragen sollte, damit sie nicht zusammen auffielen. Aus sicherem Abstand beobachtete Mark, wie Kenny von einem Schalter zum anderen geschickt wurde. Nach einer guten halben Stunde kam er zu Mark zurück und erzählte ihm alle Erkenntnisse.

»Das ist not easy. Alle sagen, dass Kinder nur mit Erwachsenen fliegen dürfen und dass wir ein richtiges Ticket brauchen – über mein gemaltes haben die nur gelacht. Und vor allem brauchen wir ein Ausweisdokument, um dort hinzukommen!«

»Was ist denn ein Ausweisdokument?«

»Das kenne ich noch von unseren Trips to Canada. Da steht dein Name drin – soll ich eins zeichnen?«, fragte Kenny voller Tatendrang.

»Warte mal Kenny, lass uns erstmal überlegen.«

»Maybe, wir können uns ja durchmogeln und dann schnell ins Flugzeug einsteigen«, gab Kenny seine Idee preis.

»Das geht aber nur, wenn wir uns an die richtige Person dranhängen. Ich glaub, du weißt schon, wen ich meine!«, vervollständigte Mark den Plan.

»Also müssen wir nur hier auf ihn warten.«

Sie setzten sich auf eine freie Bank in der Nähe des Eingangs, an einen kleinen Grünbereich, um alles im Blick zu haben. Sie merkten, dass sie inzwischen auch richtig Hunger hatten. Zum Glück hatte ihnen Marks Oma morgens noch ein paar leckere Sachen eingepackt, die sie nun genüsslich verspeisten.

Nach einer ganzen Weile fiel Mark auf, dass immer mehr Polizisten im Flughafengebäude herumliefen und sich suchend umschauten. Als sich dann zwei von ihnen in ihre Richtung bewegten, sprang er ohne lange nachzudenken auf und rief: »Lauf Kenny, lauf!«

Beide rannten so schnell sie konnten in Richtung Ausgang und Kenny ließ vor lauter Eile seinen Rucksack liegen. Die Polizisten liefen ihnen hinterher. Draußen versteckten sie sich in einem Gebüsch und sahen noch, wie sich die Polizisten nach ihnen umschauten. Ein dritter Polizist kam dazu und hatte Kennys Rucksack bei sich, während ein weiterer in sein Funkgerät sprach. Jetzt wussten die zwei Ausreißer, dass nach ihnen gesucht wurde.

»Das war knapp Kenny! Wir bleiben erstmal hier, bis die Polizisten weg sind«, keuchte Mark noch immer außer Atem.

»Oh yes! Wenn die police uns sucht, dann müssen wir ab jetzt getrennte Wege gehen. Wichtig ist, dass du nach Dubai kommst, not ich. Ich kann die police ablenken, wenn du ins Flugzeug steigst«, erklärte Kenny seinen neuen Plan, welcher von Mark mit einem zustimmenden Kopfnicken bestätigt wurde.

»Wie bekomm ich meinen Rucksack bloß wieder back?«, fragte Kenny ratlos.

»Ich glaube, da gibt es am Flughafen ein Fundbüro und dort kannst du ihn dann wiederbekommen«, vermutete Mark.

Nach einer gefühlten Ewigkeit fuhr endlich die große schwarze Limousine vor und tatsächlich stieg der Mann aus Dubai aus. Der Chauffeur trug ihm die Koffer hinterher. Allerdings standen am Eingangsbereich mittlerweile so viele Polizisten, dass es für die beiden kein Durchkommen mehr zu geben schien. Kenny umarmte Mark, wünschte ihm alles Gute für die Suche nach seinem Vater und schlich sich hinter die parkende schwarze Limousine. Als Kenny sich dann für die Polizisten durch schnelles Rennen bemerkbar machte, eilten ihm alle hinterher. Der Weg war nun frei für Mark und er konnte unbemerkt hinter dem Chauffeur ins Flughafeninnere gelangen. Beim Lufthansaschalter gab der Mann sein Gepäck auf. Er musste jedoch nicht wie die anderen warten, sondern wurde durch einen separaten Zugang zum Flugzeug gebracht. Mark blieb immer in Sichtkontakt hinter ihm, um sich dann in einem unachtsamen Moment der Sicherheitskraft, am Boden robbend, an der Passkontrolle vorbei zu mogeln. Mark meisterte auch diese Hürde und betrat einen Raum, in dem nur ganz wenige Personen darauf warteten, bis sie in das Flugzeug steigen durften. Es gab dort Getränke, etwas zum Essen und auch Zeitschriften. Mark setzte sich ganz still in die Nähe des Mannes, der wieder in seiner Zeitung las. Er war nun so nah an seinem Ziel – nur noch in das Flugzeug einsteigen und den Vater in Dubai finden.

›Was wohl mit Kenny passiert ist? Konnte er die Polizisten abschütteln oder hatte er sich fangen lassen, damit sich sein Vater nicht noch mehr Sorgen um ihn machen würde?‹, fragte sich Mark.

Schlagartig wurde Mark bewusst, dass sich auch seine Mutter mit Sicherheit Sorgen machte – sogar große Sorgen. Allerdings wusste er auch, dass seine Mutter bestimmt wieder glücklich wäre, wenn er seinen Vater nach Hause bringen würde. Dieser Gedanke machte ihm wieder Mut.

»Hey little boy, what are you doing here?«, riss ihn die Stimme des Mannes aus Dubai aus seinem Tagtraum.

»I fly father Dubai!«, stammelte Mark. Durch die langjährige Freundschaft mit Kenny bemerkte er nun, dass er sich mit einzelnen Worten auf Englisch verständigen konnte.

»You´re alone – where is your mother?«, wollte der Mann wissen.

Mark schaute etwas geknickt zu Boden und fand keine passenden Worte mehr. Stattdessen rollten ihm Krokodilstränen über beide Backen und er wiederholte leise vor sich hin: »I fly father Dubai.«

»Don't worry«, versuchte der Mann Mark zu trösten, nahm ihn in den Arm und wischte ihm mit seinem Stofftaschentuch die Tränen aus dem Gesicht. »Hey my friend, let's look for your mother.«

Als er dann einen Mann vom Flughafensicherheitspersonal zu sich herwinkte, wurde Mark klar, dass seine Reise hier ein Ende fand. Der Sicherheitsbeamte erklärte dem Mann, dass er der zweite Ausreißer sei, den sie schon seit Stunden am Flughafen suchten. Bevor der arabische Mann Mark übergab, öffnete er seinen Krawattenknoten und die obersten Hemdknöpfe. Er nahm seine goldene Kette mit einem Adleranhänger von seinem Hals und legte sie Mark um den Hals.

»You are a great eagle and some day the eagle flies back to my home Dubai – together with you, I believe.«

Mark drückte sich das Taschentuch fest in die Augen, um nicht noch mehr Tränen zu zeigen.

Der Sicherheitsbeamte meinte zu Mark: »Du scheinst ja ein großer Adler zu sein und eines Tages darfst du den goldenen Adler zurück nach Dubai bringen – aber nicht heute.«

Zum Abschied umarmte Mark den arabischen Mann, welcher ebenfalls Tränen in den Augen hatte. Dann griff Mark spontan in den Rucksack, zog seinen Floppy hervor und streckte diesen dem Mann mit beiden Händen entgegen.

»Bring my father Dubai!«

Der Mann nahm Floppy an sich und antwortete: »Yes, I do it for you, my friend!«

Zurück aus dem Sicherheitsbereich in der Schalterhalle standen schon Kenny mit seinem Vater Tony und Marks Mutter Angy bereit. Sie rannte auf ihn zu, während das Geschehen von Journalisten durch ein kurzes Blitzlichtgewitter festgehalten wurde.

»Oh Mark, was habt ihr euch nur dabei gedacht?«, fragte seine Mutter mit weinerlicher Stimme. »Ich hatte solche Angst um euch! Mark, mach sowas nie wieder. Ich bin vor Angst fast gestorben!«

Da konnte Mark seine Tränen endgültig nicht mehr zurückhalten. Weinend hielt er sich an seiner Mutter fest und ließ sie für einige Zeit gar nicht mehr los.

»Ich wollt Papa finden und zu uns zurückholen. Und ich wollt ein echter Superheld sein und dich und Penny endlich wieder glücklich sehen. Mama, ich hab dich lieb, aber Papa fehlt mir so sehr und ich hab gedacht, dass er zu uns zurückkommt, wenn ich in die Schule komm«, schluchzte Mark herzergreifend.

Kenny hatte sich von seinem Vater bereits eine Standpauke abgeholt und ihm versprechen müssen, so etwas Dummes nie wieder zu tun. Nachdem Angy bei ihren Eltern und bei Penny angerufen hatte, um sie zu informieren, liefen sie zu Tonys Auto.

Die Journalisten versuchten noch ein Interview zu bekommen, doch außer »Wir sind dankbar, dass unsere Kinder gefunden wurden!«, bekamen sie von Angy und Tony nichts zu hören.

Auf der Heimfahrt erzählten beide von ihrem Plan und was sie alles erlebt hatten. Mark zeigte seiner Mutter die Adlerkette, das Taschentuch mit dem eingestickten

Monogramm und holte dann noch die Karte mit der Adresse des Mannes heraus.

»Irgendwann wirst du diesen Mann sicherlich treffen, aber für die nächsten Jahre reicht das erst mal, oder?«

»Wie habt ihr uns denn überhaupt so schnell gefunden?«, wollte Mark wissen.

»Ich habe bei Oma angerufen, nachdem ihr zur Mittagszeit nicht wie vereinbart zu Hause angekommen seid. Oma ist dann zum Bahnhof gelaufen und der Bahnbeamte am Schalter hat ihr den entscheidenden Hinweis gegeben. Danach hat Oma Tony informiert, der dann wiederum bei mir angerufen hat. Dann mussten wir nur noch die Polizei informieren, damit die nach euch suchen. Anschließend hat Tony mich zu Hause abgeholt und zusammen sind wir, so schnell wir konnten, zum Flughafen nach München gerast.«

Während der Rückfahrt konnten die Ausreißer ihre Augen vor lauter Erschöpfung nicht mehr aufhalten und fielen in einen tiefen Schlaf.

Eine riesige Aufgabe stand mir nun bevor. ICH durfte die Erlebnisse dieses Tages verarbeiten, sortieren und sinnvoll in meinem Speicher ablegen. In einem Traum schickte ICH Mark alle Informationen, die er benötigen sollte, um die Zeit ohne Vater zu überstehen:

›Afram saß wie jeden Abend mit seinem Vater am offenen Feuer, um den übriggebliebenen Fisch von diesem Tag zuzubereiten und zu verspeisen. Sein Vater bemerkte, wie Afram von Tag zu Tag trauriger wurde. Er fragte ihn, was ihm denn fehle. Afram begann zu weinen und sagte traurig, dass er

seine Mutter sehr vermissen würde und er jedes Mal enttäuscht sei, wenn die Karawane ohne seine Mutter aus der Wüste zurückkam. Sein Vater nahm ihn diesmal in seine Arme und erklärte ihm, dass die lange Reise dorthin viel kosten würde und nicht mit ein paar Fischen zu bezahlen sei. Er versprach ihm aber, sofort mit ihm zu ihr reisen, wenn sie sich das leisten könnten.

Plötzlich bekam Afram leuchtende Augen und holte aus seinem Lederbeutel etwas in Stoff gewickeltes heraus und gab es seinem Vater. Als dieser die ungewöhnlich große Perle darin erblickte, schaute er seinen Sohn fragend an. Afram erzählte ihm voller Stolz, wie er die Muschel ein paar Tage zuvor in einem der Netze gefunden und diese dann zu Hause geöffnet hatte. Der Vater war überglücklich über Aframs Fund. Sie beschlossen, die nächste Karawane abzuwarten. Sollte Aframs Mutter wieder nicht dabei sein, dann würden sie dank der Perle mit der Karawane zu ihr reisen können.‹

ICH sendete Mark als Abschluss des Traumes das zweite Geheimnis für ein selbstbestimmtes Leben:

›**Wenn Dir im Leben etwas wichtig erscheint,
lohnt es sich auch, den Weg dorthin
zu gehen.**‹

Als sie vor Angys Wohnung ankamen, trug Tony den schlafenden Mark in sein Bett und beide waren sichtlich erleichtert, als sie sich mit einer herzlichen Umarmung verabschiedeten. Die Tatsache, dass Mark und Kenny erst einmal für eine Weile in verschiedenen Schulen getrennt waren und nicht wieder gemeinsamen irgendwelche Sachen aushecken konnten, beruhigte die erschöpften Eltern.

Am nächsten Morgen stand über die beiden Ausreißer ein Bericht in den regionalen Zeitungen. In der 'BILD-Zeitung' war sogar ein Foto mit ihren zensierten Gesichtern veröffentlicht mit der Überschrift:

›Kleine Ausreißer am
Münchner Flughafen gefasst!
Zwei Kinder (sechs und sieben Jahre) wollten
alleine bis nach Dubai fliegen.‹

In den Heimatorten von Mark und Kenny wussten nun alle Bescheid.

Mark wachte von der lauten Stimme seiner Mutter auf und als er an seine Zimmertür schlich, um diese zu öffnen, konnte er sie am Telefon hören: »Jetzt soll ich an allem Schuld sein? Du hast ihm doch die Geschichte mit Dubai ins Ohr gesetzt! Sonst wäre er doch gar nicht auf diese Idee gekommen. Warum hast du mir nicht erzählt, wo David ist. Unter diesen Umständen werdet ihr uns überhaupt nicht mehr zu Gesicht bekommen, solange du mir nicht alles sagst, was du über David weißt und wo er ist.« Mit einem lauten Knall warf sie den Hörer auf das Telefon und fing an jämmerlich zu weinen. Mark wartete noch einen Augenblick, bis er zu ihr lief. Er hatte Angst, dass durch sein Verhalten nun der Kontakt zu Oma und Opa ganz abbrechen könnte.

»Mark, was machst denn du hier?«, fragte Angy entsetzt, als sie ihn sah. »Hast du etwa alles mitgehört?«

»Ja Mama, das hab ich. Ab jetzt werd ich immer brav sein, verspochen«, sagte Mark, während er seine Mutter in die Arme nahm.

»Es wird aber auch Zeit, dass du endlich groß und vernünftig wirst. Du bist doch jetzt der Mann im Haus«, schluchzte Angy in Marks Ohr.

»Ich bin auch schon groß und komm doch bald in die Schule.«

DER ERNST DES LEBENS BEGINNT

Es sollte ein großer Tag für Mark werden – sein erster Schultag. Angy hatte alles vorbereitet. Mit der selbst gebastelten und gefüllten Schultüte in der Hand und dem alten Schulranzen von Carinas Bruder Sven auf dem Rücken stand Mark zum Abmarsch im Hausflur bereit.

Mark fühlte sich nicht wirklich wohl, da seine Kleidung komplett aus den getragenen Sachen von Sven bestand. Diese waren mindestens eine halbe Nummer zu groß. Auf dem rechten Knie war ein rotes Herz aufgenäht, das ein Loch verbergen sollte.

»Ich weiß, die Sachen passen dir nicht richtig, aber ich kann dir momentan keine neue Kleidung kaufen.«

»Das macht nichts«, gab Mark vor, um seine Mutter zu beruhigen.

So begann der erste Schultag mit einem Schulgottesdienst in der Kirche und alle hatten ihre Eltern dabei. Nur Mark war alleine mit seiner Mutter dort. Wenigstens kannte er Carina und ihre Eltern. Sie hielten sich in ihrer Nähe auf. Doch damit war er nicht alleine. Mark bemerkte, dass auch andere Mädchen Carinas Nähe suchten, da sie schon im Kindergarten sehr beliebt war.

Durch ihr Kleid und den Haarreif in ihren langen Haaren sah sie wie eine kleine Prinzessin aus. Nach der Kirche kam ein Fotograf, der alle Kinder alleine und mit ihren Eltern knipste. Als sich dann die neuen Erstklässler in ihren Klassenzimmern verteilten, drückte Angy Mark noch einen Kuss auf die Backe, den er im nächsten Moment mit seinem Ärmel abwischte.

Bei Carina fand er leider keinen Sitzplatz mehr. Es hatte für Mark auch nicht den Anschein, als ob sie es gut finden würde, ihn neben sich sitzen zu haben. Also blieb für ihn nur noch ein Platz in der letzten Reihe übrig. Neben einem Jungen, der scheinbar auch keine anderen Freunde hatte. Er hatte lange, struppige rotbraune Haare und abstehende Ohren. Sein Gesicht war übersät von Sommersprossen. Er hieß Peter und war fast einen Kopf größer als Mark. Als sich dann alle der Reihe nach vorstellen durften, fiel es Mark als Letztem sichtlich schwer, vor den anderen Kindern zu reden. Alle starrten ihn an und sein Gesicht wurde fast so rot wie das Herz auf seinem rechten Hosenbein. Die Lehrerin fragte, ob er denn auch einen Namen habe und Mark fing an, diesen vor sich hinzustottern »M-m-mark.« Die ganze Klasse außer Peter lachte.

In der ersten großen Pause stand er dann alleine in einer Ecke und nicht einmal Carina kam zu ihm. Sie zog es vor ihren Freundinnen die tollen Sachen, die sie in ihrer Schultüte hatte, zu präsentieren. Mark öffnete seine erst gar nicht vor den anderen, da ja sowieso nichts Tolles dabei sein würde. Sie hatten ja kein Geld mehr für schöne Dinge. Also hielt er noch die restlichen zwei Stunden durch. Während die meisten anderen Kinder schon von ihren Eltern mit dem Auto oder zu Fuß abgeholt wurden, lief Mark den, zuvor schon mit seiner Mutter geübten, kurzen Nachhauseweg alleine für sich. Dieser führte um die Schule herum über eine kleine Brücke, unter der ein Bach floss. Als er fast am Ende der Brücke ankam, blieb er für einen Moment stehen, legte die Schultüte zur Seite und nahm seinen Schulranzen ab. Dieser war bereits mit den ersten Schulbüchern gefüllt. Frustriert und wütend auf sich selbst und alle anderen, warf er seinen Schulranzen in einem hohen Bogen in Richtung Bach.

In diesem Augenblick rief eine ihm bisher unbekannte Lehrerin zu: »Hallo junger Mann, was machst du denn da?«

Er hatte sie vor lauter Wut gar nicht bemerkt und schämte sich nun auch noch, dass er dabei beobachtet wurde. ›Das gibt Ärger und meine Mutter wird wieder mal traurig wegen mir sein‹, dachte sich Mark. »Ich geh da nicht mehr hin!«, erklärte er energisch.

Sie musste herzhaft lachen und sagte ihm, dass das leider nicht möglich sei und er schon morgen wieder da sein müsse. »Ich helfe dir gerne, deinen Schulranzen wieder hochzuholen. Da hast du aber echt Glück gehabt, dass er nicht im Bach gelandet ist. Wie heißt du denn?«

»Ich bin Mark und heute war mein erster Tag in der Schule. Oma hat recht! Das macht keinen Spaß hier.«

»Wie kommst du denn da drauf?«, wollte sie wissen.

»Meine Oma hat mir ein Kuvert gegeben und gesagt, dass ich das noch brauche, wenn der Ernst des Lebens beginnt. Ich glaub, sie hat die Schule damit gemeint«, antwortete Mark trotzig.

»Na, so schlimm ist es auch wieder nicht«, beschwichtigte die Lehrerin Mark und fragte ihn, wo er dann wohne. Nachdem sie den Schulranzen wieder bei sich hatten, begleitete sie Mark auf seinem Nachhauseweg, um seiner Mutter von dem Vorfall zu erzählen.

Angy war sehr enttäuscht über Marks Verhalten. Die Lehrerin gab ihr den Rat, dass sie vielleicht professionelle Hilfe in Anspruch nehmen sollte, falls das nicht besser werden würde. In diesem Moment erinnerte sich Angy an die Worte des Arztes aus dem Krankenhaus, der ihr vor ein paar Jahren das Gleiche empfohlen hatte. »Warten sie einfach noch ein paar Tage ab, ob er sich in der Schule zurechtfindet. Aber auf jeden Fall ist es gut, wenn sie mit seiner Klassenlehrerin Kontakt aufnehmen«, empfahl sie der sichtlich geknickten Mutter.

Als sich die Lehrerin verabschiedet hatte, hakte Angy nochmals bei Mark nach, um die Hintergründe herauszufinden. Er wollte allerdings keine Erklärungen mehr darüber abgeben.

Am nächsten Morgen ging Mark widerwillig in die Schule. Auch an diesem Tag fühlte er sich im Unterricht so unwohl wie am Vortag. Als Mark in der Pause wieder einsam in einer Ecke stand, kamen zwei von Carinas Freundinnen auf ihn zu. Sie musterten ihn von oben bis unten, schüttelten den Kopf und eine davon fragte ihn, ob er denn keine eigene Kleidung habe. Ohne auf eine Antwort zu warten, drehten sie sich um und rannten lachend davon. Das machte ihn sehr traurig und er schämte sich dafür. ›Das wissen sie bestimmt von Carina, wo sollen sie es denn sonst her haben?‹, dachte Mark. Mit gesenktem Kopf ging er nach der Pause in sein Klassenzimmer. Er beteiligte sich nur noch am Unterricht, wenn die Lehrerin ihn ausdrücklich ansprach. Dies geschah allerdings immer öfter in einem Stotter-Modus.

Die erste Woche verging, ohne dass sich eine Besserung einstellte. Mark und sein Sitznachbar Peter wurden von den anderen Mitschülern immer wieder ausgeschlossen und gehänselt. Mark war heilfroh, als endlich Wochenende war und er nicht zur Schule musste. Beim gemeinsamen Frühstück am Sonntag fragte Penny ihn, wie es in der Schule gelaufen sei, doch Mark meinte nur »gut«, um auch seine Mutter zu beruhigen und keine Diskussion aufkommen zu lassen.

In der Nacht zum Montag schenkte ICH Mark wieder einen Traum:

›Er befand sich mitten in einem Sandsturm in einer Wüste und fühlte sich völlig verloren. Denn er irrte hilflos umher und fand keinen Weg mehr, um dem Sandsturm zu entkommen. Er hörte in der Ferne immer wieder ein Rufen. Der Sturm tobte jedoch so laut, dass er es nur ganz leise hören konnte.‹

Mark wachte schweißgebadet auf und benötigte erst einmal einige Minuten, um zu begreifen, dass er ja nur geträumt hatte. Wer hatte ihn da gerufen? Und vor allem was wurde ihm da zugerufen? Er konnte nur ein paar einzelne Worte verstehen, die für ihn keinen Sinn ergaben und so schlief er nach einiger Zeit erneut ein.

ICH ließ ihn weiterträumen:
›Plötzlich war er wieder mittendrin in diesem Albtraum. Doch diesmal konnte er die Stimme lauter und deutlicher hören. »Afram, lass dich einfach fallen und erinnere dich daran, immer wieder aufzustehen. Du musst nicht gegen den Sturm kämpfen. Passe dich deiner Umgebung an, bis du deinen Weg gefunden hast. Vertraue mir und dir.« Diese Worte brachten Afram Hoffnung, dass es ein Licht am Ende des Sandsturms gab.‹

Als Mark am nächsten Morgen vom Wecker aufschreckte, kam es ihm so vor, als ob Opa ihm eine seiner erfundenen Heldengeschichten erzählt hätte. Auf jeden Fall ging er gut gelaunt zur Schule. Dies sollte sich allerdings schnell ändern.

In der ersten Schulstunde blieb alles beim Alten, denn die anderen Schüler beachteten ihn immer noch nicht. Nur Peter bot ihm in der ersten Pause sein Brot zum Tausch an. Ohne nachzudenken, nahm er das Angebot an und freute sich, dass wenigstens einer nett zu ihm war.

Im Sportunterricht sollten zwei Mannschaften gewählt werden. Als zuletzt nur noch Mark und Peter übrig waren und das rothaarige Mädchen mit dem langen Zopf Peter in ihre Mannschaft wählte, ging Mark als Letzter geknickt zur anderen Gruppe. Die Lehrerin erklärte zuerst die Spielregeln für Völkerball und steckte dann das Spielfeld ab. Mark stolperte aufgrund seiner zu großen Turnschuhe über seine eigenen Füße und fiel hin. Das rothaarige Mädchen nutzte die Chance und warf ihn als Ersten, mit einem Wurf auf seinen Kopf, aus dem Spielfeld. Dies kommentierte die Lehrerin: »Na, wenn du nicht richtig laufen kannst, dann bist du heute der erste Verlierer.«

Als dann auch noch alle lachten, stieg in Mark eine altbekannte Wut auf. Auf dem Boden liegend, fiel ihm der Traum von letzter Nacht ein: ›Immer wieder aufstehen!‹ So motivierte er sich in Gedanken und wechselte nun zur Seite der Außenwerfer. Doch egal wie oft er sich auch anbot, er bekam nie den Ball zugeworfen.

Einmal als er den Ball fast hatte, schnappte ihm ein Mädchen aus seiner Mannschaft diesen vor seiner Nase weg und meinte: »Wer nicht laufen kann, kann auch nicht werfen.«

»Mädchen können nicht werfen!«, war Marks spontane Antwort.

»Benimm dich Mark, sonst bist du gleich ganz draußen«, kommentiert die Lehrerin mit einem strafenden Blick.

»Ich bekomm ja eh keinen Ball«, brach es aus Mark wütend heraus.

»Aha, dann gib doch mal Mark den Ball. Wir wollen sehen, ob er nur große Sprüche macht«, forderte die Lehrerin die Mitschülerin auf, noch bevor sie werfen konnte.

Diese folgte widerwillig ihrer Anweisung und gab Mark mit einem grimmigen Blick den Ball. Mark nahm den Ball und zielte auf das Mädchen mit den roten Haaren, die ihn im Liegen abgeworfen hatte. Mit einem gelungenen Wurf traf er sie beim Wegrennen gerade noch am Hinterkopf. Mark konnte richtig gut werfen. Er hatte ja seit Jahren am Garagentor von Kennys Vater Basketball gespielt und sich eine hervorragende Wurftechnik angeeignet.

Die anderen staunten nicht schlecht. Doch auch diesmal hatte die Lehrerin etwas zu bemängeln: »Nicht so stark Mark und schon gar nicht auf den Kopf zielen.«

Die Kritik der Lehrerin prallte diesmal an ihm ab und er nutzte die Gelegenheit, um das nächste Mädchen zu treffen. Weil die Mannschaft nun seine Stärke erkannte, spielte sie ihm jetzt immer wieder den Ball zu und er traf mit einer hohen Trefferquote einen Gegenspieler nach dem anderen. Als die Lehrerin seine Mannschaft ermahnte, dass auch mal ein anderes Kind werfen solle, konnte Mark plötzlich ohne zu stottern fragen: »Ist das eine Spielregel oder denken sie sich das gerade nur aus?«

Kurz darauf schoss er seinen Sitznachbarn Peter als Letzten im Spielfeld verbliebenen mit einem gekonnten Schuss ab.

Als das Gewinnerteam klatschte und er sich gerade richtig gut fühlte, pfiff die Lehrerin mit hochrotem Kopf in ihre Trillerpfeife und meinte: »Wir spielen gleich nochmal und diesmal darf Mark, wegen seines unfairen und frechen Verhaltens, nicht mitspielen. Setz dich auf die Bank Mark und überleg dir, was du falsch gemacht hast.«

In der dritten Stunde stellte die Lehrerin den Schülern die Aufgabe, über die Berufe ihrer Eltern zu erzählen und fragte sie, was jeder selbst einmal für einen Beruf erlernen wolle. Mark kam als Erster dran: »Meine Mama arbeitet bei Carinas Eltern im Architekturbüro und mein Vater baut die größten Hochhäuser der Welt in Dubai.«

»Stimmt das wirklich?«, wollte die Lehrerin wissen. Mark wurde rot im Gesicht und aus ihm kam nur noch ein zögerliches »J-j-ja«.

»Und was willst du später mal für einen Beruf lernen?«, fragte die Lehrerin mit fordernder Stimme.

»Ich werde Millionär!«, brach es aus Mark heraus. Nicht nur die anderen Schüler, sondern auch die Lehrerin begann nun zu lachen. Mark verstand nicht, warum ihn keiner ernst nahm.

»Warum denn das, Mark?«, schob die Lehrerin hinterher.

»Da-da-damit ich meine eigene Kleidung kau-kau-kaufen kann und nicht das alte Zeug von Carinas Bruder tra-tra-tragen muss.«

Mark setzte sich mit gesenktem Blick hin, in der Hoffnung, dass die Lehrerin ihn jetzt endlich in Ruhe lassen würde.

In seinem Inneren begann ein uralter Kampf und Mark war kurz davor, sich den Kopf auf die Tischplatte zu schlagen. Ihm wurde abwechselnd kalt und warm und sein Hals zog sich zusammen, so dass er nur noch schwer Luft bekam.

ICH kannte diese Emotion sehr gut aus seiner Vergangenheit. Immer wenn er Angst vor dem Alleinsein hatte oder sich machtlos fühlte, kam diese Wut in ihm hoch. ICH hätte ihm hunderte von Bildern aus der Vergangenheit vor Augen führen können, doch ICH wusste mittlerweile, dass es Mark dadurch nicht besser ging und entschied mich für das Verdrängen dieser Bilder.

Mark saß immer noch in Gedanken versunken mit gesenktem Kopf an seinem Platz und bemerkte nicht, dass Carina aufstand und mutig zu ihm lief.

»Mark sagt die Wahrheit, sein Vater ist wirklich in Dubai. Er hat sich leider schon lange nicht mehr bei seiner Familie gemeldet. Daher hat seine Mutter gerade nicht so viel Geld und wir unterstützen sie. Mark ist ein genauso guter Freund von mir wie alle anderen, egal welche Kleidung er trägt. Ja, und ich will später auch mal Millionärin werden! Dann ist Mark nicht so alleine mit seinem Beruf!« Sie zwinkerte Mark zu und schritt heldenhaft an ihren Platz zurück.

Diesmal schien die Lehrerin sprachlos zu sein und gab das Zeichen für eine kleine Pause, um sich selbst erst einmal wieder neu zu sortieren. Am Ende des Unterrichtstags bekam Mark einen verschlossenen Brief von seiner Lehrerin in die Hand gedrückt, mit der Bitte, ihn seiner Mutter zu übergeben.

Zu Hause angekommen gab Mark seiner Mutter den Brief mit einem mulmigen Gefühl im Bauch. Angy öffnete das Kuvert sofort, um darin die Aufforderung für ein baldiges Elterngespräch zu lesen. Sie schaute ihm enttäuscht in die Augen: »Mark, wir haben nur eine Möglichkeit – nämlich, dass ich arbeiten gehe und Geld verdiene. Wir brauchen das Geld dringend und du musst dafür brav zur Schule gehen. Wenn das nicht klappt, dann muss ich aufhören zu arbeiten und wir haben dann gar kein Geld mehr. Willst du das?«

»Nein, Mama! Es ist nur so, dass mich in der Schule niemand mag. Aber ich schaff das schon irgendwie«, versicherte Mark ganz geknickt.

»Bitte gib dein Bestes Mark, sonst weiß ich nicht, wie es weitergehen soll!«

Am folgenden Nachmittag hatte Angy bereits einen Termin bei der Lehrerin, die ihr von Marks problematischem Sozialverhalten berichtete. Als Angy wieder zu Hause war, nahm sie sich Mark zur Brust.

»Mark, was mir deine Lehrerin erzählt hat, verstehe ich nicht. Sie meinte, wenn das so weitergeht, dann musst du auf die Sonderschule gehen.«

»Aber ich hab doch gar nichts gemacht. Die Lehrerin behandelt mich immer unfair gegenüber den anderen«, verteidigte sich Mark.

»Das glaube ich jetzt nicht. Was soll das mit dem Stottern überhaupt? Das habe ich bei dir noch nie bemerkt«, hinterfragte Angy.

»Die übertreibt einfach!«

»Deine Lehrerin hat mir erklärt, dass sie unsere Lage genau versteht. Auch sie ist ohne Vater aufgewachsen, da er im Krieg in Russland gestorben ist. Sie hatte auch einen kleinen Bruder, den die Mutter nicht im Griff hatte. Als große Schwester musste sie ihn mitziehen, damit er nicht auf die schiefe Bahn kam.«

»Nein, sie versteht mich überhaupt nicht. Ihr Vater ist tot – meiner nicht!«, schrie sich Mark seinen Frust von der Seele.

»Mark beruhig dich! Je länger ich darüber nachdenke, umso mehr haben doch alle recht und wir müssen mit dir einen Psychologen aufsuchen«, schlussfolgerte Angy.

»Ach, immer bin ich der, der alles falsch macht! Ich darf nicht zu meinem Vater, ich darf nicht mehr zu Opa und Oma und wenn ich in der Schule was gut kann, dann darf ich auch nicht mehr mitspielen!«, schrie Mark wütend.

»Okay, deine Lehrerin hat mir schon einen guten Psychologen empfohlen. Bei dem werde ich jetzt anrufen und einen Termin vereinbaren.«

»Na prima und am besten erzählst du es gleich Carinas Mama, dann weiß es morgen die ganze Schule«, sagte Mark empört.

»Warum denkst du das denn?«

»Hätten mich sonst Carinas Freundinnen damit geärgert, dass ich keine eigene Kleidung hab und die von Sven anziehen muss? Das müssen die doch von jemandem wissen!«, rechtfertigte Mark schnaubend seine Vermutung.

»Okay, ich werde ihr nichts davon sagen, versprochen!«, beruhigte ihn Angy.

Nach einem kurzen Telefonat kam Angy zu Mark ins Zimmer. Sie berichtete, dass sie großes Glück hätten, weil für morgen Mittag ein Termin aufgrund einer Absage frei geworden sei. Andernfalls wäre erst nach einer Wartezeit von mehreren Monaten wieder einer frei gewesen. Mark nickte nur kurz und zeigte damit seine Zustimmung. Für sich dachte er, es hätte ihm auch gereicht, wenn der Termin erst später stattfinden würde.

Der nächste Schultag lief dann wieder etwas friedlicher ab und auch die Mitschüler zeigten seit Carinas Unterstützung etwas mehr Interesse an Mark. Die Jungs waren von seiner Wurftechnik so begeistert, dass sie ihn schon fast als gleichwertig ansahen. Doch Mark war es auch wichtig, Peter nicht auf dem Abstellgleis stehen zu lassen, sondern ihn zu unterstützen, damit auch er integriert werden würde. Das war jedoch gar nicht so leicht, da er doch manchmal sonderbar mit seinen Ansichten und seiner Ausdrucksweise war. Er wohnte auf einem alten Gutshof in einem einsamen Tal und kannte bisher nicht viel von der Stadt. In seiner Freizeit musste Peter bei seinen Eltern oft und viel auf dem Hof mitarbeiten. Peter erzählte Mark, dass sie ganz viele Tiere hätten und er ihn gerne einmal besuchen könne. Jedoch müsste er mit dem Zug und dann noch mit dem Bus zu ihm fahren. Mark lehnte erst einmal ab, da er seine letzte Zugfahrt in nicht so guter Erinnerung hatte.

Am Nachmittag hatten Mark und Angy den Termin beim Psychologen. Er nahm sich viel Zeit, um sich alles anzuhören. Angy berichtete ihm von Marks bisherigem Leben.
 Als der Psychologe den kompletten Sachverhalt erfasst hatte, meinte er zu Angy: »Wenn ich das richtig einschätze, benötigen Sie alle psychologische Hilfe und ich würde Ihnen zu einer Familientherapie raten. Wir sollten bis zum nächsten Sommer zwölf Sitzungen einplanen und auch gleich Termine festlegen.«

Mit einem erschrockenen Blick und wütender Stimme antwortete Angy: »Und wenn ich Sie richtig einschätze, dann haben Sie keine Ahnung von Ihrem Beruf und wollen mit uns nur Geld verdienen.«

Sie stand auf, packte Mark am Arm und beide suchten so schnell sie konnten das Weite. Mark vermochte gar nicht so schnell zu denken, wie seine Mutter mit ihm aus dem Gebäude war. Er fand es aber eigentlich ganz gut so.

Sie lief mit Mark im Schlepptau voller Frust auf die andere Straßenseite, ohne dabei auf den blau-weißen VW Bus zu achten, der sich von links näherte. Dieser legte eine Vollbremsung ein, konnte allerdings nicht mehr ganz ausweichen und erwischte Mark an der linken Körperseite, so dass er zu Boden fiel. Der Bus kam gerade noch eine Handbreit vor seinem Kopf zum Stehen.

Angy blieb zwar unverletzt, stand jedoch unter Schock und verharrte wie angewurzelt auf der Straße. Der Fahrer stieg sofort aus und nahm Mark auf seine Arme, um ihn auf den Gehweg zu legen. Er schaute Mark in die Augen: »Mein Junge, geht es dir gut?«

»Ja, aber mein Arm tut weh.«

Inzwischen hatten sich schon einige Menschen an dem Unfallort versammelt. Ein zufällig vorbeifahrender Streifenwagen hielt an. Während ein Polizist den Krankenwagen rief, sicherte der andere die Unfallstelle ab. Mark wollte am liebsten aufstehen, um seiner Mutter zu zeigen, dass es ihm gut gehe. Der Mann hielt ihn jedoch zurück: »Bleib bitte liegen, bis der Krankenwagen kommt. Ich kümmere mich um deine Mutter.«

Er lief zu ihr und sah, dass sie immer noch unter Schock zu stehen schien. Mit der linken Hand berührte er ihre Stirn, schaute ihr tief in die Augen und sprach: »Sie sind eine gute Mutter, sie haben alles richtig gemacht. Ihrem Sohn geht es gut und er hat sie lieb«.

Endlich entspannte sich Angys entsetzter Blick und sie konnte sich nun auch wieder bewegen. Sie eilte sofort zu Mark.

»Mark, geht es dir gut? Ich habe das Auto nicht gesehen. Es tut mir ja so leid!« Dabei setzte sie sich zu ihm auf den Boden.

Ein Polizist fragte die umstehenden Menschen, ob jemand den Unfall als Zeuge beobachtet hatte und bat die anderen bitte nicht als Schaulustige noch mehr Stress für die Mutter und den kleinen Jungen zu erzeugen und einfach weiterzugehen.

Als der Krankenwagen eintraf und Mark vom Notarzt untersucht wurde, legte er ihn vorsorglich auf die Liege, um ihn anschließend ins Krankenhaus zu fahren. Da es für Angy im Krankenwagen keinen Platz mehr gab und die anwesende Polizei die Personalien aufgenommen hatte, bot der Fahrer des VW Busses Angy an, sie ins Krankenhaus zu ihrem Sohn zu fahren. Angy nahm sein Angebot dankend an.

»Mein Name ist Alec«, stellte sich der Fahrer vor.

»Und ich bin Angy. Danke, dass Sie so gut reagiert haben. Ich hatte vor Wut alles ausgeblendet und Ihren Bus hab ich erst gar nicht bemerkt!«, sprudelte es aus Angy heraus.

Im Krankenhaus angekommen wusste Angy noch zu gut, welchen Weg sie nehmen musste und Alec folgte ihr neugierig. Er wollte jetzt auch wissen, wie es dem Jungen geht. Als nach ca. 30 Minuten derselbe Arzt aus der Notfallambulanz kam, der Mark vor vier Jahren am Arm operiert hatte, war Angy etwas überrascht.

»Ich habe Ihren kleinen Superhelden untersucht und auch geröntgt. Also eins muss man ihm lassen, bis auf einen verstauchten Arm und eine geprellte Schulter fehlt ihm gar nichts. Er kann jetzt wohl besser fliegen als damals«, erklärte der Arzt und zwinkerte Angy dabei zu, welche die Nachricht sichtlich erleichtert aufnahm. »Ihr Sohn hat mir den Unfallhergang erzählt. Er sagte mir auch, dass Sie gerade vom Psychologen kamen und da auch nicht mehr hingehen wollten. Das sollten Sie sich nochmal überlegen, da ich das Gefühl habe, dass er beinahe wieder unseren Röntgentisch mit seinem Kopf testen wollte. Bitte warten Sie hier noch ein paar Minuten, dann bekommen Sie den kleinen Überflieger zurück und können ihn wieder mit nach Hause nehmen. Übrigens, ich habe in der 'BILD-Zeitung' von ihm gelesen und ihn auf dem zensierten Foto erkannt. Mut hat er jedenfalls, der kleine Superheld.«

Als der Arzt wieder in die Notaufnahme ging, schaute Alec Angy fragend an und sie begann ihm ihr halbes Leben zu erzählen. Mitten in der Geschichte von Marks Absturz im Steinbruch, öffnete sich die Tür und Mark rannte seiner Mutter in die Arme. Er hatte am linken Arm einen Schulterverband mit einer Schlinge.

»Ich bin ja so froh, dass es dir gut geht!«

»Mama, ich auch!«, antwortete Mark. Er drehte sich zu Alec und sagte: »Und danke, dass Sie anhalten konnten.«

»Junger Mann, du kannst von Glück reden, dass du so heil davon gekommen bist, denn ich bremse auch für Superhelden! Ihr könnt gerne Alec zu mir sagen. Soll ich euch noch nach Hause fahren, bevor ich wieder arbeiten gehe?«

»Das wäre wirklich prima. Wir haben dir aber schon so viele Umstände gemacht! Wie können wir uns denn revanchieren?«, wollte Angy wissen.

»Ach wisst ihr, ich habe für heute meine gute Tat vollbracht! Also seid ihr jetzt dran, jemandem etwas Gutes zu tun. Das passt schon, ihr seid mir nichts schuldig«, erklärte Alec.

Mark fand Alec irgendwie cool. Er strahlte eine solche Ruhe aus und Mark hatte gesehen, wie er am Unfallort seine Mutter nur durch eine Berührung an der Stirn und einem tiefen Blick in ihre Augen aus dem Schockzustand befreien konnte. Beim Einsteigen in das Auto sagte Mark begeistert: »Boah, da ist ja mehr Platz, als in meinem Kinderzimmer! Ich glaub, ich zieh hier ein.«

»Das ist mein alter Campingbus. Mit dem war ich schon viel unterwegs.«

»Was hast du für einen Beruf?«, wollte Mark auf der Fahrt zur Wohnung wissen.

»Ich habe eine kleine Tankstelle und eine Halle, in der ich Autos repariere und verkaufe.«

»Ach, ein Auto könnte ich gut gebrauchen. Doch das kann ich mir gerade nicht leisten«, gab Angy zum Besten.

»Dann komm doch mal mit Mark vorbei und wir schauen weiter«, bot Alec an. Dabei drückte er Mark eine Visitenkarte von sich in die Hand.

»Danke für alles, Alec«, sagte Angy.

»Und wenn du mal kurzfristig einen fahrbaren Untersatz brauchst, dann kannst du dich gerne melden. Bei mir muss man die nicht gleich kaufen, sondern kann es auch günstig mieten!«

»Prima, doch eine Frage habe ich noch an dich. Was hast du mit mir gemacht, als ich auf der Straße unter Schock stand?«

»Ich habe dir doch erzählt, was mein Beruf ist – alles rund ums Automobil. Und mein Hobby sind Menschen. Die studiere ich schon mein ganzes Leben lang. Da habe ich einen kleinen psychologischen Trick angewandt, um dich wieder ins Bewusstsein zu holen«, erklärte Alec.

»Schon ein Zufall, vor dem einen Psychologen flüchte ich, um dem anderen vors Auto zu laufen«, stellte Angy fest und grinste Alec an.

»Vielleicht bedeutet Zufall auch, dass ich euch zugefallen bin«, ergänzte Alec.

»Wer weiß?«, rätselte Angy und öffnete umsichtig die Autotür, um diesmal sicher nach Hause zu kommen.

Am nächsten Tag war Mark mit seinem Verband und der Schlinge natürlich der Held in seiner Klasse. Alle fragten ihn aus und bewunderten ihn, wie locker er seine Geschichte vom Unfall erzählte. Irgendwie machte es Mark an diesem Tag nicht so viel aus, als ihn die Lehrerin beim Thema Verkehrserziehung immer wieder als schlechtes Beispiel erwähnte. Er hatte ja die Anerkennung seiner Mitschüler. Beim anschließenden Sportunterricht im Stadion konnte Mark nicht aktiv teilnehmen. Er wurde von seiner Lehrerin im Weitwurf als Balljunge eingeteilt. Als die Lehrerin gerade Peter für seinen 20 Meter-Wurf als Tagesbesten lobte, hob Mark dessen Ball aus dem Gras auf. Anstatt ihn wie die anderen Bälle in den Korb zu legen, holte er mit seinem rechten gesunden Arm aus und warf den Ball deutlich weiter, über alle anderen Mitschüler hinweg, so dass der Ball mit einem lauten Knall an die Stadionbande schlug.

Die Lehrerin drehte sich entsetzt zu Mark um und sagte mit erhobenem Zeigefinger: »Mark – das war aber jetzt sehr gefährlich! Doch das war mit Abstand die beste Leistung, die ich je in der Grundschule gesehen habe. Respekt Mark für diesen Wurf! Aber das nächste Mal wirfst du bitte von der anderen Seite aus, sonst hat das Konsequenzen. Ausnahmsweise bist du heute unser Held des Tages!«

Als Mark nach der Schule freudestrahlend nach Hause kam, sah er ein Polizeiauto vor der Wohnung stehen. Er schloss die Wohnungstüre auf und hörte, wie seine Mutter sich im Wohnzimmer mit einem Mann unterhielt.

Es war der gleiche Polizist, der beim gestrigen Unfall den Straßenverkehr regelte. »Hallo Mark, ich komme euch gerade besuchen, um noch das Protokoll aufzunehmen. Kannst du mir auch noch ein paar Fragen beantworten?«, forderte ihn der Polizist auf.

»Ja, gern!«

»Was glaubst du, warum der Unfall passiert ist?«, wollte er wissen.

»Ich hab nicht richtig aufgepasst, sonst hätt ich meine Mama noch aufhalten können.«

»Ja hat denn deine Mutter nicht aufgepasst?«, bohrte der Beamte weiter.

»Doch, meine Mama passt immer gut auf mich auf. Diesmal hat sie den kleinen Bus wohl übersehen. Aber es ist doch nichts Schlimmes passiert«, wollte Mark dem Polizisten klar machen.

»Weißt du Junge, ich muss mir in solchen Fällen ein Bild davon machen, wer an dem Unfall Schuld hat. Bisher sieht es so aus, als ob den Fahrer keine Schuld trifft. Wir prüfen gerade, ob deine Mutter ihre Sorgfaltspflicht für dich verletzt hat«, führte der Polizist aus.

»Aber ich bin doch schon fast sieben Jahre und in der Schule. Ich kann doch auf mich selbst aufpassen!«

»Trotzdem hätte das Ganze auch schlimmer ausgehen können und daher ist es meine Aufgabe alles zu kontrollieren«, erwiderte der Polizist.

»Auch meine Hausaufgaben?«, wollte Mark wissen und begann trotz körperlicher Einschränkungen die Schulhefte aus seinem Schulranzen heraus zu holen, aufzuschlagen und sie dem Polizisten vor das Gesicht zu halten.

Der Polizist schaute etwas komisch drein: »Nein Mark, das mit den Schulheften machen deine Mutter und deine Lehrer – nicht ich. Wenn du allerdings mein Sohn wärst, dann würde ich dir die Ohren langziehen, so schlampig wie du deine Schulsachen machst. Denke immer daran –

ohne Fleiß kein Preis. Und wenn du später einmal einen guten Beruf haben möchtest, dann musst du dich auch ordentlich dafür anstrengen, sonst landest du vielleicht als Bettler unter irgendeiner Brücke«, belehrte ihn der Polizist mit ernster Miene.

Angy schaute ihn fragend an und Mark versuchte die Situation zu retten: »A-a-aber ich kann es n-n-nicht besser.«

Der Polizist merkte nicht, dass er Mark komplett verunsichert hatte und fuhr fort: »Auch richtig sprechen will gelernt sein! Nur Übung macht den Meister. Was glaubst du, wie hart ich für meinen Beruf gebüffelt habe, um hier drei Sterne auf der Schulter zu haben?«

»Was hei-hei-heißen denn die Sterne?«

Und bevor der Polizist antworten konnte, griff Angy ein: »Mark, ich glaube ein Stern heißt, dass er gut sprechen kann. Den Zweiten gibt es, wenn er gut schreiben kann und den Dritten fürs flüssige Lesen. Also Mark ab in dein Zimmer, damit du auch Sterne bekommst.«

Angy schaute dem Polizist mit einem strengen Blick in die Augen, so dass dieser hinzufügte: »Ja genau!«

Mark lief in sein Zimmer, belauschte allerdings das weitere Gespräch. Der Polizist beendete kurz danach die Befragung und machte mit Angy noch einen Termin aus. Sie müsse noch zur Polizeistation kommen, da er nicht entscheiden könne, ob sie eine Anzeige bekommen würde.

Als Mark sich von dem Polizisten verabschiedete, fragte er: »Wenn man als Polizist Entscheidungen treffen darf, bekommt man dann einen vierten Stern?«

Der Polizist kochte innerlich, aber er versuchte, es sich vor Angy nicht anmerken zu lassen: »Wir sehen uns übermorgen auf dem Revier!«

Zwei Tage später öffnete Mark für seine Mutter die schwere Eingangstür der Polizeistation. Als sie dann nach dem Polizist fragten, teilte ihnen eine Dame mit, dass er gerade noch im Einsatz sei, aber in ca. 15 Minuten zurückkommen würde. Anschließend bot sie ihnen einen Sitzplatz an. Während sich Angy in eine Zeitschrift vertiefte, beobachtete Mark das Geschehen um sich herum. In dem großen Büro standen mindestens zehn Schreibtische. An drei Tischen saß jeweils ein Polizist an einer Schreibmaschine und befragte die gegenübersitzenden Personen, um dann wieder das Gehörte auf Papier zu bringen. Eine junge Frau in seiner Nähe fiel ihm dabei besonders auf. Diese hatte auffällig bunte Kleidung an und antwortete dem Polizist so laut, dass Mark sie gut verstehen konnte: »Nein, ich habe nichts geklaut! Ich weiß auch nicht, wie das in meine Tasche gekommen ist. Vielleicht hat mir das der Kaufhausdetektiv reingetan. Der hat mich die ganze Zeit schon so komisch angeschaut, der alte Bock. Der wollte mich erpressen. Und nur weil ich die Polizei rufen wollte, sitze ich jetzt als Ladendiebin hier. Den sollten Sie mal vernehmen!«

»Na klar, immer sind die anderen Schuld. Sie bekommen jetzt die Anzeige, ob Sie wollen oder nicht. Sie können sich ja einen Anwalt nehmen. Ich glaube nicht, dass Sie dann vor Gericht mit ihrer Geschichte durchkommen«, mahnte der Beamte.

Die junge Frau fing daraufhin an den Polizist anzuschreien: »Sie denken wohl, nur weil ich eine Frau bin, könnt ihr Männer euch alles erlauben!«

»Wenn Sie so weiter machen, bekommen Sie noch eine Anzeige wegen Beamtenbeleidigung! Und das wird dann richtig teuer für Sie!«, positionierte sich der Polizist mit eindringlicher Stimme.

Kurz darauf kam der Polizist mit den jeweils drei Sternen auf den Schultern zu ihnen: »Entschuldigen Sie bitte, dass Sie warten mussten. Es gab gerade mal wieder einen Unfall in der Stadt.«

»Das ist schon in Ordnung!«, meinte Angy und beide folgten ihm an seinen Schreibtisch.

»Ich habe gestern den Mann, der den VW Bus gefahren hatte, vernommen und ich denke die Schuldfrage ist klar auf Ihrer Seite. Ich konnte allerdings bewirken, dass er, obwohl er einen kleinen Schaden am Fahrzeug hat, keine Anzeige stellt oder Kosten von Ihnen fordert. Das ist doch schon mal positiv. Die Frage, die sich jetzt für die Polizei stellt, ist, ob Sie Ihre Sorgfaltspflicht verletzt haben. Und ich kann mir vorstellen, dass es nicht ganz so einfach ist, als alleinerziehende Mutter mit zwei Kindern. Deshalb waren Sie doch auch bei dem Psychologen, oder?«, fragte der Beamte neugierig.

»Ich gebe wirklich mein Bestes für meine Kinder und bei Mark ist es manchmal gar nicht so einfach, da er in der Schule Probleme hat«, erklärte sich Angy.

»Ich überlege mir, ob es sinnvoll ist, in Ihrem Fall das Jugendamt zu informieren, damit dort geprüft wird, ob Sie Ihrer Aufgabe als Mutter gewachsen sind«, drohte der Polizist an.

»Wie meinen Sie das jetzt?«, stutzte Angy etwas empört.

»Ich meine, Sie sollten Ihren Sohn im Griff haben und dazu gehört auch eine konsequente Erziehung, die ihm beibringt was Respekt und Disziplin ist. Dazu braucht man halt auch mal eine strengere Hand«, erklärte der Polizist in einem scharfen Ton.

Mark, der auf dem Stuhl neben seiner Mutter saß, war etwas überrascht. Sollte er verantwortlich sein, wenn seine Mutter jetzt Stress mit einem Jugendamt bekäme oder könnte er vielleicht noch etwas dafür tun, um die Lage zu retten?

»Herr Wachtmeister, es tut mir leid, wenn ich Sie vorgestern geärgert hab. Ich hab mich einfach für Ihren Beruf interessiert. Vielleicht will ich ja selbst mal Polizist werden und ich weiß jetzt, dass ich dafür gute Noten brauche. Und das mit den Sternen war nicht böse gemeint. Wenn ich richtig zusammenzähle, haben Sie ja sogar sechs Sterne auf ihren Schultern, also können sie bestimmt auch gut Entscheidungen treffen. Meine Mama ist die tollste Mama der Welt und sie tut auch alles für uns. Das Einzige was mir manchmal fehlt, ist mein Vater. Doch da kann doch meine Mama nichts dafür«, entschuldigte sich Mark spontan.

»Na gut Mark, du scheinst ein guter Junge zu sein. Ich sehe momentan von der Meldung beim Jugendamt ab.

Allerdings werde ich mir in den nächsten Wochen nochmals persönlich ein Bild davon machen und euch besuchen kommen.«

»Sie können sich darauf verlassen, dass ich ihn in den Griff bekomme!«, versprach Angy.

»Gut, dann dürfen Sie mir noch das Protokoll unterschreiben«, bat der Polizist.

»Herr Wachtmeister, eine Frage hab ich noch. Ist denn der Oberwachtmeister Dimpfelmoser Ihr Chef?«, hakte Mark mit einem breiten Lächeln auf den Lippen nach.

»Na da bin ich aber gespannt, ob Sie ihn wirklich in den Griff bekommen«, ergänzte der Polizist zwinkernd zu Angy und versuchte Mark in diesem Moment so gut wie möglich zu ignorieren.

»Mark, komm jetzt. Sonst stecken sie dich noch ins Heim«, warnte Angy leicht flüsternd zu Mark. Draußen vor der Tür schaute Angy Mark streng in die Augen und sagte: »Mark, ab heute werden wir andere Saiten aufziehen!«

»Mama, ich hab doch ...«

»Nichts Mama, ich hab doch! Respekt vor Erwachsenen und gerade vor Polizisten ist wichtig. Weil das Fernsehen dich negativ beeinflusst, bekommst du ab heute eine Woche Fernsehverbot. Schluss und basta!«, beendete Angy das Gespräch mit ihrem Sohn.

Beide liefen schweigend nebeneinander zu ihrer Wohnung. Mark pfiff leise eine Melodie vor sich hin, die an das Titellied von 'Pippi Langstrumpf' erinnerte.

Zu Hause angekommen fragte Angy: »Mark, warum hast du heute bei dem Polizist eigentlich nicht gestottert?«

»Hm, in der Schule kann ich bei meiner Lehrerin immer dann ohne stottern reden, wenn ich mir vorstell, dass ich 'Pippi Langstrumpf' bin und gerade den Schulunterricht besuch, so wie sie im Film. Vorhin hab ich mitbekommen, dass die eine junge Frau von dem anderen Polizist fertig gemacht wurde. Da hab ich mir dann vorgestellt, dass ich der Kasperl bin und unser Polizist der Oberwachtmeister Dimpfelmoser. Dann kann ich ohne zu stottern sprechen«, erklärte Mark.

Angy konnte sich das Lachen kaum verkneifen und meinte dazu: »Mark, das ist eine geniale Strategie, allerdings darfst du nicht so frech sein, wie die im Film, sonst kommst du vielleicht wirklich noch in die Sonderschule oder sogar ins Heim. Lass uns da nochmal in Ruhe darüber sprechen.«

Für diese Strategie bin ICH verantwortlich. Denn meine Aufgabe ist es, ihm im richtigen Moment die passenden Bilder zu schicken, die folglich die geeigneten Emotionen und Reaktionen auslösen. Außerdem habe ICH bemerkt, dass sobald ICH Mark Erinnerungen von Situationen sendete, in denen er sich unsicher fühlte, stotterte er vor sich hin. Denn dann überprüfte sein Verstand seine Worte solange, bis er diese nicht mehr flüssig aussprechen konnte. Schickte ICH ihm hingegen Erinnerungen von seinen Lieblingshelden, dann schaffte er es, selbstbewusst und selbstsicher auszusprechen, was er sagen wollte.

DER HELD REGIERT DAS GELD

Schon bald standen die Herbstferien und Marks siebter Geburtstag an. Er wusste, dass es gar keinen Zweck haben würde, nach einem Besuch bei Oma und Opa zu fragen. Deshalb entschloss er sich, neben Carina und Peter auch noch Kenny einzuladen. Er wollte ihn einfach einmal wieder sehen. Natürlich hätte er gerne mehr Kinder eingeladen, doch in ihrer kleinen Wohnung war schlicht und ergreifend zu wenig Platz. Außerdem warnte Penny Mark davor, dass falls jemand in ihrer Abwesenheit ihr Zimmer betreten würde, Mark dafür büßen müsse. Er wusste nur zu genau, dass sie das auch ernst meinte.

Als Mark an seinem Geburtstag aufwachte, duftete es schon in der ganzen Wohnung nach Kuchen. Neugierig lief er im Schlafanzug aus seinem Zimmer. Angy und Penny gratulierten ihm und sangen ein kleines Geburtstagsständchen. Der Tisch war liebevoll gedeckt und in mittendrin brannten sieben Kerzen auf einem Holzring. Daneben stand eine kleine Truhe, die mit glitzernden gelben Steinen verziert war.

Neugierig öffnete Mark die Truhe. Darin lag eine Geburtstagskarte mit einem Geldschein. Er fragte: »Was ist das denn für eine Kiste?«

»Penny hatte die Idee, dir eine Schatztruhe zu schenken, in der du deine Adlerkette von dem Mann aus Dubai und alle anderen zukünftigen Schätze aufbewahren kannst«, antwortete Angy. »Und als ich letzte Woche diese Truhe auf dem Flohmarkt sah, da musste ich sie einfach für dich kaufen.«

»Und was sind das für Steine? Ist das Gold?«

Angy lachte amüsiert: »Leider nicht Mark, sonst wären wir jetzt steinreich. Das sind Bernsteine und ich glaub, die sind auch ein bisschen was wert.«

Mit strahlenden Augen umarmte Mark seine Mutter: »Danke liebe Mama und danke Penny für die tolle Idee.«

ICH erinnerte Mark daran, dass ihm seine Oma vor ein paar Wochen einen Brief für den Ernst des Lebens in die Hand gedrückt hatte. ICH schickte ihm das Bild mit dem Rucksack, in dem er das Kuvert unter der Bodenverstärkung versteckt hatte.

Mark beschloss, gleich nach dem Frühstück nach dem Brief zu suchen. Er verriet seiner Mutter nichts davon, verschwand mit der Truhe in sein Zimmer und fand den Rucksack in seinem Schrank.

Tatsächlich lagen darin unter der Bodenverstärkung noch der Brief seiner Oma und die kleine Karte mit den goldenen Schriftzeichen von dem Mann aus Dubai. Sorgfältig legte er alles zusammen mit dem Taschentuch und der Adlerkette in seine Schatztruhe.

Am frühen Nachmittag klingelte es an der Wohnungstüre. Mark sprang voller Freude auf und ließ die Gäste ins Haus. Vor ihm standen Kenny und dessen Vater. Sie gratulierten Mark. Tony musste allerdings gleich wieder los, da er noch einige dringende Besorgungen in der Stadt zu erledigen hatte. Zum Abschied sagte er: »Dann bis später, feiert schön. Kenny, ich hole dich dann wie besprochen gegen 18 Uhr ab.«

Kenny war natürlich schon gespannt, Marks neue Wohnung zu sehen und schien dann doch ein wenig enttäuscht, dass er nirgends eine Rennbahn finden konnte. Schon kurze Zeit später klingelten die nächsten Gäste an der Tür. Carina und Peter standen mit ihren Geschenken in den Händen da und sangen für Mark ein Geburtstagslied. Dies endete allerdings bereits nach der ersten Strophe, da alle anfangen mussten zu lachen. Mark stellte den beiden Kenny vor und alle verstanden sich auf Anhieb. Zunächst durfte Mark die Kerzen seiner Geburtstagstorte ausblasen und wünschte sich im Stillen, dass er einen ganz großen Schatz finden würde. Es gab leckeren Kakao und noch jede Menge Kuchen und Süßigkeiten. Allerdings mussten sie zuerst die von Angy vorbereiteten Spiele meistern, um etwas davon zu bekommen.

Kennys kanadischer Akzent brachte die Kinder oft zum Lachen, da ab und zu immer noch ein englisches Wort in seinen Sätzen dabei war. »Du sprichst jetzt aber schon richtig gut Deutsch«, lobte Mark.

»Ach really?«, gab Kenny lachend von sich. »Ich kann es eigentlich schon besser, aber es gefällt den Leuten immer, wenn ich so rede«, ergänzte Kenny spitzbübisch.

Alle hatten viel Spaß und die Zeit verging wie im Flug. Als sich dann Carina und Peter verabschieden mussten, zog Mark sich mit Kenny in sein Zimmer zurück. Dort zeigte er ihm sein Geburtstagsgeschenk – die alte Schatztruhe.

Mark gab diese für einen kurzen Moment in Kennys Hände und ehe er sich versah, klappte auch schon der Boden der Truhe ein Stück nach unten.

»Was hast du gemacht?«, platzte es aus Mark heraus.

»Magic – ich habe hier only an den Seiten die Steine gedrückt«, antwortete Kenny fasziniert.

Sie drehten die Truhe vorsichtig zur Seite. Dort entdeckten Sie einen doppelten Boden und ein Stück Leder, das an einem Band befestigt war. Kenny übergab die Truhe nun lieber Mark, weil er Angst hatte, etwas kaputt zu machen. Dieser löste ganz vorsichtig das Band und entnahm das Leder. Beim Öffnen erkannte er eine Karte. Darauf war eine Insel mit verschiedenen Pfeilen, Kreuzen und Zahlen abgebildet. Sie staunten nicht schlecht, wussten jedoch nicht, was das bedeuten sollte. Also legte Mark die Karte genauso vorsichtig zurück in das Geheimfach, drückte den Boden nach oben, um dann den Mechanismus erneut zu testen. Und es funktionierte tatsächlich.

»Eine Schatztruhe mit einer echten Schatzkarte. Das bleibt unser Geheimnis«, flüsterte Mark Kenny zu.

»Großes Superhelden-Ehrenwort!«

Da klingelte es auch schon an der Tür und Tony holte Kenny ab. Angy gab Tony noch ein paar Kuchenstücke mit und sie verabschiedeten sich herzlich.

Als sie schließlich wieder alleine waren, fragte Angy: »Was sollen wir denn mit dem restlichen Kuchen anstellen?«

Da kam Mark eine Idee: »Wir können doch morgen Alec was bringen. Er hat ja dazu beigetragen, dass ich nicht schon wieder im Krankenhaus liege.«

»Das ist eine tolle Idee«, lobte ihn Angy.

Diesmal ging Mark mit richtig guten Gefühlen in sein Bett. Vor seinen Augen spielten sich noch einmal die schönen Momente ab, die er heute erlebt hatte. Er schlief mit einem Lächeln auf den Lippen ein.

Nun begann für mich die Nachtroutine, um meine Ordnung und Struktur in die neu erlangten Informationen zu bringen. Als ICH selektierte, dass die Schatztruhe der emotionale Höhepunkt des Tages war, schenkte ICH Mark noch einen Traum:

›Mark und Kenny waren mit einem alten Fahrzeug auf einer langen Reise ans Meer unterwegs. Dort angekommen fuhren sie mit einem Schiff auf eine Insel. Dort folgten sie allen Anweisungen der Schatzkarte und fanden in einer Höhle einen großen vergrabenen Schlüssel. Mit diesem mussten sie sich auf die andere Seite der Insel in ein Gebirge durchschlagen. Sie wurden verfolgt von Dieben und Räubern, die es ebenfalls auf den Schatz abgesehen hatten. Um schneller an ihr Ziel zu kommen, suchten sie sich jedoch einen ortskundigen Führer. Dieser leitete sie anhand der Karte durch eine abenteuerliche Schlucht direkt bis an die Küste. Dort entdeckten sie eine zweite Höhle unterhalb der Bergkante und mussten sich nur noch einen Weg dorthin suchen. Dafür stiegen sie mutig nach

oben. Über ihnen zog ein Adler seine Kreise und als sie sich dem Eingang der Höhle näherten, stürzte sich der Adler im Sturzflug auf sie herab.‹

Voller Furcht und mit den Armen umherschlagend wachte Mark auf und konnte einen Schrei nicht mehr unterdrücken. Als kurze Zeit später Angy in sein Zimmer kam, erzählte Mark: »Ich hab nur schlecht geträumt. Ein großer Vogel hat mich angegriffen. Das hat sich so echt angefühlt!«

»Keine Angst Mark, so einen Albtraum hat jeder mal. Mach dir keine Sorgen. Vielleicht war die Feier auch ein bisschen zu viel für dich«, beruhigte ihn Angy.

Am nächsten Nachmittag stellten Angy und Mark für Alec eine bunte Kuchenmischung auf einem großen Teller zusammen. Es war ein schöner, sonniger Herbsttag und beide genossen den kleinen Spaziergang stadtauswärts. Als sie an der Tankstelle ankamen, war Alec damit beschäftigt einem älteren Mann das Auto aufzutanken. Während er gerade die Motorhaube öffnete, erkannte er Angy und Mark: »Da ist ja unser Superheld mit seiner Mutter. Was für eine Überraschung! Komm mal zu mir, junger Mann. Ich kann dir gleich etwas zeigen.«

Mark eilte ihm sofort entgegen.

»Das ist ein Motor und ich bringe dir jetzt bei, wie man das Motoröl prüft. Du nimmst den roten Messstab und ziehst ihn nach oben. Putzt ihn mit einem Lappen sauber und steckst ihn wieder zurück. Dann nimmst du ihn nochmal heraus und schaust, wie hoch der Ölstand ist.

Willst du es einmal mit meiner Hilfe versuchen?«, fragte Alec.

»Au ja, gerne!", entgegnete Mark begeistert.

Er wiederholte Schritt für Schritt die Anweisungen und zeigte Alec den Stab. Der sagte zu seinem Kunden: »Der Stand ist genau zwischen Minimum und Maximum. Da fehlt ein halber Liter. Dürfen wir etwas nachfüllen?«

»Gerne!«, antwortete sein Kunde.

»Also Mark, ich zeige dir jetzt auch noch, wie man das Öl nachfüllt.«

Daraufhin holte er eine kleine Kanne mit Öl, öffnete einen Deckel am Motor und füllte es dort hinein. Danach verschloss er den Einfüllstutzen wieder und schlug die Motorhaube zu. Anschließend lief Alec mit dem Kunden in die Tankstelle und als dieser bezahlt hatte, holte der ältere Mann noch ein silbriges Geldstück aus seinem Geldbeutel und drückte es Mark dankend in die Hand. Mark war so begeistert von seinem ersten selbst verdienten Geld, dass er die Münze stolz in seine Tasche schob.

»So, jetzt habe ich Zeit für euch. Was verschafft mir die Ehre?«

»Mark hatte gestern Geburtstag und die Idee dir etwas vom restlichen Kuchen zu bringen«, gab Angy als Antwort.

»Oh Mark, das ist ja toll. Ich wünsche dir ein wundervolles neues Lebensjahr und dass deine Träume in Erfüllung gehen.« Er schüttelte Mark dabei kräftig die Hand und klopfte ihm gleichzeitig mit der anderen Hand auf die Schulter.

»Jetzt machen wir erst einmal einen Kaffee und für dich habe ich bestimmt etwas anderes. Was magst du denn haben, Mark?«, fragte Alec.

»Am liebsten einen heißen Kakao mit Sahne obendrauf!«

»Mark, benimm dich!«, mahnte Angy.

»Nein, nein, das passt schon. Ich mache einfach für ein paar Minuten die Tankstelle zu und Mark, du hilfst mir in der Küche«, schlug Alec vor.

Sie gingen in den hinteren Teil des Hofes. Dort öffnete Alec ein altes, rostiges Metalltor und sie gelangten in eine große Halle. Überall standen Autos – alte, teilweise zerlegte und auch komplett restaurierte Fahrzeuge. Dazwischen befanden sich ein paar Modelle, die sogar Mark erkannte.

»Das hier ist mein Spielplatz, Mark«, verkündete Alec stolz.

»Voll cool! Den Porsche da drüben hab ich als Carrera-Auto und mein Opa hat den Ford Mustang da, nur in einer anderen Farbe«, erzählte Mark mit leuchtenden Augen.

»Jetzt gibt es erst einmal Kaffee und Kuchen. Mark willst du mir helfen? Oder was meinst du Angy, sollen wir ihn hier noch etwas spielen lassen?«

Die erstaunte Angy hatte so etwas nicht erwartet. »Also, dann machen wir den Kaffee und Mark du bist bitte anständig! Nur mit den Augen schauen und nichts anfassen«, bat Angy.

»Ja Mama«, versicherte Mark.

Während Alec und Angy in die kleine Küche gingen, fing sie bereits an, ihm den Rest ihrer Lebensgeschichte zu erzählen, der noch vom Krankenhausbesuch offengeblieben war. Sie berichtete auch, welche Probleme sie aktuell mit ihrem Sohn hatte. Mark war so damit beschäftigt sich die Autos von Nahem anzuschauen, dass Angy ihn mehrmals rufen musste, bis er schließlich reagierte.

Seinen heißen Kakao löffelnd, fragte er Alec: »Was muss ich denn für einen Beruf lernen, damit ich das auch mal haben kann?«

»Mark, das ist eigentlich egal. Hauptsache du kannst richtig gut, was du tust und dir macht der Beruf auch Spaß und Freude. Dann bist du überall erfolgreich«, erklärte Alec.

»Da gehört für Mark die Schule gerade nicht dazu. Kannst du Mark helfen, dass er besser wird?«

»Klar, das kann ich!«, bestätigte Alec und drehte sich Mark zu: »Möchtest du, dass ich dir dabei helfe?«

»Ja, warum nicht?«

Alec fragte weiter: »Mark, bist du einverstanden, wenn wir deine Mutter für eine halbe Stunde spazieren schicken und sie dann wieder zu uns kommt?«

Mark willigte mit einem Kopfnicken ein.

Als Angy ihren Kaffee kurze Zeit später ausgetrunken hatte, verabschiedetet sie sich von ihrem Sohn und verließ die Küche. Da stellte Alec auch schon die erste Frage: »Mark, wie siehst du denn deine Situation?«

»Ich weiß nicht.«

»Was weißt du nicht?«

»Ich weiß nicht, was ich sagen soll. Ich bin oft traurig, wenn die anderen Kinder ihren Vater bei sich haben und meiner nicht da ist. Ich glaub, Mama ist auch traurig und meine Schwester Penny hat mir immer die Schuld gegeben, dass er weggegangen ist. Und Opa freut sich sogar, dass er weg ist. Er sagt, er sei ein Nichtsnutz und ein Versager«, erklärte Mark.

»Sowas sagt dein Opa? Was denkst du denn über deinen Vater?«

»Ich glaub ganz fest, dass ich ihn eines Tages finde und er dann zu uns kommt, damit alles wieder gut wird!«

Alec nickte dabei zustimmend. »Deine Mutter hat mir vorhin erzählt, dass du deinen Kopf als Kind manchmal auf den Tisch gehauen hast, bis sie oder deine Oma sich um dich gekümmert haben. Hast du das Gefühl heute immer noch?«

»Ja, vor ein paar Wochen, als mich meine Lehrerin vor der Klasse lächerlich gemacht hat, weil ich im Unterricht gesagt hatte, dass ich später mal Millionär werden will. Da war ich kurz davor, meinen Kopf auf den Tisch zu hauen. Meine Freundin Carina hat sich aber dann auf meine Seite gestellt und zu mir gehalten«, erzählte Mark.

»Was hast du denn dabei gefühlt?«

»Ich hatte einen starken Schmerz im Kopf und im Hals, so als ob ich keine Luft mehr bekommen würde.«

Alec machte sich ein paar Notizen auf einem Block. »Und als dann Carina an deiner Seite war, ging es dann plötzlich wieder weg, oder?«

»Ja, aber woher weißt du das?«, wollte Mark verwundert wissen.

»Das ist relativ einfach zu erklären. Deine Erlebnisse sind alle in deinem Kopf gespeichert – vom ersten Tag deines Lebens bis heute. Dein Gehirn hat so viel Platz, dass du auch noch alle Bücher, die auf der Welt jemals geschrieben wurden, unterbringen könntest. Immer wenn du irgendwelche neue Sachen erlebst oder denkst, sucht ein kleiner Mann in deinem Gehirn gleiche oder ähnlich erlebte Erinnerungen. Und wenn er was gefunden hat, dann schickt er dir unbewusste Bilder, die mit Emotionen und Gefühlen verbunden sind. Manche nennen es Geist oder Seele, wieder andere nennen es dein Mentales. In der Fachsprache heißt es Psyche. Deswegen ist Psychologie mein Hobby. Es bedeutet ursprünglich nichts anderes als Seelenlehre. Also beschäftige ich mich mit den mentalen Zusammenhängen im menschlichen Erleben und Verhalten«, erklärte Alec.

»Dann bist du also ein Mentallehrer!«, stellte Mark fest.

»So kann man das auch nennen«, bestätigte Alec lachend.

»Kann ich das auch in der Schule lernen?«

»Wenn du ordentlich lernst und gute Noten hast, dann kannst du in vier Jahren aufs Gymnasium gehen. Mit einem guten Abitur darfst du dann neun Jahre später Psychologie studieren und brauchst wiederum fast fünf Jahre bis du damit fertig bist«, führte Alec aus.

»Aber, wenn das doch so einfach ist, warum muss ich dann solange warten, bis ich es lernen darf?«

»Das ist eine interessante Frage. Du kannst natürlich auch ab und zu bei mir vorbeikommen. Dann bringe ich dir ein paar Geheimnisse vom mentalen Mann im Kopf bei«, bot ihm Alec an.

»Au ja! Das ist eine gute Idee. Dann bin ich in der Schule vielleicht auch bald richtig gut und es macht mir Spaß und Freude. Vielleicht werd ich dann später auch mal erfolgreich!«, schlussfolgerte Mark.

»Bekommst du von deiner Mutter eigentlich Taschengeld?«

»Ja, aber nur, wenn ich lieb bin«, antwortete Mark, während Angy gerade zurück in die Küche kam.

»So ist es. Geld regiert die Welt!«, bekräftige Angy ihre Erziehungsmethode.

»Das ist ein Glaubenssatz von dir. Ich glaube eher, der Held regiert das Geld!«, verbesserte Alec.

»Ja, ja. Habt ihr euch sonst noch gut unterhalten?«, fragte sie neugierig.

»Ja klar!«, meinte Mark.

Alec fügte hinzu: »Haben wir. Doch darf ich dir zum Thema Taschengeld mal einen Tipp geben, der dafür sorgt, dass Mark ein gesundes Selbstwertgefühl und Geldwertgefühl entwickelt?«

»Na klar, großer Meister«, entgegnete Angy leicht ironisch.

»Wenn du mir vertraust, dann gib Mark in der ersten Klasse wöchentlich eine D-Mark. Und zwar egal ob er lieb, böse, gut in der Schule ist oder nicht – also bedingungslos. Das kannst du dann in der zweiten Klasse auf zwei D-Mark steigern und so weiter«, erklärte Alec.

»Warum sollte das bitteschön wichtig sein?«, stutzte Angy.

»Ganz einfach, wenn du das Verhalten von Mark mit Geld konditionierst, also damit verbindest, wie er sich gerade verhält, dann wird er sein Leben lang abhängig von Geld sein. Wenn du ihm allerdings unabhängig von seinem Verhalten Geld gibst, dann lernt er unabhängig vom Geld zu sein. Das bedeutet ein finanziell unabhängiges Leben zu führen, indem er das Geld regiert und nicht anders herum. Dazu kann ich dir in Zukunft gerne auch noch ein paar weitere Tipps geben, wie das mit dem Geldbewusstsein funktioniert«, schlug Alec vor.

»Danke Alec, das ist wirklich lieb von dir, aber hast du denn herausgefunden, warum Mark manchmal stottert?«

»Ich glaube schon. Allerdings sollten wir uns darüber nochmal in aller Ruhe unterhalten. Langsam müsste ich mal wieder die Tankstelle öffnen«, gab Alec zu verstehen.

»Oh ja, das habe ich ganz vergessen und besten Dank für alles!«

»Mark, ich habe noch ein Geschenk für dich«, überraschte Alec die beiden und bat darum, kurz hier zu warten. Als er zurückkam, gab er Mark eine kleine Schachtel in die Hand, die er allerdings erst zu Hause öffnen sollte.

Mark und Angy unterhielten sich auf dem Nachhauseweg noch angeregt über den Besuch bei Alec. Beide hatten heute einiges lernen können. In ihrer Wohnung angekommen, konnte Mark es gar nicht erwarten die kleine Schachtel zu öffnen. Darin lag ein Autoschlüssel mit einem Papieranhänger. Auf diesem stand geschrieben:

›Dies ist Dein Schlüssel zur Freiheit.
Bringe ihn an Deinem 14. Geburtstag zu mir
und Du wirst seine Bedeutung erfahren.
Dein Alec‹

Mark und Angy rätselten, was dies wohl zu bedeuten hatte, doch sie konnten sich keinen Reim darauf machen. Denn mit 14 Jahren darf man bekanntlich noch nicht Auto fahren. Also legte Mark den Schlüssel zurück in die Schachtel und verstaute diese in seiner Schatztruhe.

Angy ließ das Geschenk keine Ruhe und sie nahm am nächsten Morgen, als Mark noch schlief, den Hörer in die Hand und wählte Alecs Telefonnummer.

»Hallo, hier ist Alec Cars. Was kann ich für dich tun?«

»Hallo, hier ist Angy.«

»Hi Angy!«, begrüßte Alec sie.

»Du hast mir heute Nacht ein paar schlaflose Stunden bereitet.«

»Das war nicht meine Absicht!«

»Ich habe gerätselt, was das Geschenk für Mark wohl bedeuten soll«, hakte Angy nach.

»Ja das ist wirklich eine große Lektion, die er damit lernen kann – nämlich Geduld zu haben und dennoch an etwas dranzubleiben. Das Geschenk dahinter verrate ich allerdings noch nicht«, spannte Alec sie auf die Folter.

»Okay, dann darf ich diese Lektion wohl auch noch lernen.«

»Gerne!«, kommentierte Alec mit einem leicht ironischen Unterton.

»Was wolltest du mir eigentlich noch über das Stottern und seine ständige Unruhe in der Schule sagen?«

»Ja, das ist ein heikles Thema, das auch mit dir zu tun hat«, versuchte Alec ihr schonend beizubringen.

»Mit mir!«, rief Angy empört in den Hörer.

»Sorry, ja mit dir. Ich möchte dir das gerne erklären«, beschwichtigte Alec.

»Darauf habe ich keine Lust. Alle Welt schiebt immer mir die Schuld in die Schuhe. Das hätte ich von dir jetzt nicht erwartet!«, wütete Angy.

»Beruhig dich doch bitte, Angy.«

»Ich will mich aber nicht beruhigen.«

»Wenn du möchtest, dann können wir darüber mal ganz in Ruhe nach Feierabend sprechen – vielleicht bei einem Abendessen?«, schlug Alec vor.

»Aha Alec! Daher weht der Wind. Erst fährst du uns fast über den Haufen und jetzt willst du mich auch noch abschleppen? Ohne mich!« Angy schlug den Hörer voller Wut auf die Telefongabel.

Mark hatte von seinem Zimmer aus wieder einmal das Gespräch mitgehört – zumindest das, was seine Mutter in das Telefon gerufen hatten. Und er interpretierte daraus, dass ein nächster Besuch bei Alec und auch das regelmäßige Taschengeld erst einmal auf Eis gelegt werden.

Nach den Herbstferien ging es für Mark wie gewohnt in der Schule weiter. Wenn da nicht die Themen Schreiben, Lesen und Malen gewesen wären, dann hätte es in der ersten Klasse für Mark eine gute Zeit werden können.

Beim Lesen kam gelegentlich ein Stotterer durch, beim Schreiben der Buchstaben hatte die Lehrerin mit Marks kreativer Schrift ihre Probleme und als er dann auch noch braune Tomaten malte und behauptete, dass die bei Oma im Garten auch so aussehen würden, da fühlte sich die Lehrerin doch etwas veräppelt. Beim ersten Elternabend berichtete sie Angy diese Vorkommnisse und gab ihr den Hinweis, dass er sich zwar Mühe gebe, jedoch riet sie ihr einen Augenarzt aufzusuchen und Mark auf eine Farbschwäche hin untersuchen zu lassen. Angy stimmte bereitwillig zu. Sie war einfach nur froh, dass im Laufe des Gesprächs nichts mehr von einem Psychologen erwähnt wurde. Die Lehrerin legte ihr jedoch eindringlich ans Herz, Mark bei den Hausaufgaben mehr zu kontrollieren, damit sich sein Schriftbild und das Lesen verbessern würden.

So gab es ab sofort jeden Nachmittag neben den Hausaufgaben eine Extrastunde im Lesen und Schreiben, welche Angy mit aller Konsequenz durchzog. Wenn Mark bei den letzten Übungen schlampte, war es möglich, dass sie das komplette Übungsblatt zerriss und ihn von vorn beginnen ließ. Mark empfand das als höchst ungerecht und war auch nicht mehr bereit, freiwillig irgendein Buch in die Hände zu nehmen. Nur noch eine Sache konnte ihn zum Lesen begeistern – Comic-Hefte. Denn von Carinas großem Bruder Sven bekam er regelmäßig die ausgelesenen Hefte mit Helden-Abenteuern, die er fasziniert durchblätterte. 'Superman', 'Batman', 'Donald Duck' und auch 'Asterix und Obelix' waren seine Lieblinge. Je mehr bunte Bilder darin vorkamen, desto besser konnte er auch in den Abenteuern versinken.

Nach der Schule öffnete Mark wie gewohnt die Wohnungstür und hörte aus dem Wohnzimmer die Stimmen von seiner Mutter und einem Mann. Die Stimme kam ihm bekannt vor. Es war der Polizist, der sie nach dem Unfall verhört hatte. Weil er keine Lust hatte ihm zu begegnen, versuchte er, sich leise in sein Zimmer zu schleichen. Doch da rief ihn seine Mutter: »Mark, wir haben Besuch. Wasch dir die Hände und komm bitte ins Wohnzimmer.«

»Ja, ja«, antwortete Mark.

Er kam kurz danach zu ihnen und sah auf dem Tisch einen frischen Blumenstrauß stehen. Das war ungewöhnlich, da seine Mutter normalerweise kein unnötiges Geld ausgab. Die Blumen musste der Polizist mitgebracht haben.

Mark begrüßte den Polizisten lächelnd: »Guten Tag Herr Wachtmeister, welch ein Glanz in unserer bescheidenen Hütte.«

ICH hatte Mark zwar schon an das letzte Gespräch auf der Polizeistation und das darauf folgende Fernsehverbot erinnert, doch die Strategie gegen sein Stottern hatte sich bereits bewährt. Er stellte sich bei einschüchternd wirkenden Personen einfach etwas Lustiges vor. Dabei spielte nun auch der Verstand eine Rolle und anstatt die Worte zu kontrollieren, förderte er Marks humoristisches Talent.

»Na, Mark? Deine liebe Mutter hat mir schon erzählt, dass du konsequent deine Hausaufgaben machst, bevor du dich vor die Flimmerkiste setzt oder mit Freunden spielen gehst. Du weißt ja – erst die Arbeit, dann das Vergnügen«, lobte der Polizist.

»Ja, das mach ich, damit ich gut schreiben und lesen kann. Und dann werd ich später auch Polizist!«

»Dann solltest du dich auch richtig ausdrücken können, damit dich auch jeder verstehen kann! Es heißt 'mache' und 'werde' und nicht 'mach' und 'werd'!«

»Möchten Sie noch einen Kaffee?«, versuchte Angy abzulenken.

»Gerne!«

»Was verdient denn ein Polizist?«, wollte Mark wissen.

»Mark!«, versuchte Angy ihn zu stoppen.

»Schon gut. Ist ja kein Geheimnis. Es ist zwar nicht die Welt, aber es reicht gut für mich und wenn ich mal eine Familie habe, muss meine Frau nicht unbedingt arbeiten gehen. Es ist genug für ein gutes Leben. Und als Polizist bin ich Beamter, das heißt, ich habe im Staatsdienst einen sicheren Arbeitsplatz. Wenn ich keine Bank ausraube, weiß ich bis zur Pension genau, was ich arbeite und auch wie viel ich mindestens verdienen werde«, erklärte der Polizist.

»Aha, dann haben Polizisten auch Zeit für ihre Kinder und geben ihnen viel Taschengeld, oder?«, bohrte Mark ganz direkt nach.

»Ja klar, wenn sie gute Noten schreiben, brav sind und im Haushalt mithelfen, dann gibt es Geld als Belohnung. Mit dem Zeugnisgeld kann da ordentlich was zusammenkommen«, erläuterte der Polizist seine Philosophie.

»Können Sie das auch meiner Mutter erklären?«

Der Polizist lachte und wandte sich an Angy: »Ich könnte ja noch als Erziehungsexperte arbeiten. Bei mir würde aus dem Jungen jedenfalls was werden!«

Mark fiel dabei auf, dass seine Mutter zwar innerlich kochte, aber gute Miene zum bösen Spiel machte. Denn sie wusste, dass sie von der Beurteilung des Polizisten abhängig war.

»Na, wenn Sie mir bei jedem Besuch schöne Blumen mitbringen, dann dürfen Sie gerne öfter mit Mark eine Erziehungsstunde einlegen, oder Mark?«

»Wenn Sie eine musikspielende Kaffeemühle mitbringen, dann bekommen Sie zum Kaffee noch einen Pflaumenkuchen mit Sahne dazu, Herr Wachtmeister Dimpf...«

»Mark, ab in dein Zimmer, du hast noch Hausaufgaben zu machen!«, unterbrach ihn Angy.

Der Polizist schaute Angy etwas verwundert an und sie gab ihm den Tipp, sich die Geschichte vom 'Räuber Hotzenplotz' einmal genauer anzuschauen. Er verstand den Wink mit dem Zaunpfahl und rief Mark noch lachend hinterher: »Dann pass bloß auf, dass dich niemand in einen Gimpel verzaubert, du kleiner Räuber!«

»Tri tra trullala, der Kasperle ist wieder da«, trällerte Mark vor sich hin und schloss die Türe hinter sich, um zuallererst seine Schulhefte auf den Schreibtisch zu legen, als ob er Hausaufgaben machen würde. Danach schnappe er sich ein 'Asterix und Obelix'-Heft und schweifte in diese Welt ab. Er bemerkte gar nicht, wie sich der Polizist von seiner Mutter verabschiedete. Erst als Penny später von der Schule nach Hause kam und Angy die beiden zum gemeinsamen Mittagessen rief, tauchte er aus dem Gallier-Abenteuer wieder auf.

Am Tisch sitzend fragte Mark seine Schwester: »Weißt du schon, dass wir vielleicht einen Polizisten als neuen Vater bekommen?«

»Was?«, fragte Penny entsetzt ihre Mutter.

»Mark, wie kommst du denn auf sowas?«

»Ja, wenn der Polizist schon Blumen zum Vernehmungstermin mitbringt und mich dann auch noch erziehen will, dann ist das doch klar wie Kloßbrühe.«

»Sag, dass das nicht stimmt Mama, sonst ...«

»Was sonst?«, unterbrach Angy ihre Tochter.

»Sonst bin ich weg! Ich will keinen neuen Vater und schon gar keinen Polypen«, entgegnete Penny trotzig.

»Wen ich als Freund habe oder nicht ist immer noch meine Sache. Außerdem hat er mir Blumen mitgebracht, weil er sich für die Unannehmlichkeiten entschuldigen wollte. Und dass Mark eine härtere Erziehung braucht, weil er sonst nichts für die Schule oder im Haushalt macht, das weißt du auch.«

»Der soll uns doch einfach in Ruhe lassen. Dann haben wir auch keine Unannehmlichkeiten!«, stichelte Penny.

»Und wenn hier einer Pflaumenkuchen bekommt, dann natürlich ich«, lockerte Mark die hitzige Diskussion ein wenig auf.

»Natürlich vermisse ich euren Vater auch sehr. Aber er ist schon so lange weg und ich habe auch nichts mehr vom ihm gehört. Ich kann doch nicht mein ganzes Leben alleine bleiben«, seufzte Angy mit trauriger Stimme. »Der Polizist hat mich zum Essen eingeladen und ich will ihm aber nicht absagen, weil er dann vielleicht wegen Mark das Jugendamt einschaltet und ihr im schlimmsten Fall ins Heim kommt.«, erklärte sie weiter.

»Aber Mama, das ist doch komisch! Erpresst er dich etwa damit, weil er was von dir will?«, bohrte Penny nach.

»Ja, mir kommt das auch etwas komisch vor«, ergänzte Angy etwas deprimiert.

Mark war jetzt klar, dass er sich etwas einfallen lassen musste, um den Möchtegern-Vaterersatz von seiner Mutter fernzuhalten, damit sein Plan, seinen richtigen Vater zu finden, nicht schief gehen würde.

Kurz vor dem Mittagessen betrat Penny Marks Zimmer und hielt ihren Zeigefinger mit einem leisen »pssssst« vor ihren Mund. Sie flüsterte ihm zu: »Mark, ich werde ein paar ältere Jungs aus meiner Clique fragen, ob die eine Idee haben, wie wir den Polypen loswerden können.«

»Prima Penny, ich hab mir auch schon Gedanken gemacht, wie wir den vom Hals bekommen. Ich brauch keinen neuen Papa – und schon gar keinen Dimpfelmoser! Wenn überhaupt, dann will ich unseren richtigen Papa zurück«, flüsterte Mark und spürte, wie gut es sich anfühlte, Penny auf seiner Seite zu haben.

Jetzt wurde mir endgültig klar, dass es egal ist, wie viel Streit Menschen jemals miteinander hatten. Ein gemeinsames größeres Ziel kann sie wieder vereinen und zusammen für eine Sache kämpfen lassen.

Der Augenarzttermin brachte Angy zumindest Klarheit darüber, dass die braun gemalten Tomaten von Mark keine Provokation gegenüber seiner Lehrerin waren, sondern dass er tatsächlich eine Rot-Grün-Sehschwäche hatte. Damit erhielt Mark nun zumindest im Kunstunterricht einen Freischein, welche Farben er beim Malen verwenden durfte. Trotzdem fand die Lehrerin genug andere Möglichkeiten, um Mark vor den Mitschülern zu kritisieren.

Einmal machte sich ein Mädchen aus seiner Klasse über sein gemaltes Bild lustig: »Du hast ja Tomaten auf den Augen, so wie du malst!«

Dies veranlasste Mark dazu bei nächster Gelegenheit, nicht ganz unabsichtlich, ihre langen Haare kreisförmig zu bemalen. Als sie dies bemerkte und ihn anschrie, sagte er locker: »Tut mir leid. Ich hab Tomaten auf den Augen und du hast jetzt welche auf den Haaren.«

Natürlich folgten daraus wieder Konsequenzen und seine Lehrerin ermahnte ihn: »Als Junge darfst du keinem Mädchen etwas zu Leide tun! Wenn du noch einmal einem Mädchen ein Haar krümmst, wirst du von dieser Schule fliegen. Dafür sorge ich, verstanden?«

»Verstanden«, erwiderte Mark kleinlaut und dachte sich aber: ›Nur Superhelden können fliegen!‹

»Zur Strafe wirst du heute eine Stunde nachsitzen und den Raum sauber machen!«

»Und Mä-Mä-Mädchen dürfen alles?«, fragte er unsicher hinterher.

»Ja, sie sind ja auch nicht so stark wie Jungs!«

Dass sich sein Verhalten auf seine schulischen Leistungen auswirkte, war offensichtlich. Und so geschah es, dass Mark die Halbjahresbeurteilung lieber in den Bach geworfen hätte, als sie seiner Mutter vorzulegen.

Am 1. Mai wurde Mark von Penny schon sehr früh geweckt. Als er seine Augen öffnete, saß sie in voller Wanderkleidung und mit einem Rucksack in der Hand neben ihm am Bett.

»Hey Mark, ich geh gleich mit meinen Freunden auf Mai-Wanderung und ich wollte dir noch kurz erzählen, was wir heute Nacht mit dem Dimpfelmoser angestellt haben«, erklärte Penny die frühe Störung.

»Wir müssen aber leise sein, dass es Mama nicht hört«, gab Mark zu bedenken.

»Keine Angst – sie steht gerade unter der Dusche. Der Jonny aus unserer Clique hat ihn bei einer Verkehrskontrolle gesehen und dadurch wussten wir, dass er gestern Dienst hatte. Wir wollten sowieso in der Walpurgisnacht ein paar Schildbürgerstreiche machen«, erzählte Penny.

»Schildbürgerstreiche?«

»Eigentlich bedeutet es was ganz anderes. Ich kann dir gern mal ein paar Geschichten von den Dummen und den Schlauen aus dem Buch 'Die Schildbürger' von Erich Kästner vorlesen. Wir behandeln es gerade in Deutsch. In meiner Clique haben wir den Begriff aber umfunktioniert.

Wir sind mit vier Autos in alle Himmelsrichtungen ausgeschwärmt, aber nicht, ohne vorher jeweils ein Ortsschild unserer Stadt abzuschrauben. Die haben wir dann in den umliegenden Orten ausgetauscht und dort jede Menge andere Schilder abgeschraubt und vertauscht. Auch bei Opas Nachbarn haben wir am Kuhstall ein Schild entfernt.«

»Ihr seid ja verrückt!«, staunte Mark mit großen Augen.

»Warte doch – das Beste kommt noch! Als wir gegen Mitternacht an unserer Polizeistation beobachten konnten, wie der Dimpfelmoser sein Polizeiauto davor parkte und rein ging, haben wir uns an die Eingangstür geschlichen. Jonny hat das Blechschild der Polizeistation gegen das von Opas Nachbar getauscht. Und ab sofort ist dort 'Tuberkulosefreier Zuchtbestand – 1A Zuchtbullen' zu lesen«, erzählte Penny mit einem breiten Grinsen im Gesicht. Beide lachten, bis sie Tränen in den Augen hatten.

»Und ich habe in der Zwischenzeit die Türgriffe vom Polizeiauto und dem Eingangsbereich mit Senf beschmiert. Danach haben wir das Auto noch mit Klopapier eingewickelt.«

»Penny, du bist echt cool!«

»Bitte behalt das für dich, sonst bekommen meine Freunde und ich richtig Ärger und sag auch Mama nichts davon. Ich war zwar gestern Abend schon um 10 Uhr zu Hause, weil Mama es so wollte, habe mich aber kurze Zeit später wieder aus dem Haus geschlichen und bin erst heute Nacht um 2 Uhr heimgekommen. Jetzt bin ich zwar noch hundemüde, aber wir wollen heute beim

Wandern unsere Streiche noch einmal genauer anschauen.«

»Wo ist denn jetzt das Schild von der Polizeistation?«

»Das haben wir in der Stadtmitte am Brunnen auf das Schild 'Kein Trinkwasser' geklebt. Denn das sieht jetzt sowieso jeder, da der Brunnen vor lauter Waschpulverschaum überläuft«, ergänzte Penny grinsend.

»Du bist die tollste Schwester überhaupt!«

»Und du wirst immer mein kleiner Hosenscheißerbruder bleiben«, zwinkerte Penny ihrem Bruder zu und nahm ihn zum Abschied in den Arm.

In den folgenden Wochen hatte Mark wenig zu lachen. Mit jeder schlechten Note wurde der Lerndruck durch seine Mutter größer, doch die Schulnoten ließen sich davon nicht beeindrucken. Auch das Jahresendzeugnis war eine Katastrophe.

In der 2. Klasse fand Mark immer noch keinen Zugang zu seiner Lehrerin. Es folgten weiterhin schlechte Noten, Briefe an seine Mutter, Strafarbeiten und Nachsitzen. Einmal rutschte er nur knapp an einem Schulverweis vorbei. Die Androhungen der Lehrerin, wenn er nicht am Platz sitzen bleiben würde, dann werde sie ihn festkleben, veranlasste ihn dazu, dies selbst an der Lehrerin auszuprobieren. Ein paar Tage später klebte sie tatsächlich mit ihrem Rock am Stuhl fest. Allerdings konnte sie Mark den Streich nicht nachweisen, weshalb dieser letztlich ohne Konsequenzen für ihn blieb. Mark hoffte darauf, in der 3. Klasse endlich einen anderen Lehrer zu bekommen.

Eines späten Abends, kurz vor den Sommerferien, sah Mark seine Schwester Penny, wie sie mit einer zerrissenen Bluse schnell durch den Flur in ihr Zimmer eilte. Mark folgte ihr, sah sie völlig erschöpft auf dem Bett sitzen und fragte sie: »Was ist denn passiert?«

»Pssst – sag nichts der Mama, dann erzähle ich dir alles«, keuchte Penny außer Atem.

Mark bestätigte kopfnickend: »Die schläft gerade vor dem Fernseher auf dem Sofa und bekommt sowieso nichts mit.«

»Wir sind den Dimpfelmoser jetzt ein für alle Mal los!«, begann Penny.

»Hurra! Aber hat er dir was angetan?«, sorgte sich Mark.

»So sieht's aus!«, bestätigte Penny. »Der dämliche Polyp hatte uns mal wieder verfolgt, doch diesmal sogar mit seinem Privatauto. Als er uns in einer Sackgasse den Weg versperrte, die Beifahrertür von Jonnys Auto aufriss und sagte, dass er eine Fahrzeug- und Drogenkontrolle durchführe, wollte Jonny zuerst seinen Dienstausweis sehen. Den hatte er natürlich nicht dabei. Daraufhin hat er mich einfach gepackt, aus dem Auto gezogen und gebrüllt, dass es nach 22 Uhr sei und er mich jetzt zu Hause bei meiner Mutter abliefern werde. Dann zerrte er mich in sein Auto und drohte mir, dass er unsere ganze Gang hochgehenlassen würde, wenn ich mich weiter wehre. Am Sportplatz neben der Schule hat er angehalten, um mich weiter einzuschüchtern. Er packte mich mit seiner Hand an der Bluse und drohte mir damit, mich und meine Freunde erst in Ruhe zu lassen, wenn wir zwei ihn endlich als unseren neuen Vater akzeptieren würden. Und dass ich mich nicht so anstellen solle, denn er wisse, dass unsere Mutter ihn liebt. Wir wären der einzige Grund, warum sie sich nicht auf ihn einlassen könne. Als er mich dann noch weiter bedrängte, riss ich mich von ihm los, flüchtete aus dem Auto und rannte so schnell ich konnte nach Hause. Das Schwein bekommt mich nie wieder in seine Finger, sonst zeige ich ihn wegen Misshandlung an. Das weiß er jetzt auch und wird sich bei uns nicht mehr blicken lassen. Glaub mir, der Polizist hat sich verpisst«, triumphierte Penny.

»Das hoff ich auch, dass wir den endlich vom Hals haben! Aber ich geh jetzt mal ins Bett. Gute Nacht Penny.«

»Gute Nacht Mark und schlaf gut.«

DAS LEBEN IST EIN PFERDEHOF

Die Sommerferien begannen für Mark eher langweilig. Die meisten seiner Freunde waren nicht da. Kenny war ganze fünf Bahnstationen und Peter von dort aus noch weitere 15 Minuten mit dem Bus von ihm entfernt. Carina wiederum machte mit ihren Eltern in Italien Urlaub. Dadurch hatte seine Mutter zwar auch Urlaub, aber ohne Geld für eine Reise, reichte es gerade einmal für ein Eis in der Stadt. Mark fühlte sich nach einer Woche schon so verzweifelt, dass er sich fast schon wieder auf die Schule freute. Doch das änderte sich abrupt, als Peter anrief und Mark fragte, ob er denn ein paar Tage Urlaub auf ihrem Pferdehof machen möchte. Mark war sofort Feuer und Flamme, endlich einen Tapetenwechsel zu bekommen. Als seine Mutter sogar einwilligte und er in ein paar Tagen für eine ganze Woche dort hingehen durfte, waren seine Ferien gerettet. Mark erzählte seiner Mutter jedoch nicht, dass Peter auch Kenny eingeladen hatte. Ansonsten wäre sie bestimmt nicht einverstanden gewesen. Denn sie wusste nur zu genau, was die beiden bereits an Dummheiten angestellt hatten.

Die nächsten Tage bis zu Marks Reise auf das Land vergingen für ihn wie im Flug. Am Freitag begleitete Angy den mit Rucksack und Sporttasche bepackten Mark zum Bahnhof. Sie gab ihm noch die letzten Anweisungen, wie er sich dort zu verhalten habe. Mark musste ihr hoch und heilig versprechen, keine Versuche zu unternehmen in den Orient zu gelangen. Im Zug fühlte er endlich wieder das Gefühl von Freiheit, ausgelöst von der Tatsache, jetzt selbst zu bestimmen, was er die nächsten Tage machen würde. Nach der Fahrkartenkontrolle stieg Mark am fünften Bahnhof aus. Dort wartete bereits Kenny voller Ungeduld und winkte ihm freudestrahlend zu.

»Hi Kenny«, rief ihm Mark entgegen.

»Hi Mark, super dass du endlich da bist.« Beide nahmen sich herzlich in die Arme.

»Jetzt können wir gleich zu deinen Großeltern gehen«, teilte Kenny seinen Plan mit.

»Ich dachte, wir fahren direkt weiter zu Peter?«

»Peter weiß schon Bescheid, dass wir erst morgen kommen. Deine Großeltern vermissen dich so sehr und immer ohne dich mit deinem Opa Rennbahn zu spielen ist auch langweilig«, erklärte Kenny mit einem Augenzwinkern.

»Aber wenn das meine Mutter erfährt, dann ist was los!«

»Was sie nicht weiß, macht sie nicht heiß«, versuchte Kenny ihn zu überreden.

»Na klar freue ich mich Opa und Oma nach so langer Zeit endlich wiederzusehen!«

»Na dann los, bevor es Nacht wird«, witzelte Kenny und beide liefen lachend los.

Als sie bei Marks Großeltern klingelten, kamen diese voller Freude aus dem Haus gelaufen. Oma weinte sogar und Opa drückte Mark ganz fest an sich.

»Danke Mark, dass du da bist. Meine Güte, bist du groß geworden«, staunte Opa.

»Und danke Kenny, dass du ihn hergebracht hast! Also kommt erst mal rein. Es gibt was Leckeres zum Essen«, lockte Oma sie ins Haus. Der Tisch war bereits gedeckt und sie fingen an, abwechselnd zu essen und zu erzählen, was sie seit ihrem letzten Treffen alles erlebt hatten.

Nach einer Weile sagte Opa: »Mark, wollen wir die Rennbahn mal wieder in Bewegung setzten?«

»Na klar!«, rief Mark und ohne lang nachzudenken, rannten die Freunde nach oben, gefolgt von einem sichtlich berührten Opa.

Nach einem schönen Nachmittag verabschiedete sich Kenny, um Mark am nächsten Morgen für die Busfahrt zu Peter abzuholen. Da fiel Mark ein, dass er seiner Mutter versprochen hatte sich zu melden, sobald er angekommen sei. Also rief er sie an: »Hallo Mama, es ist alles gut. Wir haben nur den Bus verpasst und jetzt bin ich bei Opa und Oma. Die passen auf mich auf, dass ich keine Dummheiten mache.«

»Wie, wir haben den Bus verpasst?«, bohrt Angy misstrauisch nach.

»Hab ich dir nicht erzählt, dass Kenny auch zu Peter mitkommt?«, ergänzte Mark vorsichtig.

»Nicht, dass ich wüsste!«

»Oh, dann tut es mir leid. Aber bei Opa und Oma geht es mir gut und morgen fahren wir dann zu Peter weiter«, versprach Mark.

»Dann pass auf dich auf und mach mir keinen Kummer!«

Mark spürte, dass seine Mutter enttäuscht war, weil er heimlich bei seinen Großeltern vorbeigeschaut hatte.

Er saß an diesem Abend noch lange mit seinen Großeltern zusammen, beantwortete bereitwillig ihre Fragen und erzählte noch ein paar seiner Erlebnisse. Als Mark müde wurde, fragte ihn Opa, ob er ihm noch eine Heldengeschichte erzählen solle. Mark grinste ihn vor Freude an. In seinem alten Zimmer fand er eine Sammlung aus Büchern und Comic-Heften, die sein Opa in der Zwischenzeit für ihn gekauft hatte. Marks Blick fiel auf ein Buch mit dem Titel:

›Momo - Die seltsame Geschichte von den
Zeit-Dieben und von dem Kind, das den
Menschen die gestohlene Zeit
zurückbrachte.‹

»Um was geht es in dem Buch?«

»Ich glaub, es handelt von einem kleinen Mädchen, das heldenhaft gegen die Zeitdiebe kämpft«, antwortete Opa.

»Zeitdiebe?«, fragte Mark neugierig weiter.

»Ich hab das Buch vom Schriftsteller 'Michael Ende' auch erst gekauft und noch nicht gelesen, aber es hat den deutschen Jugendbuchpreis bekommen. Du kannst es ja zu deinem Freund Peter mitnehmen und lesen, wenn du

Lust und Zeit hast. Und anschließend erzählst du mir einfach davon«, schlug Opa vor.

»Okay, das ist eine gute Idee! Aber sind die Heldengeschichten nicht alle gleich?«, wollte Mark wissen.

»Da hast du recht, Mark! Wir werden alle als Helden geboren. Was wir aus unserem Leben machen, kann armselig, langweilig, unbedeutend oder halt auch heldenhaft sein. Du darfst als ein Held auch mal fallen. Das ist nicht schlimm. Es ist nur schlimm, wenn du nicht wieder aufstehst und nicht weiter auf dem Weg zu deinem Ziel gehst«, erklärte Opa.

»Wie meinst du das?«

»Eine heldenhafte Reise beginnt immer da, wo du gerade bist und immer dann, wenn du spürst, dass dir etwas Wichtiges fehlt. Erst dann bemerkst du den Drang nach einem Abenteuer, und zwar solange, bis du diesem Ruf folgst. Dich werden Situationen, Menschen und auch Ängste davon zurückhalten. Du wirst aber auch Menschen begegnen, die dir beibringen, wie du an dein Ziel gelangen kannst. Allerdings ist dabei auch Vorsicht geboten, da du die Spreu vom Weizen trennen musst, um herauszufinden, wer für dich der richtige Mentor ist.«

»Was ist denn ein Mentor?«

»Ein Mentor ist ein erfahrener Ratgeber, der deine Entwicklung fördert. Dennoch sind die ersten Hürden die schwierigsten und die meisten Menschen stoppen an diesem Punkt, weil sie ihre gewohnte Welt nicht verlassen wollen. Wenn du diese Schwelle mutig überschreitest, dann öffnet sich dir eine neue unbekannte

Welt, die allerdings weitere Probleme für dich bereithält«, führte Opa aus.

»Probleme?«, stutzte Mark.

»Das Wort Problem stammt aus dem Griechischen und bedeutet so viel wie – das, was zur Lösung vorgelegt wurde. Seh es einfach wie ein Spiel, in dem du Aufgaben lösen darfst. Du wirst lernen was Gut und Böse, wer Freund und Feind ist. Du lernst enorm viel auf deinem Weg zum großen Held, der schon dein ganzes Leben in dir wohnt«, erklärte er weiter.

Mark war begeistert, was sein Opa alles wusste und fragte ihn nach seinem Mentor. Opa lachte und sagte: »Du bist mein Mentor, Mark.«

Jetzt verstand Mark die Welt nicht mehr.

»Ja, ich hab nach deinem Ausflug nach München zuerst von deiner Mutter und auch von Oma einige Vorwürfe bekommen. Doch als ich mich dann mit dem Thema beschäftigte, verstand ich, warum du so hartnäckig auf der Suche nach deinem Vater warst. Nach ein paar Gesprächen mit Kennys Vater und einigen Büchern hab ich dann verstanden, wie wichtig dir dein Vater ist. Als dein Opa kann ich dir deinen Vater nicht ersetzen. Leider hat sich David nie wieder bei mir gemeldet, sonst hätte ich ihm erzählt, wie sehr du ihn brauchst. Das hab ich von und mit dir gelernt, kleiner Mentor.«

»Also war es doch richtig, ihn zu suchen?«

»Für dich war es mit Sicherheit wichtig und richtig. Die Menschen drum herum haben sich allerdings große Sorgen gemacht. Vielleicht finden wir ja noch einen anderen Weg, wie du ihn eines Tages wieder sehen kannst«, fuhr Opa fort.

»Opa, da würde ich mich riesig freuen!«

Mark umarmte seinen Opa und war froh, zumindest ihn wieder zu haben.

»Vielleicht schaffen wir es ja, dass Mama sich auch wieder mit dir versteht«, hoffte Mark.

»Ich glaub, den Dickkopf hat sie von mir. Das wird nicht einfach werden. Natürlich hab ich sie lieb«, verriet Opa etwas verlegen.

»Dann sag ihr das doch mal und bring ihr Blumen – das funktioniert immer«, gab Mark als Ratschlag.

»Okay Mark, dann schlaf jetzt mal gut. Wenn du in ein paar Tagen von Peter zurückkommst, dann kannst du gerne noch eine Nacht hier bleiben und wir spielen nochmal Rennbahn. Und wenn es deine Mutter möchte, dann fahr ich dich auch mit dem Auto nach Hause und bring ihr ein paar Blumen mit«, versprach Opa.

Anschließend gab er seinem Enkel noch ein 'Lustiges Taschenbuch' mit Geschichten aus 'Entenhausen' und fügte hinzu: »Vielleicht willst du ja heute noch etwas darin schmökern.«

Beim Verlassen des Zimmers nahm er das Buch 'Momo', legte es zu Marks Rucksack und wünschte ihm eine gute Nacht. Mark blätterte noch ein paar Minuten in den Geschichten von 'Donald Duck', seinem reichen aber geizigen 'Onkel Dagobert' und den Neffen 'Tick, Trick und Track', bis er vor Müdigkeit einschlief.

Nun hatte ICH endlich Zeit, diese neuen Informationen zu verarbeiten und meinen gespeicherten Erlebnissen zuzuordnen. Dabei kam mir ein unvollendeter Traum von der Schatzinsel gerade recht, um Mark wieder an die Schatzkarte in seiner Truhe zu erinnern, die er damals von seiner Mutter geschenkt bekommen hatte:

›*Mit großem Glück konnten sich Mark und Kenny mit ihrem ortskundigen Führer gerade noch in die Höhle retten. Ein Adler hatte sie auf ihrem Weg ständig attackiert und leicht verwundet. Nachdem sie mit ihren Taschenlampen versuchten, sich darin zu orientieren und nach weiteren Hinweisen ausschau zu halten, fand Kenny schließlich ein mit Moos bewachsenes, hölzernes Tor. Voller Spannung schob Mark den Schlüssel in eine seitliche Öffnung und drehte diesen mit aller Kraft im schwergängigen Schließmechanismus. Nach einem klackenden Geräusch drückten sie gemeinsam das Tor nach innen auf. Vor ihnen lag ein riesiger Berg mit Goldmünzen und Edelsteinen. Mark und Kenny tauchten voller Freude darin ein und merkten gar nicht, dass der Führer hinter ihrem Rücken das Tor von außen verschloss. Erst als sie wieder bei Sinnen waren, wurde ihnen klar, dass dieser ein falsches Spiel mit ihnen getrieben hatte. Sie waren nun gefangen in ihrer eigenen Schatzkammer!*‹

Am nächsten Morgen stand Mark voll bepackt im Hausflur. Als Kenny klingelte, machte Oma ihm auf und wünschte den beiden viel Spaß auf Peters Hof. Opa sagte zu ihnen, dass sie sich rechtzeitig melden sollen, wenn sie wieder zurückkommen würden. So machten sich die beiden Freunde auf den Weg zum Bus, der direkt vor dem Bahnhof losfuhr.

Nach einer kurzweiligen Busfahrt wurden sie bereits von Peter an der Haltestelle erwartet. Fröhlich liefen die drei den Fußweg an einem kleinen Bach entlang. Sie schlenderten an Kuhweiden vorbei und überquerten kleine Brücken, bis sie schließlich nach einer Kurve bei Peters Zuhause eintrafen. Direkt am Bach stand eine alte Mühle. Daneben erhob sich ein großes Haupthaus umringt von einigen Gebäuden. Mark staunte nicht schlecht, als er einen Stall voller Pferde erspähte. Kennys Interesse galt den Traktoren und anderen Maschinen, die in einer offenen Halle standen. Bevor sie aus dem Staunen heraus kamen, hielt Peter die nächste Überraschung für sie bereit.

Er hatte ein Zelt hinter dem Anwesen am Bach aufgebaut und zeigte ihnen, wo sie die nächsten Tage gemeinsam übernachten würden. Mark freute sich total, denn er hatte noch nie gezeltet. Kenny schien ein echter Profi zu sein, da er als erstes das Zelt von innen und außen inspizierte und klarstellte: »Da fehlt noch ein Graben um das Zelt herum. Wenn es regnet, werden wir sonst nass.«

»Kennst du denn nicht den Wetterbericht, Kenny? Die nächsten Tage scheint nur die Sonne«, wusste es Peter besser.

»Tag und Nacht!«, witzelte Mark und alle lachten.

»Wie findet ihr das, wenn wir zelten?«, fragte Peter seine beiden Freunde.

»Solange uns keine Bären fressen, ist alles gut«, scherzte Kenny.

»Machen wir dann abends ein Lagerfeuer?«, wollte Mark wissen.

»Da muss ich meinen Vater fragen, ob er es erlaubt. Aber jetzt bringen wir erst mal eure Sachen ins Haus und danach füttern wir die Pferde.«

Sie waren total begeistert, denn im Stall standen drei kleine Fohlen bei ihren Müttern in der Box.

Mark und Kenny hatten vor lauter neuen Eindrücken gar nicht bemerkt, dass Peters Vater inzwischen hinter ihnen stand: »Guten Morgen, ihr seid also unsere neuen Cowboys!«

Die Jungen drehten sich um und vor ihnen stand ein großer Mann mit Vollbart und einer Mistgabel in der Hand.

»Wer von euch möchte mir beim Füttern helfen?«, fragte er in die Runde.

Natürlich zeigten sich alle behilflich, als Peters Vater frisches Heu in den jeweiligen Pferdeboxen verteilte. Einem Fohlen durften sich Mark und Kenny sogar vorsichtig nähern, um es kurz zu streicheln, während Peters Vater die Stute im Zaum hielt. Als Nächstes lernten sie, wie man die Pferde vom Stall auf die Weide leitet. Kenny hatte im Gegensatz zu Mark und Peter einen großen Sicherheitsabstand zu den großen Pferden gehalten. Da nun die meisten Boxen leer standen, durften sie diese ausmisten und anschließend mit neuem Stroh auslegen. Dazu bekamen sie ein paar Handschuhe, Gummistiefel, Schaufel, Harke und Besen bereitgestellt.

Peter zeigte ihnen, was zu tun ist und es machte allen riesigen Spaß, wenn sie die Schubkarre mit Schwung auf dem Misthaufen ausleeren durften. Bis sie sich versahen, rief Peters Mutter die drei schon zum Mittagessen herein. Nach einer Grundreinigung gab es einen Topf voll leckerer Suppe und danach Schnitzel mit Kartoffelsalat.

Den Nachmittag verbrachten die drei Freunde am Bach, der mit seinen angrenzenden Bäumen herrliche Möglichkeiten zum Spielen bot. Kenny hatte die Idee, ein Floß zu bauen und nach der Fertigstellung den Bach abwärts zu fahren. Doch außer, dass sie ein paar Mal miteinander ins Wasser fielen, hatte das Floß seinen Zweck nicht erfüllt. Pitschnass und erschöpft kamen die Jungs am Anwesen an und es war ihnen nicht mehr nach einem Lagerfeuerabend. Nach einer Dusche und einer deftigen Brotzeit krochen sie müde in ihre Schlafsäcke im Zelt. Sie erzählten sich noch ein paar Geschichten von ihren Kindergarten- und Schulstreichen und schliefen einer nach dem anderen völlig übermüdet ein.

Am nächsten Morgen riss das Krähen des Hahns Mark und Kenny aus dem Schlaf. Peter schien das aufdringliche Geräusch nicht weiter zu stören, da es für ihn Alltag war, mit den vielen Tieren zusammen zu leben. Da Peter noch tief und fest schlief, zogen sich Mark und Kenny an und machten sich auf eigene Faust auf Entdeckungstour. Als sie erneut ungewohnte Tierlaute hörten, schlichen sie sich um die große Maschinenhalle herum und sahen eine Herde Schafe. Egal wie vorsichtig sie sich näherten, die Schafe wichen ihnen immer wieder aus. Plötzlich hörte Mark einen bellenden Hund hinter seinem Rücken und ehe er sich versah, setzte der Schäferhund schon zu einem Sprung auf ihn an. In Schockstarre blieben beide mit offenen Mündern stehen. Der Hund riss Mark schnurstracks zu Boden. Er stellte sich über ihn, leckte mit seiner feuchten Zunge von unten nach oben über Marks Gesicht und wedelte dabei vor Freude mit dem Schwanz. Da hörten sie ein lautes Pfeifen, das den Hund augenblicklich neben Mark in Liegeposition brachte.

Mark war noch ganz benommen und wischte sich den Speichel vom Gesicht, während Peters Vater zu ihm eilte und ihm seine Hand hinstreckte: »Alles gut, Mark?«

»Oh ja, ich lebe noch«, entgegnete er mit zittriger Stimme.

»Das ist Bello, unser Wachhund für die Schafe. Er bewachte sie letzte Nacht auf ihrem Weideplatz. Jetzt kennt ihr euch ja bereits. Er wollte nur mit euch spielen und dabei ist er manchmal etwas überschwänglich« klärte Peters Vater sie auf.

Kurz darauf kam Peter noch etwas verschlafen hinter der Hausecke hervor. Bello rannte ihm entgegen, um ihn ebenfalls auf seine Art und Weise zu begrüßen. Er reagierte jedoch gefasst und lenkte ihn mit dem Werfen eines Stöckchens ab.

»Jungs, dann sollten wir mal etwas frühstücken, bevor ihr noch vor Schwäche umfallt«, verkündete Peters Vater. Mark war noch etwas wortlos, wobei Kenny eher glücklich schien, dass Bello zuerst Mark begrüßt hatte.

Bei einem leckeren Frühstück fragte Peter seinen Vater: »Papa, dürfen wir heute Abend am Zelt ein Lagerfeuer machen und Würstchen grillen?«

»Dürfen schon, doch weil es momentan so trocken ist, solltet ihr erst noch eine sichere Feuerstelle mit Steinen bauen und ein paar andere Dinge zur Brandverhütung beachten!«

»Das ist ja super, Papa! Das machen wir«, bestätigte Peter.

»Nicht, dass danach noch Haus und Hof abbrennt,« gab seine Mutter zu bedenken.

»Mama, können wir Mark und Kenny noch das Reiten beibringen?«

»Ja, seid ihr denn schon mal im Sattel gesessen?«, übernahm Peters Vater das Wort.

Mark schüttelte den Kopf und Kenny sagte: »In Kanada saß ich ein paarmal auf einem Pony.«

»Das wird dann was Größeres. Am besten übt ihr erst mal mit den Schafen. Da tut das Abwerfen nicht so weh«, lachte Peters Vater.

»Ach Papa!«, kommentierte Peter leicht genervt.

Seine Mutter erklärte: »Heute wird das wegen meinen Rückenschmerzen leider nichts mehr. Aber im Laufe der Woche wird es bestimmt besser. Früher konnte ich stundenlang im Sattel sitzen. Was habt ihr eigentlich heute nach dem Ausmisten im Stall geplant?«

»Wir können ja Pfeil und Bogen bauen und dann Zielschießen machen«, schlug Peter vor.

»Wenn wir mit dem Pferdestall fertig sind, kann ich euch ein wenig helfen, die Bögen und Pfeile anzufertigen.

Aber die Grillstelle für das Lagerfeuer müsst ihr auf jeden Fall bauen, sonst wird heute Abend nicht gegrillt!«, mahnte der Vater.

Als sie gemeinsam die Pferde versorgt und den Stall sauber gemacht hatten, liefen sie an den Bach zum großen Haselnussstrauch und suchten sich die passenden Stecken. Gemeinsam sägten sie drei größere für die Bögen, einige kleinere für die Pfeile und auch noch ein paar für das abendliche Grillen ab. Als Kenny unter Anleitung von Peters Vater eine Kerbe am oberen Ende des Bogens schnitzen wollte, blieb sein Messer darin stecken. Beim Versuch dieses wieder heraus zu bekommen, bog er den Stecken zu sich. Als dieser plötzlich in seine Form zurückschnellte, löste sich das Messer, flog haarscharf an Mark vorbei und blieb mit der Spitze in der Erde stecken. Peters Vater erschrak sich fürchterlich und schickte Kenny erst einmal ins Haus, um bei Peters Mutter stabile Schnüre für die Bögen zu besorgen. Er hatte die Hoffnung, dass dies weniger gefährlich für sein Umfeld sei.

»Das ging ja gerade nochmal gut«, sagte Mark fassungslos.

Als die Bögen dann bespannt waren und die Pfeile gespitzt vor ihnen lagen, suchten sie nach Robin-Hood-Manier ein passendes Ziel zum Üben. Mark hatte die Idee, im Garten ein Kohlkopf-Wettschießen zu veranstalten.

Doch Peter stoppte ihn: »Lieber nicht! Ich glaube, da schimpft sonst meine Mutter. Die Kohlköpfe wollen wir doch demnächst essen.«

Kenny lachte spitzbübisch: »Na und, dann haben wir nach dem Essen auch noch Löcher im Bauch.«

»Wir können ja den Apfelbaum da drüben nehmen und zuerst auf den Stamm zielen. Später versuchen wir dann einen Apfel abzuschießen«, schlug Peter vor.

Die Anderen stimmten ihm zu. Mark kannte Kenny nur zu gut. Um nicht Opfer seiner Tollpatschigkeit zu werden, verkündete er folgende Regel: »Erst wenn jeder seine drei Pfeile abgeschossen hat, holen wir die Pfeile zurück, okay?«

Die ersten Versuche landeten ausnahmslos daneben. Als sie schon aufgeben wollten, nahm Kenny den letzten Pfeil und posaunte voller Selbstvertrauen: »Mein Dad lehrte mich das Bogenschießen in Kanada. Er sagte immer, zuerst in Position gehen, Spannung aufbauen und dann ohne Angst einfach da hinschauen, wo der Pfeil landen soll. Das Gehirn macht den Rest. Du musst nur loslassen und der Pfeil findet sein Ziel fast alleine.« Kenny ließ den Pfeil los und dieser blieb direkt in einem Apfel stecken.

Dies sorgte für sprachlose Gesichter und weckte den Eifer der anderen, es ihm nachzumachen. Doch je mehr sie sich anstrengten, desto weniger trafen sie den Baum, geschweige denn einen Apfel. So konnte Kenny als Schützenkönig des Tages stolz zum Mittagstisch schreiten, an dem er von Peters Mutter den Königsplatz am Kopf der Tafel zugewiesen und sogar als Erster sein Essen bekam.

»Kenny Hood, König der Vagabunden, darf ich Ihr Vorkoster sein?«, scherzte Mark.

»Knappe Mark, das wäre mir genehm«, entgegnete Kenny und alle lachten am Tisch.

Am Nachmittag zeigte ihnen Peters Vater den richtigen Platz für die Grillstelle, damit sie diese mit genügend Abstand zu den Ställen bauen konnten. Sie machten mit Hacke, Schaufel und Spaten einen rund zwei Meter großen Kreis, den Peters Vater mit dem Frontlader dann fast knietief aushob. Gemeinsam bearbeiteten sie das ausgehobene Loch zu einer runden Form. Anschließend schleppten die Jungs mit Hilfe eines Handwagens große Steine von der anderen Seite des Hofs herbei, um eine stabile Umrandung für die Feuerstelle zu konstruieren. An den äußeren Rand legten sie noch kleine Steine, damit sich das Feuer nicht durch das trockene Gras ausbreiten konnte. Danach holten sie aus der Scheune noch ein paar Fuhren Holz und drei längere stabilere Stämme, die sie als Sitzgelegenheit um die Feuerstelle legten. Zusätzlich sollten sie noch ein paar Eimer mit Wasser füllen, um für alle Fälle vorbereitet zu sein.

»Das habt ihr wirklich toll gemacht! Jetzt haben wir für künftige Grillfeste eine gescheite Feuerstelle«, lobte Peters Vater die Kinder.

Da sie bis zum Abendessen noch Zeit hatten, beschlossen sie, sich noch einmal dem Bogenschießen zu widmen. Allerdings überspannte Mark seinen Bogen, so dass die Schnur abriss.

Da kam Kenny die Idee: »Mark, wir können ja mit deinem Bogen Fische angeln.«

»Hier gibt es wirklich Forellen im Bach. Wir haben auch schon mal welche gefangen. Da brauchen wir jetzt noch Angelhaken und Würmer, die wir an der Bogenschnur festmachen.«

Gesagt, getan! Mark und Kenny liefen zum nahe gelegenen Misthaufen und fanden darin mehrere Kompostwürmer. Peter holte Angelhaken und Schnüre aus dem Haus. Als er seinem Vater über den Weg lief, fragte dieser: »Wofür braucht ihr das denn?«

»Wir fangen unser Abendessen heute selbst!«, antwortete Peter begeistert.

»Na dann, Petri Heil«, rief der überraschte Vater den Jungs hinterher.

So standen sie kurze Zeit später an einer ruhigen Stelle im Bachbett und Mark fischte mit seinem umfunktionierten Bogen. Auch Peter und Kenny hatten ihre Angelschnüre an Stecken befestigt und mit Haken und Wurm ins Wasser gelassen. Eine ganze Weile passierte gar nichts, bis an Kennys Schnur plötzlich Bewegung ins Spiel kam. Als Kenny, so kräftig er konnte, an der Angel zog, hing tatsächlich ein zappelnder Fisch daran. Peter half ihm beim Lösen des Hakens und sie legten den Fisch in einen großen mit Wasser gefüllten Eimer. Kurz darauf hatte auch bei Peter ein Fisch angebissen. Wieder konnten sie ihn an Land ziehen und in den Eimer werfen.

Als dann mit neuen Würmern schon die nächsten Fische bei Kenny und Peter anbissen, war Mark doch etwas frustriert. Irgendwie funktionierte das bei ihm nicht. Er stellte sich auf die Holzplattform, die sie am Vortrag schon für ihr Floß vorbereitet hatten, um mit seiner kurzen Angel an eine tiefere Stelle des Baches zu kommen. Dann setzte er sich auf den Rand, ließ seine

Beine in das angenehm kühle klare Wasser gleiten und versank dabei in Gedanken. Er musste an Alec mit seiner Tankstelle denken, den er schon seit fast zwei Jahren nicht mehr gesehen hatte. Er hatte ihm doch damals angeboten zu helfen und nur, weil seine Mutter Alec nicht mehr mochte, durfte er nicht mehr hingehen. Auch der doofe Polizist meinte zu ihr, Alec wäre nicht der richtige Umgang für ihn, da er seltsam wäre und solche Menschen auch gemeingefährlich werden könnten. Mark jedoch hatte Alecs Art fasziniert. Er hatte einen großen Wissensschatz und eine tolle Art, mit Menschen zu reden. Allein an das eine Gespräch mit ihm hatte er in dieser Zeit so oft denken müssen.

Und tatsächlich schickte ICH Mark jedes Mal, wenn er etwas Neues lernen musste und das Gefühl hatte, dass er es nicht im Kopf behalten könne, den Satz, den Alec damals sagte: »Dein Gehirn hat so viel Platz, dass du auch noch alle Bücher, die je auf der Welt geschrieben wurden, unterbringen könntest.«

Da fiel ihm wieder das Buch 'Momo' ein, das ihm sein Opa mitgegeben hatte. Er beschloss, es so gut wie möglich zu lesen. Denn er wollte eines Tages genau so viel Wissen wie Alec haben. Plötzlich wurde er aus seinen Gedanken gerissen. Mark spürte einen starken Zug an seiner Angel, kam aus dem Gleichgewicht und fiel im nächsten Augenblick auch schon ins Wasser. Er versuchte, sich mit aller Kraft an der Angel festzuhalten. Doch als er keinen Boden unter seinen Füßen spürte und sich etwas Glitschiges um seine Beine wickelte, schrie er um Hilfe und tauchte panisch unter. Peter sprang sofort zu ihm und auch dessen Vater hörte das Rufen, so dass dieser zum Bach eilte. Gemeinsam zogen sie ihn mit den Händen ans Ufer.

Mark hatte etwas Wasser geschluckt und hustete. Dabei klopfte ihm Peters Vater ein paar Mal auf den Rücken und schimpfte: »Was machst du denn, Mark! Da hast du aber nochmal Glück gehabt!«

Währenddessen schnappte Kenny nach Marks wegtreibender Angel und zog diese mit großer Anstrengung zu sich. Als er es alleine mit seiner Kraft nicht schaffte, rief er Peter zu sich. Gemeinsam zogen sie an Marks Angel den längsten Fisch an Land, den sie bisher in einem Bach gesehen hatten. Es war ein fast ein Meter langer, glitschiger Aal.

Als sie ihn von dem Angelhaken befreit hatten, hoben sie ihn hoch, um ihn Mark zu zeigen. »Du hast den größten Fisch gefangen! Du bist der König der Angler!«, jubelte Kenny.

Mark konnte schon wieder ein wenig lächeln, wobei er noch etwas blass im Gesicht war.

»Jetzt weiß ich auch, warum ich panisch wurde. Der hat sich um meine Füße gewickelt und mich runter gezogen. Da hab ich plötzlich keine Luft mehr bekommen, auch als ich noch über Wasser war, sehr komisch«, fing Mark an zu erklären.

»Also hat der Fisch dich gefangen«, witzelte Kenny.

»Das erzählen wir lieber mal niemandem in der Schule«, ergänzte Peter.

»Das hoffe ich doch!«, bekräftigte Mark.

»Mark, es ist ungewöhnlich, am helllichten Tag einen Aal zu fangen. Normalerweise beißen die nur bei Dunkelheit an. Du bist wirklich der König der Angler«, zeigte Peters Vater seinen Respekt.

Alle freuten sich über den positiven Ausgang des Angelabenteuers.

Zurück am Haus mussten die Fische noch zubereitet werden. Dazu schleppten sie den gefüllten Eimer zu Peters Mutter. Sie begutachtete den Inhalt und freute sich über den guten Fang.

»Wer von euch hat jetzt noch Lust mir beim Ausnehmen und Vorbereiten der Fische zu helfen?«, fragte sie in die Runde.

„Ich glaube, Mark scheidet schon mal aus. Du solltest dich lieber noch etwas ausruhen und zum Trocknen in die Sonne legen«, gab Peters Vater als Ratschlag und drückte ihm ein großes Handtuch in die Arme.

»Stimmt, du bist ja nicht nur blass um die Nase, sondern auch nass um die Blase«, gab Kenny lachend von sich und steckte die anderen damit an.

»Wer den Schaden hat, braucht für den Spott nicht zu sorgen«, ergänzte Peters Mutter mitfühlend und schaute Kenny erwartungsvoll an.

»Na gut. Lust habe ich zwar keine, aber ich helfe beim Ausnehmen der Fische. Früher habe ich das schon ein paar Mal mit meinem Vater in Kanada gemacht.«

Peter hingegen hatte noch weitere Aufgaben zu erledigen. Ihm gehörte ein Stall voller Kaninchen und die mussten noch gefüttert und gepflegt werden.

Mark lief etwas erschöpft zum Zelt, tauschte zuerst seine durchnässten Sachen gegen eine trockene Badehose und legte die nasse Kleidung zum Trocknen auf das Zelt. Dann holte er seinen Rucksack heraus, um ihn wie ein Kissen unter das Handtuch zu legen. Er genoss die Sonnenstrahlen und beobachtete die Wolken, die sich langsam am Himmel bewegten und ständig ihre Form änderten. Aus einem riesigen Elefantenkopf entstand ein Piratenschiff und wenig später sah es aus wie das Gesicht eines alten Mannes mit einem Bart. Da dachte er wieder an das Buch, das in Gedanken fast mit ihm baden gegangen wäre. ›Wer war das Kind Momo, das gegen die Zeitdiebe kämpfte?‹, überlegte er. Kurzerhand öffnete er seinen Rucksack, nahm das Buch heraus und fing mittendrin an zu lesen. Vertieft in die Erlebnisse eines armen, einsamen Mädchens und den mysteriösen bösen Männern, bemerkte er gar nicht, wie die Zeit verging. Als Kenny mit einem Korb voller Getränke an die Grillstelle kam, tauchte er aus seinem Buch auf.

»Sei froh, dass du ins Wasser gefallen bist. Du musstest dir die Fische nicht von innen anschauen. Ich glaube, ich esse heute nur eine Wurst und Stockbrot«, erzählte Kenny mit einem leichten Würgereiz.

»Ich werd auf jeden Fall mal von dem Aal probieren. Schließlich hat er mich ja fast gefressen!«

Mark stand auf, steckte das Buch in den Rucksack und legte diesen in das Zelt. Danach zog er seine inzwischen getrocknete Kleidung wieder an, um noch bei den Vorbereitungen behilflich zu sein. Doch Peters Mutter hatte bereits alles liebevoll für das Grillen zubereitet.

Peters Vater schnappte sich jetzt die Jungs, um das Feuer zu machen. Nach ein paar Warnhinweisen schafften sie es auf Anhieb, das Feuer zu entfachen. Daraufhin mussten Mark und Peter aufpassen, damit es nicht zu groß wurde, aber auch nicht ausging. Schließlich hatten auch Kenny und Peters Eltern alle Sachen an die Grillstelle gebracht. Schon nach kurzer Zeit brutzelten die ersten Würstchen an den Stecken und der Duft von gegrilltem Fisch breitete sich aus. Schäferhund Bello lief am Feuer aufgeregt hin und her, da zwischendurch immer wieder etwas für ihn abfiel.

Als der Aal dann fertig zubereitet auf einem Teller lag, nahmen alle, außer Kenny, ein Stück davon. Mark schob sich ein großes Stück davon in seinen Mund und verkündete mit vollen Backen: »So Aal, jetzt siehst du, wer von uns beiden der Sieger ist!«

»Du meinst, du hast ihn wohl zum Fressen gern!«, erlaubte sich Kenny einen Spaß.

Bis spät in die Nacht hinein erzählten sie sich beim Grillen des Stockbrots Lagerfeuergeschichten und genossen den klaren Sternenhimmel sowie die milde Sommernacht. Als das Feuer heruntergebrannt war, löschten sie mit Hilfe von Peters Vater die letzte Glut. Hundemüde krochen sie in ihre Schlafsäcke. Dieser erlebnisreiche Tag sollte noch lange in Marks Erinnerung bleiben.

In der folgenden Nacht übermittelte ICH Mark noch eine uralte Erinnerung, damit er endlich lernte, was ihm seine Oma nach seinem Kinderwagen-Absturz im Steinbruch immer wieder sagte: ›Wer sich in Gefahr begibt, kommt darin um.‹ Für dieses Gefühl von Macht- und Hilflosigkeit hatte ICH ja noch jede Menge anderer Beispiele aus Marks Leben parat. Das ging schon ganz früh los, als er noch im Bauch seiner Mutter steckte und sich wie gefesselt fühlte. Um ihn vor dem Gefühl der Ohnmacht zu schützen, war die Entstehung einer Angst die beste Möglichkeit. Vielleicht sollte ICH seine Angst noch etwas verstärken, damit das nicht noch einmal geschieht. Es war ja schon immer mein Job ihn vor Schlimmerem zu schützen. Dazu erschuf ICH folgenden Traum:

›Aus dem kleinen Afram, der seinen Vater unterstützte, war inzwischen ein großer Junge geworden. Er hatte viel gelernt, um seinen Traum vom Perlentaucher endlich zu erreichen. Er konnte trotz Salzwasser mit offenen Augen klar und deutlich unter Wasser sehen und hatte auch ein Gespür dafür entwickelt, wo sich die schönsten Muscheln im Meer versteckten. Mit seiner Atemtechnik vor dem Abtauchen gelang es ihm, die Luft solange unter Wasser anzuhalten, dass es für die anderen anfangs unmöglich erschien, dass Afram wieder gesund auftauchen würde. Eines Tages sah er beim Tauchen an einem Korallenriff etwas Eckiges unter ihm, das ihn an eine Truhe erinnerte. Er tauchte tiefer hinab, um es genauer untersuchen zu können. Dort fand er eine mit Muscheln, Seetang und Korallen bewachsene Truhe mit rostigen Eisenbeschlägen. Nun wurde es auch für ihn höchste Zeit wieder aufzutauchen. Oben angekommen, versuchte er sich zu orientieren, um diese Stelle wieder zu finden. Allerdings herrschte dort eine starke Strömung. Nach einer kleinen Pause und ein paar weiteren tiefen Atemzügen tauchte er erneut in die Tiefe. Er fand sie direkt wieder und versuchte sie, mit

bloßen Händen zu öffnen. Leider gelang es ihm nicht und er musste abermals auftauchen. Weil es schon spät am Nachmittag war, beschloss er, am nächsten Tag mit seinem Vater und dem Fischerboot an die Stelle zu fahren, um mit Hilfe der Ankerkette die Truhe zu bergen.

Am Abend erzählte er seinem Vater von dem Fund. Der glaubte ihm allerdings nicht: »Da musst du was verwechselt haben.«

Er sagte ihm auch, dass das lange Luftanhalten nicht gut für seine Gesundheit sei und er schon Perlentaucher erlebt hatte, bei denen nach dem Tauchen der Verstand mit ihnen durchgegangen sei. Manche seien im Kopf dumm geworden oder sogar gestorben. Er verbot ihm, dort am Riff erneut so tief hinab zu tauchen. Afram versuchte, ihn umzustimmen. Doch das gelang ihm einfach nicht.

Am nächsten Tag, als sein Vater wieder zum Fischen auf das Meer fuhr, war Afram schon eifrig dabei, einen Plan zu schmieden. Er wollte sich selbst an seinem Ruderboot mit einem langen Seil und einem schweren Gewicht herunterziehen lassen. Damit hatte er vor, eine Art Anker zu bauen und die Truhe anschließend mit dem Seil nach oben zu ziehen. Doch es durfte niemand mitbekommen, da es immer ein paar neidische Perlentaucher gab, die ihm seine Erfolge nicht gönnten. Heimlich versuchte er also, das Seil und seine Utensilien so unauffällig wie möglich an sein Boot zu bringen. Dazu nahm er einen alten Sack, in dem er alles versteckte. Er wusste auch, dass es gefährlich war am Riff so tief abzutauchen. Jeder Handgriff musste sitzen, um rechtzeitig, bevor ihm die Luft ausgehen würde, wieder an die Wasseroberfläche zu gelangen. Zur Sicherheit nahm er noch ein zweites, etwas größeres

Messer mit, das er eigentlich nicht unter Wasser benutzte. Er hatte sonst nur eines mit kleinerer Klinge dabei, um die Muscheln bereits am Meeresgrund zu öffnen und nach Perlen darin zu suchen. Auf dem Weg zum Boot lachten die anderen Perlentaucher über ihn und fragten, wo er denn mit seinem Sack hinwolle und ob er eine Riesenmuschel entdeckt hätte oder auf große Reise gehen würde. Er reagierte gar nicht und verfolgte sein Ziel, um mit dem Ruderboot an die Stelle zu gelangen, an der er schon am Vortag abgetaucht war. An diesem Morgen kam ihm die Strömung noch stärker vor als sonst. Afram hatte alle Hände voll zu tun, um das Boot an der richtigen Stelle zu halten. Er verknotete das Seil am Bug des Bootes und das andere Ende mit dem Gewicht. Er wusste, je stärker die Strömung war, desto mehr bewegte sich das Boot und umso schlechter konnte er unter Wasser sehen. Nach ein paar tiefen Atemzügen voller Konzentration stürzte er sich mit dem Gewicht am Seil in die Tiefe. Und siehe da, er fand die Truhe auf Anhieb. Jetzt musste alles reibungslos klappen. Er schaffte es, das Seil um die Truhe zu wickeln und auch festen Halt an den seitlichen Griffen zu bekommen. Da er nur noch wenig Luft hatte, zog er sich so schnell wie möglich an dem Seil nach oben. Im Boot zurück, zog er mit Leibeskräften am Seil. Doch die Truhe steckte am Meeresgrund fest. Also versuchte er beim nächsten Tauchgang, mit Hilfe des großen Messers, die Truhe von den Algen und den angewachsenen Korallen zu befreien. Doch auch dieses Mal hatte er keinen Erfolg. Schließlich tauchte er zum dritten Mal hinab. Nun nahm er das Gewicht zu Hilfe, um die Truhe freizuschlagen. Dabei fiel ihm gar nicht auf, wie sich das Seil um sein rechtes Bein wickelte. Als er auftauchen wollte verhedderte er sich darin. Panisch *versuchte er sich zu befreien und als er schon fast keine Luft mehr hatte, löste sich die Truhe vom Meeresgrund und der Zug am Seil gab nach.‹*

Erneut riss Mark das Krähen des Hahns aus seinem spannenden Traum. Er rang nach Luft und war immer noch außer Atem, als ihn Kenny fragte: »Warum hast du geschrien und mit Armen und Füßen im Schlafsack gestrampelt?«

»Ich glaub, ich hab schlecht geträumt. Aber jetzt bin ich ja wach«, erklärte Mark, schnappte sich Decke sowie Rucksack und öffnete das Zelt, um herauszukommen. »Ich setz mich noch ein bisschen ins Gras und les mein Buch, bis Peter wach ist.«

»Okay, und ich versuche noch etwas zu schlafen. Also lese nicht so laut«, meinte Kenny grinsend.

Mark war hellwach und dachte darüber nach, ob Afram überlebt hatte und was wohl in der Truhe drin war. Vielleicht hatte der Traum mit der Karte zu tun, die er mit Kenny an seinem Geburtstag in der kleinen Schatztruhe gefunden hatte. Während ihn Bello schon wieder heftig begrüßen wollte, um ihm die morgendliche Gesichtswäsche zu verpassen, schnappte sich Mark noch im letzten Moment ein Stöckchen und lenkte ihn damit ab. Bello folgte sogar, als er ›Sitz‹ oder ›Platz‹ rief. Mark zog das Buch 'Momo' aus seinem Rucksack und las an der Stelle weiter, an der er gestern aufgehört hatte. Er tauchte so lange in Momos Welt ab, bis die anderen zwei Schlafmützen aufgewacht waren.

Nach dem Frühstück folgte die übliche Stallroutine und Peter schlug vor, ihnen heute einmal die Umgebung zu zeigen. Sie mussten Peters Vater allerdings versprechen, sich vom Wasser fernzuhalten.

Also stiegen sie diesmal vom Bachtal aus einen hohen, steilen Hang hinauf. Ganz oben auf der Ebene angekommen, gab es einige Felder, die schon abgeerntet waren. Zudem blickten sie auf ein großes Maisfeld, deren Pflanzen die drei Jungen bereits überragten.

»Wir können da drin Verstecken spielen«, schlug Kenny vor.

Peter fand allerdings den nahegelegenen Wald viel interessanter. Sie beschlossen ein paar Minuten durch das Maisfeld zu laufen, um dann auf den Weg in Richtung Wald abzubiegen. Plötzlich blieb Peter stehen und flüsterte ihnen mit dem Zeigefinger vor dem Mund zu: »Pssst. Da vorne stehen sieben Rehe am Waldrand.« Mark und Kenny schauten voller Verwunderung auf die Lichtung.

»So viele auf einmal hab ich bisher nur im Wildtierpark gesehen«, flüsterte Mark zurück.

»Wir pirschen uns ganz leise an sie heran«, gab Peter das Kommando und sogleich schlichen sie los.

Doch als Kenny plötzlich laut niesen musste, rannten die Rehe aufgescheucht in den Wald.

»Schade, ich habe euch noch gar nicht gesagt, dass mein Vater auch Jäger ist und er mich manchmal mit in den Wald nimmt«, prahlte Peter.

»Ihr tötet diese schönen Tiere?«, fragte Mark etwas entsetzt.

»Manchmal ist es notwendig, sagt mein Vater. Aber ihm ist es wichtig, dass es den Tieren in unserem Tal gut geht. Wir haben öfters mal verletzte Tiere oder auch Jungtiere ohne Eltern bei uns auf dem Hof. Es ist aber auch seine Aufgabe das Gleichgewicht im Wald herzustellen, sonst gibt es zu viele Autounfälle und bei den Bauern Ernteschäden durch Rehe und Wildschweine.«

»Dann versteh ich das. Ich könnt aber kein Tier töten«, räumte Mark ein.

»Auch wenn du Hunger und nichts Anderes zu essen hättest?«, hakte Kenny nach.

»Weiß nicht genau.«

»Ich wollte euch eigentlich unsere Waldhütte zeigen, aber wenn die Rehe jetzt aufgescheucht sind, gehen wir lieber nicht in den Wald, damit sie sich beruhigen können.«

»Die hätte ich jetzt echt gerne gesehen. Na ja, dann zeigst du sie uns halt ein anderes Mal«, entgegnete Kenny etwas enttäuscht.

Doch Peter hatte schon eine Alternative: »Wir können ja heute Nachmittag dafür an den Stausee zum Baden gehen.« Mark und Kenny fanden die Idee toll.

Schließlich liefen sie an den Feldern entlang zurück bis zum Aussichtspunkt auf dem Felsvorsprung, neben dem sie hochgekommen waren. Sie blickten hinunter und hatten freien Blick auf das romantisch gelegene Anwesen und den direkt daran vorbeilaufenden Bach.

»Da drüben seht ihr unser Mühlrad. Das wurde früher vom Wasser angetrieben, um in der Mühle Körner zu

Mehl für das Brotbacken zu mahlen. Bei uns ist die Mühle noch nie benutzt worden und wir kaufen unser Mehl im Laden.«

»Funktioniert sie denn noch?«, wollte Mark wissen.

»Hm, das weiß ich gar nicht. Da muss ich mal meinen Vater fragen.«

Während sich die beiden noch ein Stück weiter an die Felskante stellten, um noch einen besseren Ausblick zu erhaschen, stieg Kenny ein kleines Stück hinab zu einem Busch. Auf einmal wurde es Mark schwindelig. Seine Knie wurden weich und begannen zu zittern. Dies veranlasste Mark wieder ein paar Schritte zurück zu gehen. ›Was war das denn?‹, fragte sich Mark. Doch schon im gleichen Augenblick rief Kenny seine Freunde zu sich.

Er hatte im hohen Gras etwas entdeckt: »Ich glaube, ich habe ein altes Wagenrad gefunden.«

Als die drei gemeinsam das große und schwere Rad aus dem Gestrüpp gezogen hatten, sahen sie die Holzspeichen, die mit rostigen Metallleisten verstärkt waren. Ringsherum befand sich eine ebenfalls verrostete Lauffläche. Sie zogen das Rad mit vereinten Kräften nach oben auf den Weg und begannen sich dieses gegenseitig zuzurollen.

Es machte ihnen großen Spaß, aber plötzlich drehte es sich dem steilen Hang entgegen und Peter rief:»Passt auf, sonst rollt es noch den Berg runter!« Doch kurz darauf blieb es im ersten Busch hängen.

»Ach was, das Rad rollt doch nie im Leben bis ganz nach unten. Das fällt doch ständig um«, folgerte Kenny gelassen. Um dies zu beweisen, gab er dem Rad einen erneuten Schubs bergab und es fiel auch kurz danach wieder um.

Mark und Peter liefen Kenny hinterher und als er zum dritten Mal das Rad Richtung Tal schubste, rollte es diesmal ein paar Meter weiter und weiter.

Kenny drehte sich zu seinen Freunden um: »Das Rad fällt bestimmt gleich um.«

Doch als es immer mehr Fahrt aufnahm und durch Unebenheiten sogar kleine Sprünge machte, schauten die drei nur noch mit offenen Mündern hinterher.

»Am Holzzaun, am Holzzaun stoppt es«, rief Kenny hoffnungsvoll.

Doch die Geschwindigkeit des Rades ließ nun aus der nächsten Unebenheit eine Sprungschanze entstehen. Es flog über den Holzzaun, den Weg und auch den angrenzenden Bach. Mit einem lauten Krachen schlug es direkt in ihr Zelt ein, wo es schließlich auch liegenblieb.

»Oh my god!«, schrie Kenny.

Mark und Peter konnten nicht fassen, was passiert war und schauten weiterhin in die gleiche Richtung.

»Das gibt Ärger!«, befürchtete Peter und Mark ergänzte: »Schauen wir mal, was noch zu retten ist.«

Bis die drei allerdings unten angekommen waren, standen schon Peters Eltern und auch Bello am Zelt, um sich zu vergewissern, dass die Jungs in Sicherheit waren.

»Peter, wie ist das passiert?«, forderte Peters Mutter eine sofortige Antwort.

Als Peter schwieg, übernahm Kenny das Wort: »Ich bin Schuld. Ich habe das Rad oben am Berg in einem Busch gefunden und wir haben damit auf dem Weg gespielt. Dann ist es mir die Böschung hinuntergerollt und wir konnten es nicht mehr stoppen.«

»Und wir haben nicht geglaubt, dass es so weit rollt«, gestand Peter wehmütig.

»Zum Glück hat es keine Menschen oder Tiere getroffen«, beschwichtigte Mark.

»Zum Glück war auch keiner von euch im Zelt. Das hättet ihr nicht überlebt!«, schimpfte Peters Vater.

»Papa, wie können wir das wieder gut machen?«

»Ja, genau«, fügte Kenny hinzu.

»Ich glaube, ihr räumt erst mal alles auf und schaut nach, was noch zu gebrauchen ist. Danach gibt es Mittagessen und bis dahin mache ich mir Gedanken«, sagte Peters Vater in einem ernsten Ton.

Und so begannen die drei, das Wagenrad von dem plattgedrückten Zelt zu heben und alle Dinge aus dem Inneren erst einmal nebeneinander auf die Wiese zu legen. Das Zelt und die Schlafsäcke, die darauf zum Auslüften hingen, waren so stark beschädigt, dass man sie nicht mehr gebrauchen konnte. Doch Marks und Kennys Rucksäcke und Taschen waren unbeschadet, da sie an der Kopfseite vom Zelt lagen und diese vom Wagenrad verschont blieb.

»Das mit dem Zelten wird wohl nichts mehr«, stellte Peter fest.

»Das wollte ich wirklich nicht«, gab Kenny reumütig zu.

»Das hättest du dir vorher überlegen müssen«, belehrte ihn Mark.

»Hätte ich das treffen wollen, dann wäre das Rad niemals hier gelandet«, versuchte sich Kenny herauszureden.

»Aber du hast ja nur das Zelt angeschaut und den Rest hat dein Gehirn mit dem Rad gemacht, wie beim Bogenschießen«, brachte Peter seinen Frust zum Ausdruck, der traurig war, dass das Zelt, in dem er schon oft mit seinen Eltern übernachtet hatte, zerstört war.

Mark versuchte, beide etwas aufzuheitern: »Auf jeden Fall haben wir heute unseren König der Wagenräder gefunden!« Daraufhin mussten die Jungs zumindest ein bisschen schmunzeln.

Als sie am Küchentisch saßen, war die Stimmung immer noch getrübt. Peters Vater unterbrach die Stille: »Wisst ihr Jungs, wir können froh sein, dass es so ausgegangen ist. Allerdings mache ich mir wirklich Sorgen, dass hier auf unserem Hof einem von euch etwas passiert. Was sagen dann eure Eltern? Wir haben für diese Tage die Fürsorgepflicht für euch. Peter hat schon als kleines Kind gelernt, welche Gefahren es bei uns gibt. Trotzdem mussten wir ihn vor dem Bach, den Maschinen und auch vor manchen Tieren schützen. Daher kann er leichter abschätzen, was eine Gefahr darstellt und was nicht. Mark und Kenny, ihr zwei könnt es gar nicht wissen, da ihr eine andere Kindheit hattet. Deswegen glaube ich, dass wir das Abenteuer auf unserem Hof morgen erst einmal beenden werden. Heute Nacht schlaft ihr hier im Haus. Und das mit dem Reiten, verschieben wir auf ein anderes Mal. Da müsst ihr erst noch ein bisschen mehr Verantwortung zeigen. Allerdings habt ihr mich gefragt, wie ihr den Schaden wieder gut machen könnt. Ihr habt das gemeinsam angestellt, also trifft jeden von euch ein Stück Verantwortung. Ihr könntet es von eurem Taschengeld oder vom Geld eurer Eltern bezahlen. Ich denke aber, das hätte keinen großen Lerneffekt für euch. Mein Vorschlag wäre, dass ihr mir heute Nachmittag auf dem Feld helfen könntet Steine zu lesen. Dann wäre ich schneller fertig und ihr hättet Verantwortung übernommen. Was meint ihr dazu?«

Kenny antwortete als Erster: »Ich bin beim Steinelesen dabei.«

Auch Mark bestätigte: »Ich auch!«

Nur Peter zeigte sich ein bisschen ablehnend, da er genau wusste, wie anstrengend diese Arbeit ist.

»Also bist du auch dabei, Peter?«, wollte sein Vater von ihm wissen.

»Ja, ich habe ja keine andere Wahl«, brummelte Peter etwas geknickt.

»Peter, es tut mir leid, dass ich nicht auf dich gehört habe. Mein Dad kann den Schaden bestimmt bezahlen. Aber er sagt in solchen Momenten immer: ›Das Leben ist kein Ponyhof‹.«

»Das hier ist ja auch ein Pferdehof!«, korrigierte Mark leicht grinsend.

»Genau – das Leben ist ein Pferdehof! Ich habe mich hier bei dir und deinen Eltern so wohl gefühlt, dass ich das Steinelesen die ganze Woche alleine machen würde, nur um wieder mal zu Besuch kommen zu dürfen. Oder, wenn du willst, dann kann ich heute deine Steine für dich mitschleppen«, bekräftigte Kenny seine Wiedergutmachung.

Alle schauten gespannt auf Peter und dieser verkündete: »Einer für alle, alle für einen! Das soll unser Motto sein – ich bin dabei!«

»Danke für deine Treue d'Artagnan – die Musketiere grüßen dich«, gab Kenny zur Antwort.

Und so gingen sie direkt nach dem Essen mit zur Maschinenhalle und fuhren mit Traktor und Anhänger auf das nahe gelegene Feld.

Sie kamen ordentlich ins Schwitzen, denn sie mussten hinter dem Traktor herlaufen, die freiliegenden Steine von Hand auflesen und in den Anhänger werfen. Wenn Peters Vater allerdings sah, dass einer der Jungs nicht mehr nachkam, dann hielt er an und sie machten eine Pause, bei der es Limonade für sie gab. Sie durften abwechselnd sogar mal ans Steuer des Traktors und irgendwie schien es ihnen auch noch Spaß zu machen.

Als sie zum Hof zurückfuhren, lobte Peters Vater die fleißigen Helfer: »Ihr habt das wirklich gut gemacht. Was haltet ihr davon, wenn wir zur Belohnung noch an den Stausee fahren und zum Abschluss schwimmen gehen?«

Voll motiviert saßen die Jungs auf dem Traktor, als sie am Hof ankamen. Die drei waren so begeistert, dass das Abladen der Steine erstaunlich schnell von der Hand ging und sie in Windeseile ihre Badesachen einpackten.

Kurze Zeit später saßen sie mit Peters Eltern und einem gepackten Picknickkorb im Auto und fuhren an den drei Kilometer entfernten Stausee.

»Mama, woher wusstest du denn, dass wir noch an den See fahren? Wie hast du alles so schnell vorbereiten können?«

»Deine Mutter ist eine Zauberin!«, antwortete sie.

Und Kenny ergänzte nur: »Magic Family!«

Alle genossen den kurzen Abstecher an den See. Während Mark etwas vorsichtig in das Wasser stieg und sich auch nur dort aufhielt, wo er sicher stehen konnte, hüpften Peter und Kenny ausgelassen an ihm vorbei.

Den letzten Abend auf dem Hof verbrachten alle gemeinsam am Küchentisch bei einer Partie 'Monopoly'. Dieses Spiel kannte Mark noch nicht. Er lernte zahlreiche Worte für Geld dazu, wie Mäuse, Zaster, Kohle, Knete, Kröten, schnöder Mammon, das liebe Geld, da rollt der Rubel, Moneten und so weiter. Mit seinem Geschick ging Mark beim ersten Spiel sogar als Gewinner hervor, wobei er sichtlich glücklich war.

»Mark, du solltest später einmal bei der Bank arbeiten. Du hast ein gutes Händchen für Geld«, legte ihm Peters Vater nahe. Dieses Lob nahm Mark gerne an.

»Du heißt ja auch Mark!«, meinte Peter.

»Großer Mark, König des Geldes, wir verneigen uns vor Euch«, zeigte ihm Kenny seine Hochachtung.

Mark wusste nicht, wie ernst er ihn nehmen sollte und antwortete: »Zum Glück bin ich nicht der König der Kröten. Die sind mir zu glitschig. Doch ich glaube, einer hat heute Abend auch noch einen Titel verdient: Peter der Beste, König der Könige, wir bedanken uns für Eure Gastfreundschaft und die tollen Abenteuer auf Eurem Hofe.«

Peter war sichtlich berührt, da ihm als Einzelkind oft Geschwister fehlten, auch wenn sich sein Vater noch so intensiv um ihn kümmerte.

Nach einer letzten Nacht auf dem Hof, bei der Mark noch eine Weile in Momos Welt abtauchte, gab es ein ausgiebiges Frühstück. Nach dem gemeinsamen Stalldienst verabschiedeten sie sich von Peters Eltern.

»Ihr habt gestern beim Steinelesen mit eurem Fleiß bewiesen, dass ihr gute Jungs seid. Ohne Fleiß kein Preis«, lobte Peters Vater. Dabei drückte er jedem ein Geldstück in die Hand.

Kenny bedankte sich mit einem Grinsen: »Da rollt der Rubel.«

Peter begleitete seine Freunde noch zur Bushaltestelle an die Hauptstraße. Da sie neben ihren Rucksäcken und Taschen noch selbstgebackenes Brot und Apfelkuchen für Zuhause mitbekamen, zogen sie alles im Leiterwägelchen hinter sich her. Kennys Idee, das unfertige Floß zu nehmen, lehnten Peter und Mark ab und so kamen sie nach einer kurzen Busfahrt wenigstens trocken in Kennys Heimatort an. Mark hatte allerdings vergessen, seine Großeltern anzurufen. Doch er hatte Glück, dass sie gerade im Garten arbeiteten und nicht unterwegs waren. Als er sie dort überraschte, freuten sie sich sehr und er verbrachte den Tag noch mit Kenny beim Rennbahnspielen und im Garten.

Bei Kakao und Kuchen erzählten Mark und Kenny überschwänglich ihre Erlebnisse auf Peters Pferdehof.

»Haben Peters Eltern auch erzählt, dass sie früher in Norddeutschland gewohnt und erst vor gut zehn Jahren die alte Mühle gekauft haben?«, wollte Opa wissen.

»Nein, das haben sie nicht erzählt«, antwortete Mark.

»So wie ich damals gehört hab, führte Peters Vater ein Unternehmen in Norddeutschland. Als seine Frau als erfolgreiche Turnierreiterin einen schweren Reitunfall hatte, verkauften sie die Firma. Das Geld haben sie dann in diese baufällige Mühle investiert und mit ihrer Pferdezucht ein wirkliches Schmuckstück im Tal geschaffen.«

»Oh, deswegen kann sie heute nicht mehr so lange im Sattel sitzen«, bedauerte Mark.

»Dafür kann sie aber leckeren Kuchen backen«, schoss es aus Kenny heraus und schob sich das letzte Stück genüsslich in den Mund.

Am Abend legte sich Mark nach dem Abendessen und einer Dusche in sein Bett, um weiter in Momos Welt zu schmökern. Er hatte sich vorgenommen, heute seinem Opa etwas zu erzählen – nämlich von Momo.

Als sein Opa später zu ihm ins Zimmer kam, freute sich dieser, bei seinem Enkel so eine Lesefreude entfacht zu haben. Mark schilderte ihm die Geschichte in kurzen Abschnitten, wobei er von einer Stelle im Buch besonders berührt erzählte: »Als Momo ihren Freund Beppo den Straßenkehrer fragte, wie man bei den vielen Wörtern das Lesen und Schreiben lernen soll, erklärte er ihr, dass ihm seine Straße manchmal unendlich lange vorkommt. Doch wenn er sich beeilt, wird sie auch nicht kürzer, sondern man bekommt es mit der Angst zu tun und ist nur im Stress. Er sagte, dass er nicht den ganzen langen Weg auf einmal vor sich sieht, sondern mit Geduld einen Schritt nach dem anderen macht. Dann hat er Freude dabei und macht es gut. Schlussendlich hat er gar nicht bemerkt, wie er einfach so sein Ziel erreicht hat.«

»Das ist aber interessant!«

»Das mache ich ab sofort genauso, wenn ich in der Schule wieder viele Hausaufgaben auf bekomme – einfach eine nach der anderen, bis ich am Ziel bin.«

»Das ist eine gute Idee, Mark. Ich sollte das auch öfters mal beherzigen«, gab sein Opa stirnrunzelnd zu. »Jetzt schlaf gut, kleiner Mentor. Morgen ist auch wieder ein schöner Tag.«

»Ich glaub, jeder ist ein Mentor – auch du Opa«, schlussfolgerte Mark und drückte ihn fest an sich. Dabei bemerkte er, wie Opa ein paar Tränen an der Wange herunterliefen.

In dieser Nacht bescherte ICH Mark die Fortsetzung des Traumes von Afram und der auf dem Meeresgrund liegenden Truhe:

›Afram schleppte sich mit letzter Kraft und schon ziemlich benommen an die Meeresoberfläche. Er schnappte nach Luft und hustete das bereits geschluckte Meerwasser aus. Doch seine Kraft reichte nicht mehr, um sich ins Boot zu ziehen. Er spürte starke Schmerzen an seinem verletzten rechten Fuß und wusste, dass er so schnell wie möglich in das Boot kommen musste, da es hier auch Haie gab, die vom Blut aus weiter Entfernung angezogen wurden. Während er noch damit

beschäftigt war ins Boot zu gelangen, sah er mehrere dreieckförmige Flossen um sich herum kreisen. Er sammelte seine letzten Kräfte und Energien, um sich ins Boot zu ziehen. Als er zur Hälfte im Boot war, hörte er hinter sich einen dumpfen Schlag, den er so noch nie gehört hatte. Er blickte über seine Schulter und entdeckte einen Hai, der gekrümmt von ihm abließ. Afram schaffte es, sich tranceartig über die Bootskante zu retten. Als er seine Beine begutachtete und feststellte, dass er nur blutete und sonst noch alles dran war, wagte er einen erneuten Blick aufs Wasser. Dort sah er mehrere Dreiecksflossen. Doch bei genauerem Hinsehen bemerkte er, dass es seine Freunde, die Delfine, waren. Diese schwammen beim Tauchen öfters um ihn herum und er kommunizierte sogar mit ihnen. Manche waren zu Afram so zutraulich, dass sie sich von ihm streicheln ließen oder er an ihrer Flosse mitschwimmen durfte. Etwas entfernter entdeckte er jedoch eine Haiflosse, die gleichmäßig durch das Wasser zog. Seine Freunde, die Delfine, hatten ihm gerade das Leben gerettet. Als Afram wieder Kraft gesammelt hatte, zog er das Seil mit der Truhe Stück für Stück nach oben, um sie anschließend in sein Boot zu hieven. Er freute sich über seinen Fund und träumte schon davon, endlich wieder seine Mutter bei sich zu haben und auch gemeinsam mit seinem Vater ein glückliches Leben zu genießen.‹

Am nächsten Morgen gab es zum Frühstück leckeres Brot von Peters Mutter. Danach spielten Opa und Mark wieder mit der Rennbahn, bis die Drücker in ihren Händen schon fast glühten. Beim Mittagessen im Garten kam Mark erneut der Gedanke auf, seine Mutter endlich wieder mit Opa zu versöhnen. Er ging noch vor dem

Nachtisch ins Haus, um bei ihr anzurufen. Als er seine Mutter am Telefon hörte, sagte er: »Hallo Mama, ich bin zurück bei Opa und Oma und komme heute Mittag nach Hause. Opa fährt mich. Ist das okay?«

»Mark, gib mir mal Opa ans Telefon«, bat ihn Angy.

»Klar, ich hole ihn aus dem Garten.«

Mark legte den Hörer auf die Seite und lief zu ihm: »Opa, schnell – Telefon für dich.«

Gefolgt von Mark lief er ins Haus und nahm den Hörer in die Hand: »Hallo, wer ist dran?«

Es wurde laut auf der anderen Seite. Mark konnte seine Mutter zwar nicht verstehen, aber an Opas Reaktionen wurde ihm klar, dass seine Idee nicht besonders gut war.

Opa sprach in den Hörer: »... Nein, ich wusst nicht, wer dran ist! ... Ich hab ihm keinen Floh ins Ohr gesetzt! ... Nein, und ich benutz ihn auch nicht. ... Du wolltest doch ohne uns klar kommen. ... Schade, deine Mutter und ich hätten uns gefreut, dich wieder zu sehen. ... Ja, Mark fährt noch heute mit dem Zug nach Hause.«

Geknickt legte er den Hörer auf und schaute zu Mark: »Es tut mir leid mein Junge. Das wird wohl noch ein langer Weg werden. Doch wir gehen ihn einfach, Schritt für Schritt, so wie bei Momo. Irgendwann sind wir dann auch am Ziel, oder?«

»Ja Opa, mit Geduld«, gab Mark wehmütig als Ratschlag.

Also packte Mark seine Sachen zusammen und Opa erlaubte ihm, so viele Bücher und Comic-Hefte mitzunehmen, wie er wollte. Er entschied sich für das Buch 'Momo', das er noch nicht fertig gelesen hatte, ein paar

'Asterix und Oberlix'-Hefte und eine Handvoll lustiger Taschenbücher. Dann sah er noch das Buch 'Wickie und die starken Männer' und steckte es in seine Sporttasche. Von diesem mutigen und klugen Jungen hatte er schon ein paar Zeichentrickfilme gesehen.

»Opa, die anderen Bücher lass ich dir da. Sonst hast du ja nichts mehr zum Lesen!«

Diesmal begleiteten ihn seine Großeltern zum Bahnhof und kauften ihm die passende Fahrkarte. Seine Oma drückte ihm ein weiteres Kuvert in die Hand: »Das ist für deinen letzten und nächsten Geburtstag.«

Opa ergänzte: »... und für alle fehlenden Weihnachts- und Ostergeschenke. Also pass gut auf und gib nicht alles auf einmal aus!«

»Danke, das mach ich!«, freute sich Mark und steckte das Kuvert tief in seinen Rucksack.

Zu Hause angekommen fiel die Begrüßung von Angy nicht so freundlich aus, wie er sich das gewünscht hatte.

»Mark, was fällt dir ein, ungefragt zu Opa und Oma zu gehen?«

»Kenny hat mich dort hingebracht und du hättest es mir sowieso nicht erlaubt!«

»Wenn du das noch einmal machst, dann kommt wieder die Polizei zu uns und dann wirst du schon sehen was passiert!«, drohte Angy.

»Und mir ist es egal, wie oft du mir noch mit dem dämlichen Polizisten drohst. Wenn ich nicht zu Opa und Oma darf, dann schick mich doch gleich ins Heim!«, brüllte Mark vor Wut.

»Du brichst deiner armen Mutter noch das Herz, so wie es dein Vater getan hat«, schluchzte Angy unter Tränen und verschwand in ihrem Schlafzimmer.

Mark rannte in sein Zimmer und hatte seit langem einmal wieder das Gefühl, seinen Kopf auf den Schreibtisch schlagen zu müssen. Doch der plötzliche Gedanke an seine Schatztruhe lenkte ihn davon ab. Er holte sie aus seinem Versteck im Schrank, öffnete den doppelten Boden und entnahm die Karte, um diese nochmals genauer zu inspizieren. Doch er konnte nichts Neues darauf erkennen und er dachte sich: ›Irgendwann werd ich das Rätsel lösen und einen Schatz und auch meinen Vater finden‹.

Dann legte er die Karte in den doppelten Boden zurück, um das Geheimfach wieder zu verschließen. Das ungeöffnete Kuvert von seinen Großeltern legte er oben in die Truhe zu den anderen Schätzen.

Da hatte ICH Mark gerade noch rechtzeitig das richtige Bild geschickt. Ohne diese Ablenkung hätte er sich wieder Schmerzen zugefügt, denn dieses alte Muster war noch wie eine Autobahn in seinem Gehirn vernetzt. Wenn sein Verstand doch endlich verstehen würde, warum er das immer wieder machen möchte, dann wäre es für mich leichter ihn zu unterstützen. Doch anstatt sich der Ursache seines Aufmerksamkeitsdefizits endlich bewusst zu werden, folgte Mark immer wieder schmerzlich den falsch interpretierten Erinnerungen aus seiner kleinsten Kindheit.

NEUES ZIEL, NEUES GLÜCK

Am ersten Schultag nach den Sommerferien rannten die Schüler nach dem Schulgottesdienst in ihr neues Klassenzimmer, um sich die besten Plätze zu sichern. Diesmal hatte Peter für Mark einen Platz neben sich am Fenster in der ersten Reihe freigehalten. Das war für Mark zunächst etwas ungewohnt, da er in den zwei Jahren zuvor immer einen perfekten Überblick von hinten auf seine Mitschüler und den nötigen Abstand zum Lehrerpult gehabt hatte. Diesmal wurde der Klasse ein neuer Lehrer zugeteilt. Er war schon etwas älter und hatte an den Schläfen graue Haare. Trotz seines strengen Blicks war der neue Lehrer aber auch zu Scherzen aufgelegt.

Einmal erwischte er Mark und Peter in der Pause dabei, wie sie im Kunstraum einen mit Wasser gefüllten Pinselbecher auf die Tafel stellten, um mit einem Radiergummi ihre Treffsicherheit zu trainieren. Anstatt ihnen eine Strafarbeit zu geben, baute er diese Idee in die nächste Mathematik-Unterrichtsstunde ein. Allerdings bestand der Unterschied darin, dass derjenige, der mit drei Würfen hintereinander keinen der drei mit Wasser gefüllten Becher traf, sich vor die Tafel, unterhalb des Bechers, auf einen Stuhl setzen musste. Dies ging so lange, bis ihn ein weiterer Schüler ablöste. Die Motivation, einen Becher mit den insgesamt zehn Würfen zu treffen, war bei allen sehr hoch, da keiner nass werden wollte. Als sich dann der Lehrer selbst drei Fehlversuche leistete und als nächster an der Tafel saß, wirkte es für Mark wie ein kleines Wunder, dass er von drei Würfen drei Treffer erzielte und der Lehrer so richtig nass wurde. Während sich der Lehrer mit einem Handtuch die Haare trocknete, machten sich die Schüler gemeinsam daran, das Wasser vom Boden aufzuwischen. So viel Spaß und Freude hatten sie in noch keiner Schulstunde gehabt. Der Lehrer gab den Schülern anschließend die Aufgabe, die eigene Trefferquote zu berechnen und auch die durchschnittliche Quote der Klasse zu ermitteln.

Carina meldete sich zu Wort: »Ich weiß nicht, wie das gehen soll.«

Mark antwortete etwas vorlaut: »Ich weiß das Ergebnis – es sind 33 Prozent.«

Darüber lachte jedoch die ganze Klasse. Der Lehrer zeichnete zwei lange Striche an die Tafel.

»Na, schauen wir mal. Bitte alle der Reihe nach an die Tafel kommen, den Namen links und die Trefferzahl rechts in die Tabelle eintragen.«

Mark fiel auf, dass er mit seinen sieben Treffern mit Abstand der Beste war. Danach folgten Peter und Carina mit jeweils fünf Treffern.

Der Lehrer fragte nun: »Carina, kannst du uns jetzt sagen, wie viele Becher du mit zehn Würfen getroffen hast?«

»Ich habe fünf Becher mit zehn Würfen getroffen. Ist das jetzt meine Trefferquote?«

»Ja, Carina. Prima!«, lobte der Lehrer.

»Ist ja einfach!«, staunte Carina.

Der Lehrer ergänzte: »Mark hat das in Prozent ausgedrückt.«

»Genau, das sind bei Carina 50 Prozent oder auch die Hälfte.«

»Richtig Mark. Kannst du uns auch erklären, wie du das gerechnet hast?«

»Nicht wirklich. Ich hab nur letzte Woche mitbekommen, wie meine Mutter mit meiner Schwester für eine Mathearbeit Prozentrechnen geübt hat. Ich wollte es verstehen und sie haben es mir erklärt. Ich fand das dann ganz einfach«, führte Mark aus.

»Das ist natürlich die beste Art zu lernen. Du möchtest für dich selbst etwas verstehen und nicht nur für eine Arbeit oder Prüfung. Doch für heute reicht es, wenn ihr es so versteht, wie es uns Carina gerade erklärt hat. Was ist nun die Quote der Klasse. Hat jemand eine Idee?«

»Wir können alles zusammenrechnen«, meinte Carina.

»Prima Carina! Wie viele sind wir also?«

»Mit Ihnen 27.«

»Gut, dann schreibe ich meine Treffer auch noch an die Tafel. Wie viele haben wir dann zusammen?«, fragte der Lehrer in die Klasse.

Kurz darauf platzte es aus Mark heraus: »90 Treffer und jede Menge Wasser.«

»Wie ist dann die Quote der Klasse?«, wollte der Lehrer wissen.

Carina meldete sich erneut zu Wort: »Wir haben 90 Becher mit 270 Würfen getroffen.«

»Super Carina!«

»Das sind dann doch 33 Prozent oder jeder 3. Wurf war ein Treffer, oder?«, wollte Mark sein Ergebnis bestätigt wissen.

Alle waren erstaunt, als der Lehrer zustimmte: »Mark, ich bin beeindruckt! Das können so manche Schüler der Abiturklasse noch nicht einmal im Kopf rechnen. Da scheinst du eine Begabung zu haben.«

ICH sorgte schon immer dafür, dass ICH Mark in solchen Situationen mit meinem ganzen Know-how unterstützen konnte. Die zahlreichen Träume, in Verbindung mit seinem Schatz, haben dafür gesorgt, dass der Umgang mit Zahlen für mich als sein Unterbewusstsein eine hohe Priorität bekommen hat. Dabei speichere ICH alles noch schneller abrufbar, wenn ICH den Sinn und dadurch die Relevanz für Mark erkannt habe. Und was ICH besonders gut hinbekam, war, dass das Stottern in diesem Schuljahr nicht ein einziges Mal auftauchte. ICH erinnerte Mark in stressigen Momenten an die Geschichte von den beiden Lausbuben 'Max und Moritz', die er früher von seinem Opa vorgelesen bekommen hatte. Dieses Bild vor Augen reichte aus, um Mark die Lockerheit zu geben, flüssig zu sprechen. Und da Kenny nicht in der Nähe war, musste sich sein Verstand auch keine Sorgen um die Konsequenzen solcher Lausbubengeschichten machen.

Die nächsten zwei Unterrichtsstunden vergingen wie im Flug. Sie fanden nicht wie üblich im Klassenzimmer statt, sondern in der freien Natur. Die Aufgabe bestand darin, Bäume anhand ihrer Blätter, der Rinde und Früchte zu unterscheiden und damit in Gruppen für jede Baumart eine Collage zu basteln. Hier hatte die Gruppe von Carina, Mark und Peter mit dem Thema 'Eiche' eine lobenswerte Geschichte entwickelt. Sie erzählten auf ihrer Collage, wie aus einer kleinen Eichel eine starke Eiche entsteht. Sie haben dabei an die Wichtigkeit von Sonne und Wasser erinnert und erkannt, dass es die tiefen Wurzeln sind, die der Eiche Halt geben, Wachstum ermöglichen und sie sicher vor Sturm und Gewitter schützen.

In der folgenden Zeit veränderte Angy ihre Arbeitszeiten. Um mehr Geld für sich und ihre Familie zu verdienen, begann sie zusätzlich an zwei Nachmittagen zu arbeiten. Sie kam an diesen Tagen zwar zum Kochen und zum Mittagessen nach Hause, musste allerdings pünktlich um 14 Uhr wieder im Architekturbüro sein. Mark war also an diesen Tagen allein zu Hause, da sich Penny lieber bei ihren Freundinnen aufhielt und ihr die Schule nicht mehr so wichtig erschien. Jedenfalls hatte Penny mit ihrer Mutter oft Diskussionen über ihr Verhalten und den abfallenden Noten. Für Mark war es ein komisches Gefühl alleine zu sein. Peter und Kenny wohnten zu weit weg und Carina spielte lieber mit ihren Freundinnen als mit ihm.

An einem dieser Nachmittage vertiefte er sich in das Buch 'Wickie und die starken Männer'. Er spürte dabei, wie der kleine Held Wickie seinen Vater vermisste, wenn sich dieser auf hoher See befand. Doch egal was ihm auch passierte, der kleine Wikinger-Junge hatte immer eine zündende Idee. Er benötigte dafür nur etwas Bedenkzeit, indem er ein paarmal mit den Fingern an der Nase entlang streifte und danach schnipste, sobald er wusste, wie das Problem zu lösen war.

Aus einem Impuls heraus legte Mark das Buch zur Seite. Es zog ihn wie magisch auf die Straße hinaus. Die Sonne schien, es war ein schöner Herbsttag und die Woche vor seinem neunten Geburtstag. Er lief vor sich hin und landete an einem Ort, an dem er nicht sein durfte. Da stand Mark nun, mit leicht gesenktem Kopf, vor Alecs Tankstelle.

»Was macht denn mein kleiner Superheld Mark hier?«, fragte Alec neugierig.

»Ich weiß auch nicht. Ich fühl mich so alleine zu Hause.«

»Ist denn niemand da?«

»Meine Mutter geht jetzt wegen dem Geld auch nachmittags arbeiten und Penny ist fast nur noch zum Schlafen zu Hause.«

»Du bist aber in den zwei Jahren ordentlich gewachsen!«, staunte Alec.

»Ja, Mama meint auch, ich wär groß genug, um mich allein zu beschäftigen. Sie hat nicht mal Zeit, um für mich eine Geburtstagsfeier zu machen«, jammerte Mark.

»Deine Mutter ist eine mutige und starke Frau. Sie möchte gerne alles alleine hinbekommen und unabhängig sein. Allerdings ist der Preis, den sie dafür bezahlen muss, ganz schön hoch. Mark, ist ein heißer Kakao mit Sahne immer noch dein Lieblingsgetränk?«

»Hab ich schon lange nicht mehr getrunken, aber ich würd mich freuen!«

»Also Mark, dann mal ab in die Autohalle«, schlug Alec vor.

Alec drehte das Schild an der Tankstellentür auf 'Momentan geschlossen! Bitte klingeln!'. Anschließend lief er mit Mark in die kleine Küche. Auf dem Weg durch die Halle entdeckte Mark ein paar neue Autos, aber bemerkte auch, dass einige nicht mehr da waren und fragte Alec: »Wo ist denn der Mustang?«

»Den hat vor einem Jahr ein Arzt hier aus der Stadt gekauft.«

»Warum hast du ihn hergegeben?«

»Weißt du Mark, dem Arzt hat der Mustang so gut gefallen und ich kann hier nicht alles festhalten und selbst besitzen. Der Arzt kommt ein- bis zweimal im Monat zum Tanken und da sehe ich das schöne Auto immer wieder. Übrigens ist das der Arzt, der dich damals in der Notaufnahme behandelt hat.«

»Alec, mir fehlt mein Vater. Ich möcht endlich lernen, wie ich später viel Geld haben und mir alles kaufen kann, was ich will – so wie du das machst.«

»Ach Mark, glaub mir, ich verstehe dich. Allerdings war mein Weg auch nicht immer einfach und auch deiner wird nicht einfach so zum Erfolg führen«, erklärte Alec.

»Kannst du mich zum Erfolg führen?«

Alec gab Mark die Tasse mit dem Kakao und der Sahnekrone in die Hand und dieser nahm auch gleich einen genüsslichen Schluck.

»Na, schmeckt dir das?«

»Sehr gut sogar!«

»Wenn der Kakao jetzt dein Ziel wäre, dann stellt sich die Frage, ob du das Ergebnis genauso gut alleine erreichen könntest«, erklärte Alec.

»Meinst du damit, dass ich mir den heißen Kakao auch selber machen kann?«

»Wenn es doch dein Lieblingsgetränk ist, warum musst du dann warten, bis es dir andere zubereiten? Warum kannst du es denn nicht einfach für dich selbst machen?«

»Ich warte halt immer, bis mir meine Mutter einen macht.«

»Johann Wolfgang von Goethe sagte einmal: ›Erfolg hat drei Buchstaben – TUN!‹ Nur wenn du weißt, wie du selbst bestimmen kannst, was in deiner Zukunft geschehen soll, dann kannst du es auch tun und es wird wahr«, hinterleuchtete Alec.

»Also muss ich zuerst wissen, was ich will?«

»Ja, du brauchst zuerst ein Ziel. Bist du bereit alles über Ziele zu lernen?«

»Ja, gerne!«, entgegnete Mark begeistert.

»Das wird jetzt bestimmt eine ungewohnte Aufgabe für dich. Schreib mal auf, was deine Ziele für diesen Monat, dieses Jahr, nächstes Jahr, in zwei, fünf, zehn, fünfzehn und zwanzig Jahren sind«, forderte ihn Alec auf.

»Woher soll ich das denn alles wissen?«, fragte Mark unsicher.

»Schreib einfach mal auf, wie du dir dein Leben zu diesen Zeitpunkten vorstellst!«

»Oh je«, stöhnte Mark und fing an auf einem Block zu schreiben, den ihm Alec zuvor in die Hand gedrückt hatte. Mark spürte, dass er von Alec noch viel lernen konnte. Er begann auf das Papier zu schreiben: »Meine Ziele in ...«

Alec ließ Mark die Zeit, die er benötigte und bediente währenddessen wieder seine Kunden an der Tankstelle. Da stand Mark plötzlich mit dem Block neben ihm. »Mir ist noch nicht viel eingefallen«, gab er deprimiert von sich.

»Weißt du, woran das liegt?«

»Nein!«

»Dir geht es nicht anders, wie den meisten Menschen, die ich kenne. Viele wissen ganz genau, was sie nicht in ihrem Leben haben wollen. Wenn ich sie aber frage, was sie stattdessen haben möchten, bekomme ich oft die Antwort: ›Ich weiß es nicht!‹ Doch schon Mark Twain sagte: ›Wer nicht weiß wohin er will, wird sich wundern, dass er ganz wo anders hinkommt!‹«

»Du hast recht Alec, ich werde mir mal darüber Gedanken machen, was ich in meinem Leben will.«

»Weißt du Mark, ein Mensch braucht Ziele und Visionen um glücklich und erfolgreich zu leben«, führte Alec weiter aus.

»Was Ziele sind weiß ich ja jetzt, aber was sind denn Visionen?«

»Das ist eine interessante Frage, die ich dir gerne das nächste Mal erkläre, wenn du deine Ziele aufgeschrieben hast.«

»Okay, dann komm ich in einer Woche wieder zu dir«, schlug Mark vor.

»Hast du denn nächste Woche nicht auch Geburtstag?«

»Ja, am Donnerstag, aber da gibt es sowieso keine Feier«, stellte Mark ernüchternd fest.

»Wie du meinst, Mark. Wenn das dein Ziel ist, dann wird es so sein!«

»Okay, ich glaube, ich habe dich jetzt verstanden und werde aufschreiben, wie ich mir meinen Geburtstag vorstelle.«

»Prima! Du hast es verstanden. Und noch etwas – nimm bitte für jeden Zeitpunkt ein eigenes Blatt vom Block und bring nächste Woche alles mit«, bat Alec.

»Ja, das mache ich und vielen Dank für deine Hilfe.«

»Richte deiner Mutter noch liebe Grüße aus!«

Mark nickte zwar, entschied sich jedoch dafür, erst einmal nichts von seinem kleinen Ausflug zu erzählen, weil er befürchtete, dass ihm seine Mutter das in Zukunft verbieten würde. Als Mark wieder zu Hause und noch allein in der Wohnung war, setzte er sich gleich an seinen Schreibtisch.

Er nahm ein neues Blatt vom Block und schrieb:

Mein Geburtstag:
- Ich wache morgens auf und rieche schon frisch gebackenen Streuselkuchen.
- Auf dem Esstisch brennen Kerzen. Penny und meine Mutter gratulieren mir und haben ganz viel Zeit für mich.
- Ich bekomme eine Musikanlage und ein Fahrrad. Meine Freunde Kenny, Peter und Carina kommen zu Besuch.
- Wir machen eine Schnitzeljagd durch die Stadt und danach gibt es Hähnchen mit Pommes.
- Es ist ein schöner Tag und ich habe meine Mama ganz lieb dafür.
- Abends lese ich noch in dem tollen Buch, das Kenny mir geschenkt hat.

Mark hatte ein gutes Gefühl, als er seine Geburtstagswünsche noch einmal durchlas. Doch irgendwie konnte er nicht richtig daran glauben, dass dies innerhalb einer Woche wahr werden sollte.

Anschließend machte er sich daran, auch andere Ziele zu den von Alec vorgegebenen Zeitpunkten auszuformulieren. Doch dies fiel ihm umso schwerer, desto weiter diese in der Zukunft lagen.

Am nächsten Mittwoch saß Mark wieder bei Alec in der kleinen Küche und zeigte ihm seine Ziele.

»Toll Mark, wie du deinen Geburtstag beschrieben hast. Da bin ich mal gespannt, was du mir dann vom morgigen Tag erzählst. Du hast mich letzte Woche gefragt, was Visionen sind. 'Visio' heißt auf Lateinisch 'Anblick' oder 'Erscheinung' und auf Französisch hat 'Vision' die Bedeutung von 'Traum'«, verdeutlichte Alec.

»Aber am Sonntag kam im Fernsehen, dass ein Politiker mal gesagt hat, wer Visionen hat, der sollte zum Arzt gehen und andere haben dann darüber diskutiert«, wandte Mark ein.

»Ja, das war unser Bundeskanzler Helmut Schmidt. Der hat das einmal in einem Interview von sich gegeben, als er gefragt wurde, was er von den großen Visionen seines Vorgängers Willy Brand hält. Ich denke eher, wer im Leben keine Visionen hat, muss öfter zum Arzt, als jemand, der klare Bilder von der Zukunft vor sich sieht, die er in seinem Leben erreichen möchte«, führte Alec aus.

»Ich träum immer von einem großen Schatz, den ich mal finden werde«, erzählte Mark begeistert.

»Und wenn du davon träumen kannst, dann wirst du diese Vision eines Tages auch fast wie im Schlaf erreichen! Ich glaube, dass jeder Mensch Visionen hat. Der eine sieht Televisionen, abgekürzt 'TV', also alles, was er beim 'Fern-Sehen' zu sich nimmt. Und der andere erzeugt seine Visionen selbst. Das nennen wir jetzt mal Autovisionen oder abgekürzt 'AV'. Das Wort 'auto' bedeutet im Griechischen und auch im Lateinischen 'selbst'. Du entscheidest, ob du dein Leben nach den Visionen von anderen aus der Ferne lebst. Durch

Werbung oder sonstige Manipulationen für fremde Visionen läufst du wie ferngesteuert durchs Leben. Oder aber, du lebst oder erlebst deine eigenen Visionen, Wünsche, Träume und Ziele selbst«, motivierte ihn Alec und fuhr fort.

»Das ist ja interessant. Warum fällt mir dann aber zu den anderen Zeitpunkten so wenig ein?«

»Nimm dir die notwendige Zeit – das nennt man auch Geduld«, ermutigte ihn Alec.

»Okay, dann mache ich einfach weiter!«

»Sag mir doch mal ein Ziel, das du gerne nächstes Jahr erreichen möchtest«, bat Alec.

»Ein gutes Schulzeugnis«, schoss es aus Mark heraus.

»Das ist doch mal ein guter Anfang für dein Zieleblatt«, lobte ihn Alec.

»Also Mark, jetzt sollte ich mal wieder etwas arbeiten. Wir sehen uns nächste Woche wieder. Ich freue mich schon auf dich. Ach ja und hier habe ich noch ein kleines Geburtstagsgeschenk für dich. Bitte öffne es erst morgen.«

Am folgenden Tag wachte Mark auf und konnte keinen Kuchen riechen. Auch als er sich zum Esstisch schlich, standen keine Geschenke darauf. Dort lag nur ein Zettel von seiner Mutter worauf stand:

›Lieber Mark, alles Gute zum Geburtstag!
Ich bin heute um kurz nach 12 Uhr wieder
von der Arbeit da, dann können wir
miteinander feiern!‹

Mark blieb den ganzen Vormittag im Schlafanzug vor dem Fernseher sitzen. Seine Schwester schlief noch, als Angy nach Hause kam. Sie nahm ihn zumindest liebevoll in den Arm, gratulierte ihm und gab ihm ein Geschenk. Er erkannte schon am Schütteln, dass sich darin etwas aus Lego befand.

»Weck mal deine Schwester und zieh dich an. Ich koche was Schönes für dich«, sagte seine Mutter.

Beim Anziehen sah er das kleine Geschenk von Alec und packte es sofort aus. Zum Vorschein kam ein etwas seltsames weiß-silbriges Metallteil. Darauf konnte er das Wort 'CHAMPION' entziffern und auf dem daran befestigten Zettel stand geschrieben:

›Herzlichen Glückwunsch Mark.
Lege diese Zündkerze zu Deinem Schlüssel
vom vorletzten Jahr und bringe beides an
Deinem 14. Geburtstag zu mir.‹

Auf der Rückseite entdeckte Mark eine geheimnisvolle Botschaft:

›31N C4POM1HN 8G1RN7 5N313
Z3NDÜND3N 133DN ZUM LCH3UT3N,
34GL W13 DK3NUL D3R MNO3M7 UND
W13 SR74K D3R DCRUK 4UCH 157.‹

›Was für eine Buchstaben- und Zahlensuppe! Da hab ich jetzt noch keinen Hunger drauf. Was mir damit Alec wohl sagen will?‹, rätselte Mark.

So sehr ICH mich auch bemühte, daraus konnte ICH mir keinen Reim machen.

Das Mittagessen gestaltete sich mit einer nicht ausgeschlafenen Penny und Bratwürsten mit Sauerkraut nicht so, wie er es sich für heute vorgestellt hatte. Penny machte sich anschließend im Bad fertig und verschwand für diesen Tag. Angy versuchte Mark noch mit einem Quartett-Spiel aufzuheitern. Doch als sie bemerkte, dass sie es nicht schaffte, entschuldigte sie sich: »Es tut mir leid, dass ich gerade nicht mehr Zeit für dich habe, aber ich muss doch Geld verdienen!«

»Immer dieses blöde Geld!«, meinte Mark traurig und setzte sich wieder vor den Fernseher.

Abends ging Mark sehr enttäuscht in sein Zimmer. Als er das Blatt von seinem Geburtstagsziel am Schreibtisch sah und feststellte, dass nichts, aber auch gar nichts davon in Erfüllung gegangen war, wurde er wütend. Nicht einmal einer seiner Freunde hatte sich gemeldet. Wie konnte Alec ihn nur glauben lassen, dass man einfach etwas aufschreibt, damit es dann in Erfüllung geht. Entmutigt zerknüllte er den Zettel und warf ihn in den Papierkorb neben seinem Schreibtisch.

Die restlichen Tage der Herbstferien verbrachte Mark fast nur mit Lesen und Fernsehen. An die Schule verschwendete er keine Gedanken mehr.

Fast schon routinemäßig ging Mark am Mittwoch wieder heimlich zu Alec.

»Ich glaub, ich bin zu dumm dafür. Bei mir funktioniert gar nichts. Mein Geburtstag war überhaupt nicht so, wie ich es mir aufgeschrieben hatte«, begann Mark zu erzählen.

Alec hörte sich seine Erzählungen genau an und antwortete darauf: »Hast du dir irgendeinen Geburtstag beim Schreiben vorgestellt oder wirklich deinen neunten Geburtstag?«

»Ich konnte irgendwie nicht daran glauben, dass das so schnell in Erfüllung gehen kann und hab mir wahrscheinlich nur irgendeinen Geburtstag vorgestellt«, gestand sich Mark ein.

»Mark, das verstehe ich. Doch was hast du dafür getan, um dein Ziel zu erreichen?«

»Ich hab es doch so aufgeschrieben, wie du es mir gesagt hast«, versuchte sich Mark zu rechtfertigen.

»Okay, das war zwar der erste Schritt zum Ziel. Doch was hättest du noch dafür tun können?«

Mark zuckte mit seinen Schultern.

»Dann zeig mir doch mal dein Zieleblatt vom Geburtstag«, bat Alec.

»Das hab ich noch am gleichen Abend wütend zerknüllt und in den Papierkorb geworfen«, gab Mark frustriert zu.

»Mark, genau so geht es den meisten Menschen, wenn sie ihr Ziel nicht auf Anhieb erreichen. Sie werfen es einfach weg. Du hast jetzt schon eine wichtige Lektion gelernt. Du bist wieder zu mir gekommen und willst mehr über Ziele lernen, ist das noch richtig?«

»Auf jeden Fall!«

Alec fragte nochmals nach: »Was hättest du noch für dein Ziel tun können?«

»Hmm, vielleicht meiner Mama sagen, wie wichtig mir das Feiern ist – Mama und Penny meine Geburtstagswünsche mitteilen – meine Freunde einladen, alles organisieren und schauen, wie ich das Geld für die Feier bekommen kann, um alles zu bezahlen.«

»Richtig Mark. Herzlichen Glückwunsch zu deinem neuen Lebensjahr. Du bist mit deinen neun Jahren jetzt schon ein halber Erwachsener«, stellte Alec fest.

Mark strahlte über das ganze Gesicht.

»Jetzt beginnt die Zeit, in der du mehr und mehr selbst bestimmen kannst, wie dein Leben verlaufen soll!«

»Dafür brauch ich doch auch Geld! Wie bekommst du dein Geld?«

»Um Geld zu verdienen ist es wichtig, zuerst zu dienen. Also eine Dienstleistung oder Ware anzubieten, die Menschen brauchen und auch wollen.«

»Also muss ich zuerst etwas lernen, was ich dann auch gut kann und bei dem ich Spaß hab?«, fragte Mark nach.

»Prima, in deiner Frage steckt sogar schon die Antwort. Ich verdiene mein Geld spielerisch leicht mit Spaß und Freude. Nur für die Tankstelle bräuchte ich manchmal mehr Unterstützung, da mir das Tankwartspielen nicht immer so gefällt«, führte Alec aus.

»Das kann ich doch machen. Dann bekomm ich wieder Trinkgeld«, schlug Mark vor.

»Ach Mark, da bist du noch etwas zu jung dafür. Der Gesetzgeber erlaubt Kinderarbeit nicht!«

»Ab wann darf ich denn arbeiten?«

»Da müssen wir deine Mutter fragen und im Jugendschutzgesetz nachlesen.«

»Aber du kannst mir doch beibringen, wie man Autos betankt, wartet und repariert. Das dürfen wir doch spielen, oder?«, fragte Mark grinsend.

»Du bist ganz schön gewieft für dein Alter«, lachte Alec. »Willst du jetzt immer noch deine Wünsche einfach so wegwerfen oder weiter dranbleiben?«

»Weiter dranbleiben!«, bekräftigte Mark seine Entscheidung.

»Dann hol dein Zieleblatt wieder aus dem Papierkorb und leg es an einen Ort, wo du es jederzeit findest.«

Zum Abschied bat ihn Alec erneut darum, seiner Mutter Grüße von ihm auszurichten.

Zu Hause angekommen ging Mark direkt in sein Zimmer und stand erstaunt vor einem leeren Papierkorb. Er wusste, dass seine Mutter das Altpapier immer in den Keller brachte. Daher nahm er sich den Kellerschlüssel und ging zögerlich nach unten. Der schlecht beleuchtete Raum war voller Spinnweben und es fiel ihm sichtlich schwer, sich darin zu bewegen. Spinnen fand er einfach ekelig und hielt normalerweise Abstand von ihnen. Dennoch durchsuchte er mutig alle Kartons, auch wenn es ihn jedes Mal gruselte, in einem weiteren Karton zu wühlen. Nach einiger Zeit gab er resigniert auf, denn er konnte sein Blatt nirgendwo mehr finden.

In seinem Zimmer versuchte er sich so gut wie möglich an das Zieleblatt zu erinnern, um es neu aufzuschreiben – diesmal allerdings mit der Überschrift: »Mein 10. Geburtstag.« Danach wollte er es wie alles, was ihm wichtig und wertvoll erschien, in seine Schatztruhe legen.

Das neue Zieleblatt war jedoch von so besonderer Bedeutung für ihn, dass er es zusammengefaltet im doppelten Boden der Truhe zu der Schatzkarte verstaute.

Eine Woche später erledigte Mark gleich nach dem Mittagessen seine Hausaufgaben, noch bevor seine Mutter wieder zur Arbeit musste. Danach machte er sich daran, Alecs Aufgaben vom letzten Mal zu erledigen. Er fand jedoch nicht viel über seine Ziele und Wünsche heraus.

Anschließend machte er sich auf den Weg zu ihm. Dort angekommen begrüßte ihn Alec herzlich: »Schön, dass du da bist Mark. Hat sich deine Mutter über den Gruß von mir gefreut?«

»Ich hab es ihr noch gar nicht sagen können, dass ich bei dir war.«

»Warum denn nicht?«, hakte Alec nach.

»Ich hatte Angst, dass ich dann nicht mehr zu dir darf!«

»Ja Mark, das verstehe ich. Gleichzeitig ist es aber wichtig, dass wir deine Mutter darüber informieren«, ermahnte ihn Alec. »Doch jetzt zeig mir mal, was du dir die ganze Woche für Gedanken über deine Zukunft gemacht hast«, forderte ihn Alec auf.

Mark fing an zu erzählen: »Da gibt es leider noch nicht so viel. Ich hab mir für die Schule aufgeschrieben, dass ich bessere Noten schreib, ein gutes Zeugnis bekomm und in zwei Jahren auf dem Gymnasium bin. In fünf Jahren hab ich meine erste Freundin. In 10 Jahren hab ich ein gutes Abitur in der Tasche und lern einen Beruf mit viel Geld. Und mit Kenny fahr ich mit einem tollen Auto ans Meer. In 20 Jahren hab ich meine eigene Familie und ganz viel Zeit für meine Kinder.«

»Mark, das ist doch schon recht viel. Toll, dass du dir so viele Gedanken gemacht hast. Vielleicht findest du auch noch etwas, was du in 15 Jahren erreichen willst. Möchtest du jetzt eine weitere Möglichkeit kennenlernen, wie du deine Ziele auch erreichen kannst?«

»Na klar!«

»Okay, dann werde ich dir jetzt den ersten Schritt davon beibringen. Die Formulierung deines Ziels ist sehr wichtig. Die meisten Menschen setzen sich die Ziele falsch. Sie wissen zwar, was sie nicht wollen, sind aber nicht bereit, zu formulieren, was sie stattdessen möchten«, erklärte Alec.

»Das hast du mir ja schon mal erzählt«, stellte Mark fest.

»So, habe ich das? Na ja, Wiederholung bringt Verstärkung«, schmunzelte Alec. »Wenn du dir das Ziel von einem guten Zeugnis vornimmst, dann kannst du natürlich einfach nur sagen: ›Ich möchte ein besseres Zeugnis haben oder ich will ... oder ich werde ...‹ Das alles erzeugt allerdings kein richtiges Bild in dir. Denn du hast das gute Zeugnis ja noch nicht und fühlst dich unterbewusst im Mangel. Doch gerade die inneren Bilder sind das Wichtigste überhaupt. Wie könntest du das Ziel anders beschreiben, so dass es für dich bildhaft wird?«, versuchte Alec ihn einzubeziehen.

»Vielleicht, wenn ich sage: ›Ich habe ein gutes Zeugnis in der Hand.‹ Dann kann ich es mir besser vorstellen?«

»Genau! Und dein Unterbewusstsein – dein mentaler Mann in deinem Kopf – kann dir ein passendes Bild davon erzeugen. Mark, das ist eins der Geheimnisse, warum manche Menschen glücklicher und erfolgreicher sind als andere. Du siehst es in allen Lebensbereichen, ob im Beruf, im Sport oder in der Freizeit. Ja sogar der Kontostand richtet sich nach mentalen Verhaltensmustern des Unterbewusstseins«, erläuterte Alec.

»Wow, der Mann im Kopf ist ja ein echter Superheld!«, stellte Mark mit strahlenden Augen fest.

»Ja, auf jeden Fall. Allerdings gibt es noch ein kleines Problem. Bei dieser Formulierung sieht es so aus, als ob du dir selbst etwas vorlügst. Vertraue mir einfach. Ich werde dir zu einem späteren Zeitpunkt zeigen, wie du es besser machen kannst, damit wir auch immer ehrlich zu uns selbst sind.«

»Genau. Mein Opa sagt auch immer: ›Ehrlich währt am längsten‹«, ergänzte Mark.

»Am besten schreibst du dir einen kleinen Spickzettel, den du jederzeit benutzen darfst. Schreib darauf 'MEIN ZIEL'. Und darunter als erstes das Wort 'WAS?'. Du beginnst dein Ziel immer mit den Worten 'Ich habe ...' oder 'Ich bin ...'. Danach schreibst du positiv weiter. Das heißt, die negativen Worte wie 'nicht', 'nie', 'keine', 'ohne' usw. dürfen darin keinesfalls vorkommen!«

»Warum denn nicht?«, bohrte Mark weiter.

»Das ist ganz einfach. Mach mal deine Augen zu und stell dir einen Elefanten vor – einen indischen Elefanten. Die sind etwas kleiner. Und stell dir nun vor, dass dieser Elefant sehr bunt angemalt und mit Blumen geschmückt ist. Drum herum tanzen viele Menschen. Kannst du dir das vorstellen?«

»Ja, ich seh den Elefanten«, schilderte Mark fasziniert.

»Und jetzt stell dir genau diesen Elefanten einmal nicht vor«, forderte ihn Alec erneut auf.

»Das geht ja gar nicht. Ich seh den immer noch. Das ist echt komisch«, wunderte sich Mark und öffnete seine Augen.

»Also hast du jetzt gelernt, dass dein Unterbewusstsein in Bildern denkt und das Wort 'NICHT' nicht denken kann. Alles was du jetzt aufschreibst, denkst und sprichst, erzeugt mehr oder weniger einprägsame Bilder in deinem Kopf. Und das Unterbewusstsein, das heißt dein mentaler Mann im Kopf, wird alles versuchen, um aus diesem Bild Realität werden zu lassen. Also überlege dir gut, wie du deine Ziele formulierst. Du hast jetzt wieder eine Woche Zeit, dir für jedes deiner Ziele ein extra Blatt zu machen und das 'WAS?' genau zu formulieren. Hast du das verstanden?«

»Ja, das hab ich«, bestätigte Mark.

»Und wenn deine Mutter einverstanden ist und du es willst, dann kannst du auch direkt nach der Schule zu mir kommen, hier etwas essen und deine Hausaufgaben machen«, bot Alec ihm an.

»Das hört sich klasse an. Ich hoff nur, dass meine Mutter mir das auch erlaubt!«

ICH freute mich, dass ICH endlich mehr Beachtung von Mark bekam und er sich auf die Suche nach mir machte. Vielleicht schaffe ICH es ja wieder, die Nummer eins in seinem Leben zu werden und nicht immer dieser überhebliche Verstand.

Mark freute sich schon die ganze Woche auf Alec. Er hatte sich jedoch nicht getraut, seiner Mutter von den Besuchen bei ihm zu erzählen und sie um Erlaubnis zu bitten.

Als er bei Alec ankam, fing er direkt an zu reden: »Alec, ich bin schon richtig gespannt, was ich heute alles lernen kann. Allerdings hatte ich immer noch Angst mit meiner Mutter über die Besuche bei dir zu reden. Können wir trotzdem weitermachen? Bitte! Denn es tut mir richtig gut und ich hab auch schon die ersten guten Noten geschrieben«, flehte Mark.

»Super Mark, das freut mich. Und das mit deiner Mutter bekommen wir auch noch hin. Zeig mir mal deine Blätter. Hast du überall auf die Frage 'WAS?' etwas gefunden?«

Mark präsentierte voller stolz sein Ergebnis. Tatsächlich hatte er für jedes seiner Ziele ein eigenes Blatt begonnen.

»Dann lass uns mal das Zieleblatt für die guten Noten anschauen«, forderte Alec.

Mark zog aus seinem Stapel das passende Blatt heraus.

»Wie hast du das Ziel beschrieben?«

»Ich habe ein gutes Zeugnis in der 3. Klasse«, las Mark vor.

»Das hört sich schon mal gut an«, motivierte ihn Alec, hakte jedoch nach: »Wie viele Zeugnisse bekommst du denn in der 3. Klasse?«

»Zwei – ein Halbjahreszeugnis und eins am Schuljahresende.«

»Wie kannst du also dein Ziel noch genauer beschreiben? Und gibt es bestimmte Noten, die du haben möchtest?«

»Ja, im Durchschnitt mindestens 2,0«, wünschte sich Mark.

»Da hast du dir aber Großes vorgenommen. Bisher warst du zwischen drei und vier oder?«

»Ja, das stimmt«, gab Mark zu.

»Also dann formuliere den Satz noch mal komplett«, bat ihn Alec.

Also schrieb Mark auf sein Blatt: ›Ich habe in der 3. Klasse in beiden Zeugnissen einen Notendurchschnitt von mindestens 2,0.‹

»Das klingt jetzt schon viel besser. Zusätzlich möchte ich dir heute den nächsten Schritt auf dem Weg zu deinem Ziel beibringen. Notiere auf deinen Spickzettel nun als zweites darunter 'WILL?'. Dahinter schreibst du 'Freiwilligkeit'. Siehst du, dass sich darin das Wort 'WILL' versteckt?«

Mark nickte wissbegierig.

Alec erklärte weiter: »Mit dieser Frage kannst du dir beantworten, ob du das Ziel selbst willst oder ob du es nur machst, weil andere es von dir fordern oder erwarten. Etwas machen wollen, statt sollen ist das Geheimnis der Begeisterung! Glaube mir Mark, immer, wenn du das Ziel für dich selbst erreichen möchtest, dann wirst du es viel schneller und besser erreichen, da der Mann in deinem Kopf viel motivierter ist, dich dabei zu unterstützen.

Wenn du später mal heiraten möchtest und dich der Standesbeamte fragt, dann antwortest du mit den Worten: ›Ja, ich will!‹ Genau mit diesem 'WILL' entscheidest du dich für dein Ziel. Du verheiratest dich quasi mit ihm. Stell dir das so vor wie eine Briefmarke, die du auf eine Postkarte klebst. Die bleibt so lange dran, bis sie ihr Ziel erreicht hat.«

»Oh ja, das ist ja fast so wie die Karte, die uns Carina aus Italien geschickt hat. Die kam erst nach drei Monaten bei uns an!«

»Ich glaube, für heute hast du genug gelernt. Bis nächste Woche machst du dir bitte Gedanken, welche von deinen aufgeschriebenen Zielen du wirklich selbst willst. Oder, ob es davon Ziele gibt, die du nur notiert hast, um anderen zu gefallen. Wenn du dir zu hundert Prozent sicher bist, dass du das Ziel für dich willst, dann schreibe hinter dem 'WILL?' dazu: 'Ja ich will!'«, beendete Alec seine Ausführungen.

In dieser Nacht schickte ICH Mark erneut einen passenden Traum:

›Afram saß auf einem Felsvorsprung im Gebirge. Er spürte, wie der Wind über sein Gesicht wehte und die Sonne ihn wärmte. Er hatte seine Augen geschlossen und träumte davon, nach so vielen Jahren endlich wieder eine liebevolle Umarmung von seiner Mutter zu spüren. Doch es schien aussichtslos, da er nach dem schrecklichen Sandsturm von der Karawane und seinem Vater getrennt wurde. Völlig erschöpft und durstig hatten ihn fremde Reiter in der Wüste vor dem sicheren Tod gerettet und gesund gepflegt. Von da an lebte er in einem weit

entfernten Land bei der Familie des Anführers eines mutigen und stolzen Nomadenstammes. Ihm fehlte es an nichts und dennoch spürte er die tiefe Sehnsucht, seine echte Familie wieder finden zu wollen. Er öffnete seine Augen und sah die unendliche Weite der Landschaft vor sich. Ein Adler zog über ihm majestätisch seine Kreise. Afram schaute zu ihm hoch und konnte die Freiheit des Adlers fühlen. In diesem Moment schwor er sich, dass er seine Eltern in diesem Leben wiederfinden würde, egal wie schwer der Weg auch sein möge.‹

ICH offenbarte Mark nun das dritte Geheimnis für ein selbstbestimmtes Leben:

> **›Wenn Du in diesem Leben Deinem Traum nicht folgst, dann wird er mit Dir sterben!‹**

Beim nächsten Treffen saßen Mark und Alec zusammen im Tankwarthäuschen. Es hatte bereits geschneit und dieser Raum war im Vergleich zur ausgekühlten Autohalle wohlig warm eingeheizt. Während sich Mark mit einer heißen Tasse Kakao auch von innen wärmte, war Alec damit beschäftigt seine Kunden zu bedienen.

»Na Mark, hast du ein paar Entscheidungen getroffen, welche Ziele du wirklich für dich willst?«, eröffnete Alec das Gespräch, als dieser endlich Zeit hatte.

»Ja, und ich weiß jetzt auch, dass ich später keinen Beruf mit Verbrechern und Dieben machen möchte, sondern einen mit ganz viel Geld. Ich glaub Bank ist besser als Polizei!«

»Glückwunsch zu deiner Entscheidung«, lobte ihn Alec und ergänzte: »Dann werde ich dir für dieses Ziel heute den nächsten Schritt verraten. Hast du deinen Spickzettel dabei?«

»Na klar, hier in meinem Ordner«, bestätigte Mark und zog diesen aus seinem Rucksack.

»Oh schön, du hast alles geordnet. Das zeigt mir, dass du wirklich Großes erreichen willst. Schreib als Nächstes auf deinen Spickzettel unter den letzten Eintrag 'ICH?'. Das 'ICH' steht für deine Persönlichkeit. Und auch in diesem Wort ist das 'ICH' zu finden. Die Persönlichkeit zeigt sich anderen Menschen durch unser Verhalten. Stell dir bei diesem Schritt die Frage: ›Habe ich die Persönlichkeit, also alle Fähigkeiten entfaltet, um mein Ziel zu erreichen?‹ Welche Dinge braucht denn ein guter Bankberater?«

»Er muss gut rechnen können – und gut sprechen, lesen und schreiben«, vermutete Mark.

»Genau und wo lernst du das?«, bohrte Alec weiter nach.

»In der Schule in Mathe und Deutsch.«

»Richtig! Die Anwendung der deutschen Sprache ist tatsächlich eine große Kunst, die du in der Schule leider nicht ausführlich genug lernst. Das Geheimnis der Rhetorik stammt von den alten Griechen und ihre Redekunst spielte eine große Rolle in der Meinungsbildung. Wenn du in deinem Leben bestimmte Dinge erreichen willst, dann mache dich mit der Rhetorik vertraut, damit du sie auch richtig zur Sprache bringen kannst. Mir ist bei dir aufgefallen, dass du bei manchen

Worten einen Vokal am Ende weglässt. In der Umgangssprache ist das nicht weiter schlimm. Allerdings kannst du damit anfangen, diese bestimmten Worte, wie 'habe' und 'glaube', komplett auszusprechen und nichts zu verschlucken. Dazu ist es hilfreich, einfach etwas langsamer, bewusster und dadurch deutlicher zu sprechen. Damit steigt automatisch die Wirkung deiner Worte auf andere. Zuerst wirkt es etwas holprig oder du kommst ins Stocken, aber nach ein paar Tagen Übung läuft es dann automatisch richtig, ohne dass du darüber nachdenken musst. Mehr zum Geheimnis der Rhetorik kann ich dir gerne ein anderes Mal beibringen.«

»Das ist ja interessant, was man von den alten Griechen so alles lernen kann.«

»Kommen wir zurück zur eigentlichen Frage. Was braucht ein Bankberater noch?«

»Er muss gut mit Geld umgehen können und sich gut mit Menschen auskennen, damit er sie auch gut beraten kann.«

»Prima! Und wie lernst du das?«

»Ich hoffe von dir!«, erwiderte Mark.

»Gerne, ich kann dir beibringen, was ich weiß. Dazu ist es wichtig, dass du Menschen magst. Manchmal gibt es Ziele, für die du weitere Menschen in deinem Boot brauchst. Dann kannst du dir bei diesem dritten Schritt zusätzlich die Frage stellen: ›Kann ich es alleine erreichen oder brauche ich sonst noch jemanden für mein Ziel?‹«, erklärte Alec.

»Ich brauch – äh ich meine brauche dafür noch eine Bank, bei der ich den Beruf lernen kann«, stellte Mark fest.

»Genauso kannst du dir jetzt für alle deine Ziele Gedanken machen und diese auf den jeweiligen Blättern ergänzen. Schaffst du das bis zu unserem nächsten Treffen?«, wollte sich Alec vergewissern.

»Na klar, das bekomme ich hin!«, betonte Mark das letzte 'e' ganz bewusst.

Ab und zu kamen Kunden zum Tanken vorbei und Alec unterbrach dann das Gespräch, um diese zu bedienen.

Alec sah heute nicht ganz so glücklich wie sonst aus und Mark fragte ihn, ob er Kummer habe.

»Ach weißt du Mark, jetzt kommt bald die Weihnachtszeit und es geht mir dabei ähnlich wie dir. So wie dir dein Vater fehlt, so fehlt auch mir jemand, der mit mir Weihnachten feiert. Du weißt, ich habe keine Frau und Kinder. Meine Eltern sind leider in England und sie sind auch schon zu alt für eine Reise hierher. Wegen der Tankstelle kann ich auch nicht einfach mal eine Woche weg. Denn ich hab leider noch niemand Zuverlässigen gefunden, der mich hier vertreten könnte und der auch ehrlich ist«, beschrieb Alec etwas wehmütig seine Lebensumstände.

»Wenn ich etwas älter wäre, dann würde ich dir sofort helfen. Aber das geht ja noch nicht. Es macht bestimmt Spaß und ich hätte jede Menge Trinkgeld«, versuchte Mark ihn aufzuheitern.

»Mark, du bist ein toller Junge. Dein Vater kann stolz auf dich sein. Du bist sogar ein richtiger Adler!«

»Ein Adler? Das hat der Mann aus Dubai damals auch zu mir gesagt und erst neulich habe ich von einem Adler geträumt. Was hat denn der Adler mit mir zu tun?«, stutzte Mark.

»Nach einer indischen Schöpfungsgeschichte erschuf Gott als erstes Lebewesen die Muschel. Diese lag am Meeresgrund und ernährte sich von Plankton, indem sie sich einfach öffnen und schließen musste. Sie hatte ein sehr eintöniges Leben – tagein, tagaus, Klappe auf und Klappe zu. Als nächstes Lebewesen erschuf Gott den Adler. Er gab ihm die Freiheit mit seinen Flügeln über Berge, Seen und Täler zu fliegen und mit dem Wind zu segeln. Er war der König der Lüfte. Allerdings hatte er auch einen Preis für seine Freiheit zu bezahlen. Er musste seine Nahrung jagen und sich viel mehr anstrengen, damit er selbstbestimmt leben und für seinen Nachwuchs sorgen konnte. Als Nächstes erschuf dieser Gott den Menschen. Er zeigte ihnen die Muschel mit ihrem eintönigen Leben und anschließend den Adler, der seine Freiheit in den Lüften oft hart erkämpfen musste. Dann sollten die Menschen auswählen, welches der beiden Leben sie führen wollten. Viele konnten sich tatsächlich nicht entscheiden, da sie nicht wie die Muschel, aber auch nicht wie der Adler leben wollten. Die meisten entschieden sich dafür, so zu leben wie ein ganz anderes Tier.«

Alec unterbrach die Geschichte, da ein Mann mit seinem Auto bereits an einer Zapfsäule wartete, um von

Alec bedient zu werden. Er ließ Mark auf seinen Blättern weiterschreiben und betankte das Auto. Währenddessen öffnete sich das Fenster der Beifahrertür und eine Frau sprach zu ihm: »Hallo Alec, wir brauchen eine Quittung. Kennst du mich noch?«

»Hallo Angy, na klar kenne ich dich noch. Es laufen mir nicht jeden Tag Menschen vor's Auto. Komm doch kurz mit in den Tankwartraum. Da kann ich dir die Quittung ausstellen und eine Überraschung wartet dort auch noch auf dich«, deutete Alec geheimnisvoll an.

Angy folgte Alec in den Tankwartraum und traute ihren Augen nicht: »Was machst du hier? Warum bist du nicht zu Hause? Alec, was soll das?«

Mark saß sprachlos da und wurde kreidebleich.

Alec ergriff das Wort: »Angy, beruhig dich erst mal. Mark kam zu mir, weil er sich zu Hause so einsam fühlte. Ich habe ihm ein paar Dinge beigebracht.«

Angy brüllte mit hochrotem Kopf: »Und das ohne meine Erlaubnis? Mark, pack sofort deine Sachen zusammen und komm mit. Und du Alec lässt meinen Sohn in Ruhe, sonst hetz ich dir die Polizei auf den Hals.«

»Hier ist deine Quittung. Aber warum regst du dich so auf?«

»Das geht dich gar nichts an. Ich kann mich aufregen, wann und wo ich will!« Dabei schnappte sie Mark am Ärmel und zog ihn mit nach draußen.

Mark drehte sich dabei noch einmal zu Alec um. Er hatte Tränen in den Augen und auch Alec schaute Mark traurig nach. Es hatte auch ihm gutgetan, dem Jungen etwas beibringen zu können. Angy drückte Mark wütend auf den Rücksitz von Helmuts Auto und setzte sich wieder auf den Beifahrersitz. Ihr Chef musterte sie dabei schweigend.

»Mark, was fällt dir ein, dich einfach aus dem Haus zu schleichen, ohne mir Bescheid zu geben! Ich schufte mich ab, damit wir so einigermaßen über die Runden kommen und du meinst, du kannst hier machen, was du willst! Freundchen, damit ist jetzt aber Schluss! Ich werde andere Saiten bei dir aufziehen«, drohte Angy.

Als weder Mark noch Helmut irgendetwas von sich gaben, fuhr Angy in ihrer Wut fort: »Helmut, ich habe doch recht. Das geht doch nicht, dass ein neunjähriges Kind alleine irgendwo in der Weltgeschichte herum streunt, ohne dass ich weiß, wo es sich aufhält. Und schon gar nicht bei einem, vor dem mich die Polizei wegen seiner dubiosen Geschäftspraktiken gewarnt hat. Mark, wenn du so weiter machst, bringst du mich noch in die Irrenanstalt!«

»Angy, ich fahre euch erst einmal nach Hause. Du machst für heute Feierabend und den Termin bei unserem Kunden bekomme ich auch alleine hin. Dann besprecht ihr beide das nochmal in Ruhe. Ich glaube, dass Mark dir bestimmt auch erklären möchte, warum er das gemacht hat«, schlug Helmut vor.

»Danke Helmut, dass du mich wenigstens verstehst. Ich hatte Mark verboten, zu diesem Autobastler zu gehen und daran hat er sich auch zu halten – ohne Wenn und Aber!«, schüchterte Angy Mark ein. Sie schien nicht mehr weit von einem Nervenzusammenbruch entfernt zu sein.

Zu Hause angekommen gab Angy Mark keine Gelegenheit mehr, sein Verhalten zu erklären. Stattdessen bekam er bis auf weiteres einen Dauerhausarrest, für die Tage, an denen sie am Nachmittag bei der Arbeit sein würde. Auch ein striktes Verbot, mit Alec in irgendeiner Form Kontakt aufzunehmen, sprach sie unmissverständlich aus. Mark setzte das ziemlich zu, denn einerseits wäre er sehr gerne weiterhin zu Alec gegangen, andererseits wollte er nicht, dass seine Mutter wegen ihm so außer sich war.

Angepasst hielt sich Mark an das Verbot und fing an, sich immer öfter in sein Zimmer zurückzuziehen. Dort hatte er ja alles, was er brauchte – die Helden-Comic-Hefte, Bücher und auch seine Ruhe. Allerdings erzählte er seiner Mutter auch nicht mehr, was ihn bedrückte oder welche Wünsche und Bedürfnisse er hatte.

In der Schule geschah allerdings ein kleines Wunder. Mark machte es Spaß und Freude dort zu sein und seine Noten verbesserten sich dabei kontinuierlich. Angy führte es darauf zurück, dass sie seit Ende der 1. Klasse konsequenter war und einfach mit strenger Hand durchgriff. Doch Mark wusste für sich, dass ihm durch die Gespräche mit Alec klar geworden war, was er wirklich wollte. Er hatte nun den Sinn der Schule für sich erkannt, um seine Ziele schneller und sicherer zu erreichen. Auch sein Klassenlehrer schaffte es bei Mark die Motivation zu steigern.

Als Mark am Schuljahresende ein gutes Zeugnis nach Hause brachte, konnte er sich über ein Lob und das

Zeugnisgeld von seiner Mutter nicht wirklich freuen. Jetzt begann wieder die langweilige Ferienzeit. Für einen Urlaub hatten sie sowieso kein Geld. Carina machte dieses Jahr mit ihrer Familie eine Busreise nach England. Peter ging mit seinen Eltern zelten und Kenny war diesmal im Urlaub in Kanada. Ein Besuch bei Alec war nach wie vor verboten und seine Mutter konnte sich mit seinen Großeltern immer noch nicht vertragen. So verbrachte Mark die meiste Zeit betrübt auf dem Sofa vor dem Fernseher oder mit Lesen in seinem Bett. Mark zählte für sich schon die Tage, bis endlich das neue Schuljahr beginnen würde.

Die ersten Schulwochen der 4. Klasse vergingen für Mark wie im Flug. Er hatte ja wieder Peter und Carina um sich und auch Kenny hatte ihm schon ausführlich von seinen Erlebnissen in Kanada erzählt.

Das Lernen war für Mark in diesem Schuljahr fast schon Nebensache und er freute sich bereits auf seinen baldigen Geburtstag.

Nach einem ereignisreichen Geburtstag hatten sich bereits alle Gäste außer Kenny verabschiedet. Die beiden zogen sich in Marks Zimmer zurück und quasselten noch angeregt über seinen heutigen 10. Geburtstag. Kenny war natürlich wieder an der Schatztruhe mit der geheimnisvollen Schatzkarte interessiert und fragte Mark, ob er denn schon etwas Neues herausgefunden habe.

»Nein, leider nicht. Wir können sie ja jetzt nochmal anschauen«, schlug Mark vor.

Also holte er die Truhe aus seinem Schrank und streckte sie Kenny hin, damit er den seitlichen Mechanismus auslösen konnte. Doch als Erstes fiel ein säuberlich gefaltetes Blatt Papier aus der Truhe.

Kenny hob es auf, um es zu öffnen und begann neugierig zu lesen. »Magic – Mark, was ist das?«, fragte Kenny erstaunt.

Mark legte die Truhe auf das Bett und sah selbst nach, weil er sich nicht mehr daran erinnern konnte. »Ach ja, das ist ein Zieleblatt, das ich mal aufgeschrieben habe.«

»Ja, aber lies mal! Das ist doch genau das, was wir heute alles gemacht haben. Auch die Geschenke – ein neues Fahrrad, die Musikanlage und das Buch von mir.«

Mark war für einen Moment sprachlos und Kenny schaute ihn verwirrt an.

»Ich habe letztes Jahr bei Alec gelernt, wie man sich Ziele setzt. In der Schule hat es schon funktioniert, aber dass es heute genauso in Erfüllung ging, hätte ich niemals gedacht!«

»Ist Alec so was wie 'Miraculix' bei 'Asterix' oder wie 'Merlin der Zauberer'?«

»Eher wie 'Merlin'. Ich glaube, Alec kommt auch aus England.«

»Kann ich das auch lernen?«, wollte Kenny fasziniert wissen.

»Bestimmt. Ich kann dir erzählen, wie das geht«, erklärte sich Mark bereit.

»Ja, ein paar bessere Noten könnte ich auch gebrauchen, sonst schaffe ich es nicht aufs Gymnasium! Und wenn das bei mir nicht funktioniert, gehen wir dann gemeinsam zu Alec?«

»Das ist leider ein Problem. Ich bin die letzten Male heimlich hingegangen und dann hat mich meine Mutter erwischt. Sie hat mir angedroht, dass wenn ich ein weiteres Mal dort hingehe, hetzt sie die Polizei auf Alec. Dann kommt wieder dieser Dimpfelmoser und der ganze Stress geht von vorne los. Dann bekommt Alec richtig Ärger und er will mich bestimmt nie wieder sehen«, erklärte Mark.

Erneut widmeten sich die beiden jetzt der Schatzkarte. Mark holte sie aus dem Geheimfach und breitete diese auf seinem Bett aus.

»Das muss oben sein«, meinte Kenny und sie drehten die Karte in die richtige Position.

»Die Insel sieht ja aus, wie der Kopf einer Ziege oder eines Pferdes«, stellte Kenny fest.

»Mit viel Fantasie sehe ich das auch«, antwortete Mark und dachte dabei an die Wolken, die er schon so oft, im Gras liegend, beobachtet hatte.

»Der dunkle Streifen hier auf der linken Seite, das könnten Berge sein.«

Tatsächlich zog sich von der Stirn bis zur Schnauze hinunter ein dunklerer Bereich mit einem aufgemalten Kreuz in der oberen Hälfte. Ein weiteres Kreuz war rechts unten eingezeichnet.

»Die zwei Kreuze könnten ein Hinweis auf einen Schatz sein«, vermutete Kenny.

»Dann wären es ja gleich zwei Schätze!«

ICH schickte Mark die Erinnerung an einen Traum, den er schon einmal von der Insel hatte. Doch sein Verstand unterdrückte diesen. Vielleicht wollte er ja verhindern, dass Kenny sich über Mark lustig machen würde. Aber warum sollte ICH mir den Kopf darüber zerbrechen. Es ist ja nicht meine Aufgabe, wenn Mark das nicht sehen will.

»Was die ganzen Zahlen und Pfeile bedeuten sollen, das versteh ich nicht«, gab Kenny zu.

»Ich auch nicht! Aber wir sind doch jetzt schon ein ganzes Stück weiter gekommen.«

»Und irgendwann lösen wir das Rätsel der geheimnisvollen Karte. Vielleicht solltest du dir das mal auf ein Zieleblatt schreiben«, schlug Kenny vor.

»Das ist eine gute Idee. Am besten machen wir das jetzt gleich und ich erkläre dir dabei alles über das Geheimnis der Zielsetzung, was ich schon gelernt habe.«

»Das ist ja super«, freute sich Kenny und beide füllten eifrig das Zieleblatt aus.

Mark und Kenny verstauten anschließend die Schatzkarte erneut in der Truhe und legten das Zieleblatt mit dazu.

Als Tony Kenny abgeholt hatte, wollte Angy von Mark wissen, ob er sich diesen Tag so vorgestellt habe und ob er glücklich sei. Mark sagte freudestrahlend: »Genau so habe ich ihn mir gewünscht! Danke Mama, dass Du mir heute einen so schönen Geburtstag bereitet hast.«

»Habe ich doch gern gemacht für meinen großen Schatz«, antwortete Angy mit einem Lächeln im Gesicht.

Danach zog sich Mark in sein Zimmer zurück. Er wollte das Buch, das Kenny ihm geschenkt hatte, noch genauer anschauen. Dieser hatte es von einem Freund aus Kanada geschickt bekommen. Es handelte sich um ein Weltraumabenteuer mit dem Titel 'Star Wars: From the Adventures of Luke Skywalker', geschrieben von einem George Lucas. Leider war das Buch komplett auf Englisch, doch es hatte dafür ein paar interessante Bilder, die Mark voller Begeisterung studierte. Er dachte sich dabei: ›Schon bald werde ich im Gymnasium Englisch lernen und verstehen, um was es in diesem Buch genauer geht.‹

In letzter Zeit war ICH oft mit Marks Zielen beschäftigt. Das machte mir neue Hoffnung, weil er mich irgendwann bestimmt wieder entdecken würde. Er hatte mich immer mehr aus den Augen verloren, seit dem sich sein Verstand in der Schule weiter aufgebläht hatte. Wenn er es allerdings nicht zu mir schaffen sollte, dann gebe ICH mich dem Bewusstsein geschlagen und mache einfach Dienst nach Vorschrift. Dann muss ICH mir keine Gedanken mehr darüber machen, ob die Bilder der Erinnerungen für Mark gut oder schlecht sind. ICH schicke einfach im Automatik-Modus Bilder in sein Bewusstsein und der Verstand soll schauen, wie er damit fertig wird.

EIN HELLER STERN MACHT HOFFNUNG

Mark wartete schon gespannt auf Kennys Geburtstagsfeier. Kenny sagte nur, dass sein Vater ihn um 14 Uhr abholen werde. Der Rest sollte eine Überraschung sein. Ein ungewöhnliches Abenteuer wartete an diesem Tag auf Kennys Geburtstagsgäste.

Als Mark ein Auto hupen hörte, sprintete er aus dem Haus in freudiger Erwartung und voller Neugier, Kenny wieder zu sehen. Doch im Auto saß nur Tony und sagte: »Hi Mark, anschnallen und los geht's.« Kurz danach stoppten sie bei Carinas Elternhaus und auch Carina eilte zu ihnen ins Auto. Keiner der beiden schien eine Ahnung zu haben, wo es hingehen sollte. Wenig später stoppte Tonys Auto vor einem großen alten Gebäude in der Nähe des Bahnhofs. Am Eingang warteten bereits Kenny, Peter und ein Junge, den Mark und Carina noch nicht kannten. Sie sprangen aus dem Auto und gratulierten Kenny überschwänglich. Der fremde Junge hielt erst einmal Abstand und beobachtete Kennys Freunde. Er war mindestens einen Kopf größer als Kenny und hatte mit seinen Augen alles fest im Blick.

»Das ist Harald, ein Freund, den ich aus Kanada kenne und der gerade mit seiner Familie bei uns zu Besuch ist«, stellte Kenny seinen Freund vor.

»Meine Freunde nennen mich Harry«, sagte Harald und streckte dabei Mark seine Hand entgegen.

»Und ich bin Mark. Du sprichst aber gut Deutsch!«

»Danke! Zu Hause sprechen wir auch nur Deutsch miteinander und in ein paar Monaten kommen wir ganz nach Deutschland zurück«, entgegnete Harry.

Als sich Harry und Carina bekannt gemacht hatten, kam Tony schon mit einem Stapel Kinokarten in der Hand auf die Kinder zu und verkündete: »Jetzt geht es in den Film 'Star Wars' oder wie er hier in Deutschland heißt 'Krieg der Sterne'. Kenny hat sich zum Geburtstag gewünscht, den Film mit euch anzuschauen.«

»Aha, Kenny, jetzt weiß ich auch, warum du mir das Buch zum letzten Geburtstag geschenkt hast. Der Film ist bestimmt der Hammer!«, stellte Mark begeistert fest.

»Genau, und das Buch hat mir übrigens Harry davor aus Kanada zugeschickt.«

Alle freuten sich, denn Peter und Carina hatten auch schon von dem Weltraumabenteuer in der 'Bravo' gelesen.

»Wer jetzt noch Chips, Popcorn und etwas zu trinken möchte – mir nach«, forderte Tony die Kinder auf.

Und so gingen alle ins Innere des Kinos. Als sie mit vollen Händen den Kinosaal betraten, ging auch schon die Werbung los. Nach einem lustigen Spot für Eiscreme öffnete sich noch einmal die Tür. Eine Frau betrat den Saal mit einem Korb und verkaufte das Eis auf Zuruf der

Kinobesucher. Alle schauten Kenny fragend an, der wiederum seinen Vater anlächelte.

»Na gut, es ist dein Geburtstag«, gab Tony nach.

Also gab es für alle noch eine Runde Eis, bevor der Film begann. Dann blickten sie gespannt auf die Leinwand und in einer bisher unbekannten Art und Weise startete der spektakulärste Film, den Mark und seine Freunde je gesehen hatten. Dieses Weltraummärchen ließ sie abwechselnd laut lachen, aber auch vor Schreck in ihre Sessellehnen krallen. Mark schwitzte vor Anspannung so stark, dass sein T-Shirt unter dem Pullover nass wurde.

Während die fünf Freunde wie in Trance das Ende des Films noch vor Augen hatten, lief der Abspann auf der Leinwand.

»Schau mal, 'Luke Skywalker' heißt mit richtigem Namen Mark!«, rief Kenny in die Reihe.

»Und der 'R2D2' heißt Kenny!«, ergänzte Mark und alle lachten.

»Und da ist Peter als 'Chewbacca'!«, stellte Carina fest.

»Wenn wir Carina zu 'Carrie' abkürzen, haben wir sogar die Prinzessin 'Leia' unter uns«, lachte Tony.

»Oh ja, Mr. Antony oder soll ich lieber 'C3PO' sagen?«, spielte die neue Prinzessin den Ball zurück.

»Und dann machen wir aus Harry noch 'Harrison' und haben 'Han Solo' mit an Bord«, gab Kenny mit leuchtenden Augen von sich.

Wie ein Heldenteam, das gerade die Galaxis vor der dunklen Macht gerettet hatte, schritten die fünf kleinen Helden von Kennys Vater begleitet in das nahe gelegene amerikanische Fast-Food-Restaurant, in dem es statt Geburtstagskuchen freie Burger-Auswahl gab.

»Ich glaube, das war der coolste Film, den ich je gesehen habe«, posaunte Kenny freudestrahlend in die Runde.

»Möge die Macht mit dir sein! Das hat doch der 'Obi-Wan Kenobi' gesagt«, zitierte Mark den Leinwandheld.

»Genau, aber was ist denn die Macht überhaupt?«, wollte Carina wissen, die sich bereits über ihren neuen Spitznamen 'Carrie' freute.

Als keiner eine Antwort fand, mischte sich Tony in das Gespräch ein: »Ihr Helden! Das ist gar nicht so einfach zu erklären. In jeder Religion findet man den Begriff 'Macht'. Im Alltag findet man ihn allerdings oft als Gegenteil, zum Beispiel in dem Wort 'machtlos' oder 'ohnmächtig sein', also ohne Macht über sich selbst zu sein. Wenn ihr jetzt wieder an das Machtvolle denkt, dann könnt ihr euch vorstellen, wie stark die Macht sein kann. Die Macht in sich zu finden, sich selbst, alles um sich herum und seine eigene Zukunft selbst zu bestimmen, ist wohl die gute, helle Seite der Macht.«

Die fünf Freunde schauten Tony etwas verwundert und doch fasziniert an, bis es aus Kenny herausplatzte: »Dad, das ist wie im Film. Den 'C3PO' mit seiner Logik hat auch keiner richtig verstanden.«

Alle lachten so ausgelassen, dass sich die anderen Gäste im Restaurant schon fragend und teilweise kopfschüttelnd nach ihnen umdrehten. Das war ein gelungener Geburtstag.

Doch eines machte Mark zu schaffen. Er bemerkte, wie Carina die meiste Zeit damit beschäftigt war, von Kenny und Tony alle Informationen über Harry zu bekommen. Er fühlte so etwas wie Neid. Lag es vielleicht daran, dass Harry viel coolere Klamotten hatte als er? Denn mit seiner zu kurzen Jeansjacke, der alten Cordhose von Carinas Bruder und den abgetragenen Schuhen konnte er mit Harry ganz und gar nicht mithalten. Dieser trug eine modische Lederjacke, die angesagteste Jeans mit passenden Lederstreifen an den Nähten und Stiefel im Cowboy-Stil. Oder hatte es einen anderen Hintergrund? War es vielleicht Eifersucht? Denn als er vor knapp vier Jahren Carina mit ihrer Familie das erste Mal sah, hatte sie ihm auf Anhieb gefallen. Er kannte allerdings noch den Schmerz, wie es sich anfühlte, als sie sich in der ersten Klasse von ihm abwendete, um nicht uncool zu wirken. Mark versuchte, seine Gedanken zu ordnen. Doch es fiel ihm sichtlich schwer, bis ihn Tony ansprach: »Was ist denn los mit dir?« Und wieder kam in ihm dieses leere Gefühl auf, dass ihm etwas fehlte.

»Du weißt doch Tony, wie gern ich meinen Vater wiedersehen würde«, flüstere er in seine Richtung.

»Das kann ich sehr gut verstehen und wünsche dir von ganzem Herzen, dass die Macht mit dir ist und du ihn eines Tages findest«, versuchte Tony ihn zu bestärken.

»Ich glaube ganz fest daran, dass er eines Tages vor mir steht, sonst würde ich es doch nicht immer wieder träumen!«

Tony bestätigte ihn mit einem Kopfnicken. Nach einer Weile verabschiedeten sich Carina und Mark von Kenny,

Peter und Harry mit einem 'High-Five'. Das hatten sie von Harry an diesem Nachmittag gelernt. Anscheinend war das gerade der neueste Trend in Amerika, um seine Freunde zu begrüßen oder zu verabschieden. Kenny durfte mit Peter und Harry noch solange im Restaurant warten, bis Tony die beiden zu Hause abgeliefert hatte, da nicht alle gleichzeitig ins Auto passten.

Als Mark wieder in der Wohnung angekommen war, hörte er beim Öffnen der Wohnungstüre ein lautes Schluchzen aus Pennys Zimmer. Er ging zu ihr und sah sie auf ihrem Bett mit dem Gesicht nach unten liegen.
»Penny, was ist los mit dir?«, rief Mark.
»Lass mich in Ruhe! Ihr sollt mich alle in Ruhe lassen! Ihr seid alle Schuld, dass es uns so beschissen geht«, schrie Penny voller Wut zurück.

Mark blieb wie angewurzelt stehen und brachte kein Wort mehr heraus.
»Verschwinde aus meinem Zimmer und lass mich in Ruhe! Sonst haue ich ab – und zwar für immer!«, brüllte Penny erneut.

Mark ging geknickt aus dem Zimmer und machte erst einmal Licht in der restlichen Wohnung, da seine Mutter noch nicht zu Hause war. Dann zog auch er sich in sein Zimmer zurück. Es war nicht das erste Mal, dass er seine Schwester so verzweifelt sah. Immer, wenn sie abends mit ihrer Clique noch weggehen wollte, bekam sie von Angy entweder eine Aufgabe im Haushalt, Zusatz-aufgaben für die Schule oder manchmal sogar Haus-arrest. Penny war mit ihren 16 Jahren zwar eine gute

Schülerin, doch sie war auch oft wütend und trotzig, so wie heute Abend.

Um Mark von diesen negativen Gedanken abzulenken, versuchte ICH ihm den Kinofilm in Erinnerung zu bringen und schickte ihm die genialen Bilder von den Flugszenen mit den 'X-Flüglern'. Dennoch bemerkte ICH, wie Marks Verstand versuchte, mir immer wieder einen Strich durch die Rechnung zu machen. Das alles sei nicht realistisch. Als der Verstand mich mit dem Wort 'Hirngespinst' beleidigte, gab ICH mein Vorhaben schließlich auf und schickte ihm die passenden Erinnerungen in denen er sich verlassen und ganz alleine fühlte. Plötzlich spürte ICH, wie in Mark wieder dieses alte Muster hochkochte und er kurz davor war, seinen Kopf gegen die Schreibtischkante zu knallen. Nun wollte ICH austesten, ob der Verstand auch hierfür eine passende Antwort parat hatte. Als diese allerdings ausblieb, lenkte ICH Marks Interesse auf seine mittlerweile umfangreiche Comic-Hefte-Sammlung. ICH gab ihm den Impuls sich ein 'Donald Duck'-Heft zu schnappen, sich ins Bett zu kuscheln und in diese Welt zu vertiefen. Dass in dieser Ausgabe gerade die Panzerknacker aktiv waren, konnte nur ein Zufall sein – oder ließ ICH ihm das, wie schon so oft, zufallen, damit er endlich den Weg zu seinem Schatz finden konnte? In meiner Welt war schon lange klar, dass nichts aus Zufall bestand – zumindest nicht so, wie es der Verstand immer versuchte zu erklären. Nein, alles hatte seinen Sinn und seine Bedeutung. Würde Mark mich, sein Unterbewusstsein, wieder als seinen Ratgeber an die erste Stelle setzen, dann hätte er ein viel besseres Leben. Davon bin ICH zu hundert Prozent überzeugt.

Mark schlief während des Lesens so fest ein, dass er nicht einmal seine Mutter bemerkte, die das Comic-Heft unter seinem Kopf vorzog, ihm noch einen Gutenachtkuss auf die Stirn gab und das Licht im Zimmer ausmachte.

In dieser Nacht hatte ICH ordentlich was zu tun. Wieder einmal durfte ICH aus der Auswahl von den rund hundert Milliarden Gehirnzellen passende Verbindungen knüpfen, um diese emotionalen Erinnerungen abzulegen. Einen passenden Traum zu kreieren, war für mich schon fast ein Pflichtprogramm:
  ›Tief in einem Keller stand Afram vor einer Stahltüre, die mit vielen Schlössern, Zahlenkombinationen und versteckten Schlüsseln gesichert war. Aframs Aufgabe bestand darin, diese Tür zu öffnen, um einen riesigen Schatz zu finden, der ihm große Macht verleihen würde. Er ließ sich alle möglichen Wege einfallen, um jedes einzelne Schloss zu öffnen. Nur noch ein Schloss lag zwischen ihm und seinem Schatz. Hierfür konnte er jedoch keine Lösung finden, egal, wie sehr er sich auch anstrengte. Als er schon aufgeben wollte, hörte er eine Stimme in sich, die ihm Mut machte wieder an sich zu glauben: »Deine Augen können dein Bewusstsein täuschen. Kümmere dich um dein unbewusstes Sein und vertraue deiner Intuition. Tief in dir steckt eine Macht, die dich stärkt. Lasse dein Herz entscheiden, folge deinen Gefühlen und entdecke die Macht – dann wird sie mit dir sein.« Afram setzte sich auf den Boden und stellte sich vor, wie sich die Tür von ganz alleine öffnete und ein riesiger Schatz zum Vorschein kam. Als sich jedoch nach einiger Zeit nichts regte und sich das letzte Schloss

abermals nicht öffnen ließ, zweifelte Afram immer mehr an sich selbst.‹

In diesem Augenblick wurde Mark von seinem Wecker aus dem Traum gerissen. Verwirrt realisierte Mark, dass es Sonntag war und er nur vergessen hatte, den Wecker auszuschalten. Er blieb mit geschlossenen Augen noch etwas liegen und hatte plötzlich einen genialen Plan. Er würde für sich ab sofort Möglichkeiten suchen und lernen sein eigenes Geld zu verdienen. Ganz viel Geld sogar, um dann die Macht zu haben, seinen Vater im Orient zu finden. Als Erstes dachte er an seine Schatztruhe, die ja zumindest dank der Geburtstagsbriefe seiner Großeltern mit Geld gefüllt war. Doch dann kam ihm die Idee, seine Mutter nach mehr Taschengeld zu fragen. Bisher hatte er es nicht regelmäßig bekommen, sondern nur sporadisch. Wenn er etwas im Haushalt machen sollte und es nicht erledigte, strich seine Mutter das Taschengeld einfach für die ganze Woche. Kurz danach dachte er an Kenny, der ja immer gute Ideen hatte und er beschloss, ihn heute so bald wie möglich anzurufen.

Das Frühstück an diesem Tag war vergleichbar mit dem Wetter draußen. Es war voller Gewitterwolken und nach einem Donnerwetter regnete es in Strömen. Es gab nur noch trübe Aussichten, weil Angy ihren Kindern mitteilte, dass das Geld diesen Monat knapp werden würde. Dadurch müssten die Ostergeschenke für dieses Jahr ausfallen. Der Blitz schlug dann endgültig mit dem Satz von Penny ein: »Ich bin die Tochter einer

Versagerin!« Penny sprang dabei auf und schloss sich in ihr Zimmer ein.

Angy rannte hinterher, klopfte an der Zimmertür und schrie: »Dann such dir doch eine andere Familie. Ohne dich hätte ich auch mehr Geld zur Verfügung. Du frisst mir doch noch die Haare vom Kopf mit deinen ständigen Wünschen. Geh doch auch mal arbeiten, statt immer nur mit deinen Freunden rumzuhängen, zu rauchen und Alkohol zu trinken. In deinem Alter habe ich auch schon mein eigenes Geld verdient. Solange du deine Füße unter meinem Tisch stellst, bestimme ich, was du bekommst und was du machen darfst! Verstehst du das endlich, du undankbare Tochter?« Dann sackte Angy vor der Zimmertür in einem Heulkrampf zusammen.

Mark kannte diese Situation schon seit seiner frühesten Kindheit. Er ging zu seiner Mutter, um sie zu beruhigen. Penny kümmerte das anscheinend gar nicht, da sie ihren Kassettenrekorder hinter der verschlossenen Tür auf volle Lautstärke drehte. Mark schaffte es, seine Mutter auf die Beine zu bringen und sie ins Wohnzimmer zu begleiten, damit sie sich dort erst einmal hinlegte. Er warf ihr eine Decke über und drückte sie ganz fest: »Keine Angst Mama, ich werde dich nie verlassen.«

»Oh Mark, du weißt gar nicht, wie gut mir das tut«, antwortete Angy unter Tränen.

Anschließend räumte er traurig den Frühstückstisch ab. Dabei hörte er, wie Penny die Wohnung verließ, während in ihrem Zimmer weiter die 'Bee Gees' mit 'Stayin' Alive' liefen. Mark ging in Pennys Zimmer, aus welchem er einen Blick auf die Straße hatte und sah, dass sie das Haus mit einem Rucksack und einer Tasche in der Hand verlassen hatte. Als sie die Straße überquerte, drehte sie sich noch einmal zum Haus um. Da sie Mark an ihrem Zimmerfenster stehen sah, winkte sie ihm kurz zu, um dann noch einen Schritt schneller in Richtung Stadtmitte zu laufen. Mark stand wie versteinert am Fenster und noch immer lief der 'Bee Gees'-Song, welcher bald in 'Status Quo - Rockin' All Over The World' überging. Mark schaltete den Kassettenrekorder nach einer Weile aus.

Als er ins Wohnzimmer kam und sah, wie seine Mutter schlief, schnappte er sich das Telefon.

Das Kabel reichte genau bis in sein Zimmer und von dort aus rief er Kenny an.

»Kenny am Apparat«, sagte eine ihm bekannte Stimme.

»Gut, dass du gleich dran bist. Hier ist Mark. Vielen Dank für den tollen Tag gestern!«

»Kein Problem!«

»Bei uns zu Hause ist dicke Luft und Penny ist gerade gegangen. Ich habe das Gefühl, dass sie ganz abhaut.«

»Mach dir mal keine Sorgen! Die kommt schon wieder, wenn sie Hunger hat«, beschwichtigte ihn Kenny.

»Ich hatte heute Nacht einen Traum von der Macht und von einem riesigen Schatz!«, wechselte Mark das Thema.

»Na, dann müssen wir auf Schatzsuche gehen. Hast du die Schatzkarte noch in deiner Truhe?«

»Na klar! An die Truhe habe ich heute auch schon gedacht. Die Karte muss ich mal wieder rausholen!«

»Ich kann ja mal suchen, ob ich die Insel auf der Weltkarte finde«, schlug Kenny vor.

»Du weißt doch gar nicht mehr, wie die Karte aussieht, oder?«

»Oh doch, ich habe sie nach deinem Geburtstag damals zu Hause nachgezeichnet und dann in einer Schublade versteckt«, versicherte ihm Kenny.

»Aber wenn wir auf Schatzsuche gehen, dann brauchen wir auch Geld. Hast du eine Idee, wie wir das hinbekommen können?«, bat Mark um Rat.

»Wir müssen dahin gehen, wo das Geld ist. Also in die Bank und uns etwas holen. Mum und Dad machen das auch immer!«

»Du meinst, wir sollen Panzerknacker werden?«, scherzte Mark ein wenig.

»Ah, das ist auch eine gute Idee! Daran habe ich noch gar nicht gedacht«, ergänzte Kenny. Sie fingen beide an zu lachen.

»Aber jetzt mal im Ernst. Was kann ich machen, um Geld zu verdienen?«

»Wir könnten in den Osterferien bei uns auf dem Flohmarkt alte Spielsachen verkaufen. Und wenn wir etwas herstellen, was anderen gefällt, dann können wir es auch zu Geld machen«, schlug Kenny vor.

»Was meinst du mit herstellen?«

»Einfach alles was wir können. Ich kann zum Beispiel gut zeichnen.«

»Und was kann ich schon, außer großen Mist machen«, sagte Mark frustriert.

»Mein Dad sagt immer, der Mist der Vergangenheit ist der Dünger für die Zukunft!«

»Na, dann wächst bei mir bestimmt ein riesiger Geldbaum«, meinte Mark lachend.

»Meinst du, dass du zu mir kommen darfst?«

»Ich werde meine Mutter einfach mal in ein paar Tagen fragen, das kostet ja nichts. Aber heute ist das keine gute Idee«, versprach ihm Mark.

»Dad sagt immer: ›Ein 'Nein' hast du schon, auch wenn du nicht fragst. Ein 'Ja' kannst du bekommen, wenn du mutig bist.‹ Also sag mir Bescheid und dann fangen wir an, richtig Geld zu verdienen!«

»Okay, ich melde mich bei dir, wenn ich zu dir darf. Tschüss, bis hoffentlich bald«, beendete Mark das Gespräch.

Da Marks Mutter immer noch tief und fest schlief, blieb er weiterhin in seinem Zimmer, machte sich Gedanken darüber, was er gut konnte und wollte das auf einem Blatt notieren. Dies gelang ihm allerdings nicht, weil er bei jeder Idee immer wieder dachte, dass er es sowieso nicht gut genug könne. Und so blieb das Blatt erst einmal leer.

Penny war am Abend immer noch nicht daheim. Die besorgte Mutter fragte Mark: »Hat Penny dir gesagt, wo sie hingeht oder wann sie wieder nach Hause kommt?«

»Sie ist, kurz nachdem ihr euch gestritten habt, mit einem Rucksack und einer Tasche in Richtung Stadtmitte gelaufen. Das habe ich von ihrem Zimmer aus gesehen.«

»Warum nimmt sie denn so viel Gepäck mit? Ich werde mal bei ihren Freundinnen anrufen«, sagte Angy und griff zum Telefon.

Nachdem alle Anrufe ergebnislos blieben, kam sie zu Mark ins Zimmer.

»Meinst du, Penny ist mit dem Zug zu Oma und Opa gefahren?«

»Hm, ich weiß nicht. Ruf doch einfach mal an und frag nach«, schlug er vor.

»Könntest du das für mich machen? Du weißt doch, dass ich mit Opa seit eineinhalb Jahren nicht mehr gesprochen habe«, bat Angy ihren Sohn um Mithilfe.

»Wenn es unbedingt sein muss«, antwortete Mark widerwillig und nahm das Telefon.

Als Opa sich an der anderen Seite der Leitung meldete, freute sich dieser, endlich einmal wieder Marks Stimme zu hören. Doch als sich Mark nach Penny erkundigte und ihn fragte, ob sie bei ihnen sei, verlangte Opa Angy ans Telefon.

»Ja, hallo ... Seit heute Vormittag gegen 10 Uhr ... Wir hatten einen Streit ... Ich weiß leider nicht, wo sie hingegangen ist ... Jetzt mach mir bitte keine Vorwürfe. Ich bin eine gute Mutter ... Ja, ich melde mich, sobald ich was Neues weiß«, diskutierte Angy.

Als sie auflegte, sah Mark die Verzweiflung in ihren Augen und umarmte sie.

»Mark, was können wir noch machen?«, fragte sie mit weinerlicher Stimme.

»Ich weiß auch nicht.«

»Vielleicht kann uns ja Alois helfen. Den ruf ich am besten gleich mal an!«

»Wer ist denn Alois?«

»Du kennst ihn doch. Das ist der Polizist, der uns nach dem Unfall mit Alec vernommen hat.«

»Aber warum kennst du seinen Vornamen?«

»Ach das ist eine lange Geschichte, aber dafür haben wir jetzt keine Zeit«, erklärte Angy und rief ihn unter seiner Privatnummer an.

»Hallo Alois, wir haben ein Problem. Penny ist noch nicht nach Hause gekommen und wir wissen nicht, wo sie ist ... Ich weiß nicht, was ich noch machen soll ... Heute Vormittag um 10 Uhr ... Wir hatten ein paar Meinungsverschiedenheiten und dann hat sie ihren Rucksack und eine Tasche geschnappt und hat ohne was zu sagen das Haus verlassen ... 16 Jahre, etwas größer als ich, knapp 1,70 Meter und sie hat eine blaue Jeanshose und einen roten Anorak an ... Bitte gib mir Bescheid, wenn deine Kollegen sie gefunden haben ... Danke Alois«, schilderte ihm Angy den Stand der Dinge.

Sie legte den Hörer auf und setzte sich mit Mark ins Wohnzimmer. Beide machten sich gegenseitig Mut, dass Penny bestimmt schon bald wieder da sein werde. Als sie bis 22 Uhr immer noch keine Nachricht hatten, schickte Angy Mark ins Bett.

Es vergingen mehrere Wochen, ohne dass irgendjemand ein Lebenszeichen von Penny bekommen hatte. Mark merkte, dass seine Mutter sich veränderte. Sie wurde immer dünner und in ihrem Gesicht hatten sich dunkle Augenringe gebildet. In dieser Zeit besuchte der Polizist sie mehrmals, doch er hatte keine positiven Nachrichten zu berichten. Mark ignorierte ihn allerdings und zog sich jedes Mal schnell in sein Zimmer zurück.

Als es an einem Samstagvormittag an der Tür klingelte, ging Mark an die Sprechanlage. Es war Opa und Mark drückte den Türöffner. Mark begrüßte ihn schon im Treppenhaus. Opa hatte einen Brief in der Hand, den er Angy nach einer kurzen Begrüßung zum Lesen übergab. Dieser war von Penny. Sie hatte ihn an ihre Großeltern geschickt. Darin stand, dass es ihr gut gehe und dass sie ein neues Leben angefangen habe. Sie verdiene jetzt auch ihr eigenes Geld. Es stand darin, dass Opa bitte Mark Bescheid geben solle. Aber es war kein Wort darin geschrieben, dass er auch ihre Mutter informieren solle. Und es war auch kein Absender und keine Telefonnummer darauf zu finden. Der Poststempel mit der örtlichen Postleitzahl gab allerdings ein paar Rätsel auf.

»Wenn Penny in der Stadt wäre, dann hätte unser Polizist Alois sie doch schon längst gefunden. Also das kann nicht sein«, wunderte sich Angy.

»Vielleicht wurde er versehentlich nicht abgestempelt und das Postamt hat es hier nachgeholt«, vermutete Opa.

»Oder jemand Anderes hat den Brief hier für Penny eingeworfen«, schätzte Mark.

Angy stand hilflos da und wusste nicht mehr, wie sie ihre Tränen zurückhalten sollte.

Opa wollte seine Tochter trösten: »Angelika, sieh doch endlich ein, dass du mit den Kindern alleine überfordert bist. Wir können dich unterstützen und ihr könnt auch gerne wieder bei uns wohnen. Oder wenn du das nicht möchtest, dann kann auch Mark solange bei uns wohnen, bis du dein Leben wieder in geordnete Bahnen gebracht hast.«

»Das sieht euch ähnlich! Wenn du mich Angelika nennst, dann könnte ich aus der Haut fahren. Ich heiße Angy und habe es satt mich von euch bestimmen zu lassen. Ich kann ganz gut selbst für uns sorgen!«, schnaubte Angy wütend.

»Wir meinen es nur gut mit dir. Du bist doch unser einziges Kind. Wir wollen, dass es dir gut geht«, beschwichtigte ihr Vater.

»Wenn ihr wirklich wollt, dass es mir gut geht, dann lasst uns in Ruhe!«, stellte Angy bestimmend klar.

»Aber der Junge ist jetzt 10 Jahre alt und er braucht für seine Entwicklung auch eine männliche Bezugsperson«, bekräftige er seine Sorgen.

»Eine männliche Bezugsperson vielleicht schon. Aber dann bestimmt nicht so einen Tyrannen wie dich! Bitte verlass jetzt unsere Wohnung!«, forderte Angy voller Wut.

Opa wandte sich zu Mark: »Es tut mir leid mein Kind, dass du das alles mit anhören musst. Du bist jedenfalls immer bei uns willkommen.«

»Das bestimme immer noch ich, wo Mark hingeht und wo nicht!«, rief Angy dazwischen und deutete mit ihrer Hand auf die Ausgangstüre.

Nachdem Opa die Wohnung verlassen hatte, zog sich Mark traurig in sein Zimmer zurück. Er holte sich das Buch 'Star Wars' mit den Abenteuern des Luke

Skywalker, um sich mit den galaktischen Bildern in eine andere Welt zu befördern. Er fokussierte dabei ein Bild mit Sicht aus dem Cockpit eines Raumschiffes und schaute dabei in die unendlichen Weiten des Weltalls mit seinen unzähligen Sternen.

Am helllichten Tag erschuf ICH Mark beim Lesen einen Tagtraum:

›Mark sah sich als Pilot und suchte einen Weg aus dem Kampfgebiet, um sich in Sicherheit zu bringen. Doch aufgrund der Beschädigungen an seinem Raumschiff, schien sein Vorhaben aussichtslos zu sein. Mit einem Mal hielt ihn der Blick auf den hellsten Stern im Orion-System gefangen und brannte sich tief in sein Bewusstsein. Er wusste von seinem Mentor, dass dieser hellste Stern, mit dem Namen 'Amanar', schon seit jeher die Hoffnung gab, den richtigen Weg zu finden.‹

In diesem Moment überbrachte ICH ihm folgende Erkenntnis:

> *›Ein heller Stern macht Hoffnung in jeder Dunkelheit.‹*

CLUB DER GROßEN HELDEN

Trotz der traurigen Situation, dass Penny nicht mehr da war, gab es für Mark daran auch eine positive Seite.
 Seit dem 'Krieg der Sterne'-Film an Kennys Geburtstag traf sich Mark mit seinen zwei Schulfreunden Carina und Peter mittwochnachmittags in dem amerikanischen Fast-Food-Restaurant am Bahnhof. Auch Kenny stieß nach einer Zugfahrt regelmäßig dazu. Es war nicht irgendein Treffen, denn sie gründeten dort einen Club, in dem sich alles nur um Helden drehen sollte. Natürlich stand auf der Tagesordnung an Nummer eins das aktuelle Weltraumabenteuer 'Krieg der Sterne' und sie sammelten alles, was dazu aufzutreiben war. Sie hatten zusammen ein Sammelalbum beschafft und jeder brachte Klebebilder mit, die sie über die Woche gekauft, auf dem Schulhof getauscht oder irgendwo geschenkt bekommen hatten. Jeder Zeitungsbericht wurde ausgeschnitten und feinsäuberlich geschützt durch eine Klarsichthülle, in einem Ordner abgelegt. Selbst irgendwelche kleinen Bildchen wurden sorgfältig auf ein Blatt geklebt. Sie tauschten untereinander die neusten Helden-Comic-Hefte aus, so dass sie beim nächsten Mal wieder darüber

diskutieren und die einzelnen Superhelden noch besser entdecken konnten.

Doch allmählich nahmen die gesammelten Werke einen so großen Umfang an, dass Mark seine Mutter eines Tages fragte, ob er Pennys unbewohntes Zimmer für die Clubtreffen verwenden dürfe. Angy stimmte nicht ohne eigennützige Gründe zu. Denn dann wusste sie besser, wo sich Mark aufhielt, während sie bei der Arbeit war. Es schien ihr ohnehin günstiger, als ihm jeden Mittwoch fünf D-Mark für Fast-Food in die Hand zu drücken. Natürlich stellte sie mit ihm ein paar Regeln auf, wie sich die Freunde in ihrer Abwesenheit zu verhalten hatten. Mark versprach ihr diese zu befolgen.

So hatte der Club von da an ein neues Zuhause. Jeder bekam eine Aufgabe zugeteilt. Carina war für die Führung der Ordner und Peter für das Durchsuchen der Tageszeitungen zuständig. Mark übernahm die Verantwortung für die neu gegründete Club-Kasse, die durch Monatsbeiträge und kleine Strafen für zu spätes Erscheinen, Unachtsamkeit beim Umgang mit den Ordnern oder Verstöße gegen sonstige Club-Regeln gefüllt wurde. Kenny war zuständig für das Finden von passendem Material rund um Film und Fernsehen und natürlich für die gute Laune, die er mit geeigneter Musikauswahl und Späßen reichlich erzeugte. Selbst der noch bis zu den Sommerferien in Kanada lebende Harry schickte alle paar Wochen ein Paket mit den neusten Infos von der anderen Seite des Atlantiks. Als Kenny eines Tages eine Sendung voller Poster und Plakaten von 'Star Wars'-Filmszenen von ihm mitbrachte, kamen sie auf die

Idee, die Wände im Zimmer damit zu verschönern. Angy war im ersten Moment erschrocken, als sie das ausgeschmückte Zimmer sah, doch sie merkte auch, wie gut es Mark tat, sich nicht mehr alleine in sein Zimmer zurückziehen zu müssen. Daher ließ sie ihnen freie Hand bei der Gestaltung des Helden-Club-Raums. Angy wollte, dass sich wenigstens Mark bei ihr zu Hause wohlfühlte.

Da war es nun endlich! Marks Jahresendzeugnis der 4. Klasse. Er beendete das Schuljahr als Klassenbester. Und dies sogar ganz knapp vor Carina, die diesmal enttäuscht war, da sie es bisher immer geschafft hatte die Beste zu sein. Angy war begeistert und freute sich mit ihm, weil er nach den Sommerferien das Gymnasium besuchen durfte. Natürlich gab es auch ein angemessenes Zeugnisgeld und in den Ferien ein paar Ausflüge ins Freibad. Sie besuchten sogar einen Freizeitpark zusammen mit Kenny und Peter. Dort konnte Angy Kenny gerade noch von ein paar dummen Streichen abhalten.

Auch die Helden-Club-Treffen hielten sie in den Ferien eisern durch. Als Ersatz für Carina, die im Urlaub war, konnte der inzwischen von Kanada zugezogene Harry als neues Mitglied aufgenommen werden. Harry wohnte im gleichen Ort wie Kenny und seine Aufgabe im Club war das Übersetzen der englischen Texte ins Deutsche. Als Carina aus ihrem Urlaub zurückkam, saßen sie am Ende der Ferien vollzählig zusammen und fanden für ihren Club endlich einen passenden Namen: 'Club der großen Helden'.

In der zweiten Reihe des Klassenzimmers, genau hinter Carina mit ihren Freundinnen, saßen die vier Jungs nun vereint nebeneinander in der 5. Klasse des Gymnasiums. Sie warteten darauf, was die neue Schule für Überraschungen bereithielt. Auch hier war Mark wieder sehr lernbegeistert und erzielte gute Noten, weshalb ihn seine Mitschüler immer öfter als Streber bezeichneten oder mit ähnlichen abfälligen Bemerkungen aufstachelten. Mark verstand nicht wirklich, was er in ihren Augen falsch machte und versuchte einfach darüber hinwegzusehen. Doch irgendwie fühlte er sich von manchen Klassenkameraden dadurch ausgegrenzt. Als es in der Schulklasse bekannt wurde, dass es einen 'Club der großen Helden' unter ihnen gäbe, wurden die fünf Freunde hinter vorgehaltener Hand belächelt. Doch so lange Mark sich auf seine wahren Freunde verlassen konnte, war alles gut für ihn. Im Gegenteil, man merkte, dass sein Selbstwertgefühl durch den Helden-Club ein ganzes Stück gewachsen war.

Es gab einen wichtigen Tag, dem die fünf Heldenfreunde schon das ganze Jahr entgegenfieberten. Der zweite Teil von 'Krieg der Sterne - Das Imperium schlägt zurück' stand für Dezember als Kino-Debüt an. Sie hatten sich auch schon Wochen vorher direkt im Kino die besten Plätze für die Filmpremiere reserviert. Da es an diesem Tag nur eine Abendvorstellung gab, erklärte sich Kennys Vater bereit, sie ins Kino zu begleiten. Die letzten Club-Treffen vor dem Film gestalteten sich umso spannender, je mehr sie darüber in der Presse finden konnten.

Am letzten Mittwoch vor dem großen Tag saßen Mark und Carina schon wartend im Club-Raum, als das Telefon klingelte und Kenny ihnen mitteilte, dass sie den Zug verpasst hatten, da Peter mit dem Bus verspätet bei ihnen ankam. Da erst in zwei Stunden der nächste Zug abfahren würde, beschlossen sie an diesem Tag nicht mehr in die Stadt zu fahren.

Mark beendete das Gespräch mit den Worten: »Du weißt Kenny, das bedeutet für jeden von euch 50 Pfennig in die Clubkasse für entschuldigtes Fernbleiben. Ich werde mit Carina aber noch die neuen Berichte einordnen.«

»Na dann viel Spaß und bis morgen im Gymi«, verabschiedete sich Kenny.

Als Mark Carina das Malheur der anderen mitteilte, schien es ihr gar nicht so unrecht zu sein. Er setzte sich neben sie und sie schnitten und klebten die Funde der Woche gemeinsam auf Blätter. Beide hatten jede Menge Spaß dabei.

Nach einiger Zeit fragte Carina: »Findest du mich eigentlich hübsch?«

Mark wurde rot im Gesicht: »Wie meinst du das?«

»Ja, ob du mich auch so hübsch findest, wie die echte Prinzessin Leia, die ihr immer anhimmelt?«, bohrte sie nach.

»Ich weiß jetzt auch nicht genau, was du meinst. Leia ist eine wunderschöne Frau und du bist doch – ähm – Carina«, brachte Mark etwas unsicher hervor.

Da drehte Carina sich zu ihm hin, griff sich mit der linken Hand in die Haare, glitt tiefer an die Haarspitzen und spielte mit ihnen. Mark wusste gar nicht, wie er sich verhalten sollte. Er blieb regungslos wie ein erschrockenes Kaninchen sitzen. Carina schaute ihm mit einem unwiderstehlichen Blick tief in die Augen und kam ihm so nahe, dass ihre Lippen die seinen berührten. Mark schien vollkommen verwirrt, da er den Kuss in keiner Weise erwidern konnte. Und selbst als Carina beide Arme um ihn schlang, war Mark immer noch nicht bereit sich auf seine beste Freundin einzulassen. In ihm kam eine tiefe Angst zum Vorschein, jemand Liebgewonnenes zu verlieren und so blieb er weiterhin eher regungslos als erregt.

Carina probierte ihre Verführungskünste noch weiter an ihm aus, gab dann jedoch verzweifelt auf und schluchzte unter Tränen: »Du findest mich nicht schön! Keiner findet mich schön. Warum seid ihr alle so gemein zu mir?«

»Carina, bitte verstehe mich richtig. Ich finde dich wunderschön, aber ich will dir nicht wehtun«, gab Mark von sich und nahm sie dabei tröstend in den Arm.

»Doch du tust mir weh. Mein Vater tut mir weh und mein Bruder auch. Alle behandeln mich wie das Letzte. Und schon gar nicht wie eine Prinzessin«, jammerte Carina.

»Sei bitte nicht traurig. Ich glaube, du bist ein tolles Mädchen und auch die beste Freundin der Welt. Ich will dich nie verlieren. Ich habe doch schon meinen Vater und meine Schwester Penny verloren und auch meine Großeltern darf ich nicht sehen. Alec mit der Tankstelle darf ich auch nicht mehr besuchen. Ich habe solche Angst dich auch noch zu verlieren«, gestand Mark und dabei liefen ihm ebenfalls zahlreiche Tränen über die Wangen.

»Mark, ich wusste gar nicht, was du für mich fühlst. Entschuldigung, dass ich gerade gemein zu dir war. Auch ich will dich nie verlieren, da auch du mein bester Freund bist und mich wenigstens verstehst«, gab Carina zurück und umarmte Mark ganz fest.

Sie lächelten sich etwas verlegen an, widmeten sich dann jedoch wieder den eigentlichen Aufgaben ihres Treffens und ordneten die letzten Dinge an ihren Platz. Mit einer liebevollen Umarmung und einem Kuss auf Carinas Stirn verabschiedete Mark seine kleine Prinzessin und beide freuten sich schon auf den kommenden Kinoabend.

Mark und Carina warteten schon ungeduldig in der Nähe der Popcorn-Maschine. Sie hatten bereits alle Kinokarten in der Hand und freuten sich auf das Eintreffen der restlichen Helden-Club-Mitglieder. Als Tony mit den drei Jungs durch die Eingangstür kam, war Carina sichtlich erleichtert, dass sie den Anfang des Films nicht verpassen würden. Nach einer stürmischen 'High-Five'-Begrüßung holten sie sich eilig Getränke und etwas zum Knabbern. Dann enterten sie den Kinosaal. Carina setzte sich direkt neben Mark, der wiederum saß neben Kenny und seinem Vater Tony. Auf der anderen Seite von Carina nahmen Harry und daneben Peter Platz. Und schon verdunkelte sich der Saal und die Werbung begann. Auch diesmal gelang es einem Spot mitten im Winter, Lust auf Eis zu machen und so gab Tony wieder einmal eine Runde aus. Kurz danach öffnete sich der Vorhang vor der Leinwand noch ein Stück weiter und der Raum verdunkelte sich komplett.

Da war er wieder, dieser Gänsehaut erzeugende Moment, als auf der Leinwand der Film 'Krieg der Sterne - Das Imperium schlägt zurück' mit dem Satz startete: ›Es war einmal vor langer Zeit in einer weit, weit entfernten Galaxis ...‹

Allein dieser Satz hatte bei diversen Helden-Treffen für einige Diskussionen gesorgt. Und als sich die Laufschrift in die unendlichen Weiten des Weltraums verabschiedet hatte, hörte Mark ein Patschen und ein Zischen aus Carinas Mund: »Harry, tu sofort deine Finger weg und behalt sie bei dir!« Dabei rutschte sie auf dem Sessel ein ganzes Stück näher an Mark heran.

In der ersten spannenden Szene passierte es dann, dass Mark Carinas Finger spürte, weil sie sich an der Lehne festhalten wollte. Das wiederholte sich noch ein paar Mal während des Films, bis Carina Marks Hand komplett festhielt und sie ihn in einer Kussszene zwischen Leia und Luke kurz mit einem Lächeln anblickte. Mark freute sich, dieses Gefühl von Verbundenheit zu spüren und ließ es anstandslos zu.

Am Schluss schauten alle den Abspann an, witzelten wieder über ihre Namenskollegen aus dem 'George Lucas'-Film und versuchten gleich Situationen aus der Geschichte mit den Freunden zu verbinden.

»Chewi, auch wenn du noch so zottelige Haare hast, das nächste Mal ziehst du bitte eine Hose an!«, veranlasste Kenny alle zu einem lauten Lachanfall.

Peter konterte: »Du bist jetzt besser ruhig 'R2D2', sonst verwenden wir dich nächste Woche im Club-Raum als Blechmülleimer!«

»So und jetzt vertragen wir uns wieder und sind lieb zu einander«, schlichtete Carina.

»Durchlauchteste Leia, ich wollte nichts weiter als dir zu helfen«, ergänzte Harry und erntete dafür einen grimmigen Blick von Carina.

»Wer will auch schon den eingefrorenen Han Solo als Freund haben? Da wird sich Leia doch besser für den Jedi Luke Skywalker entscheiden«, meinte Tony und zwinkerte Mark dabei zu.

Da der Donnerstagabend schon fortgeschritten war, beeilte sich Tony, die drei mitgebrachten Helden-Club-Mitglieder in Richtung Auto zu bewegen, um sie schnellstmöglich zu Hause abzuliefern. Also verabschiedeten sich diese von Mark und Carina mit ihrem üblichen 'High-Five' und eilten mit Tony davon. Carina schnappte Mark an der Hand und beide marschierten in der sternenklaren Nacht zum nahegelegenen Haus von Carinas Familie. Sie schwebten förmlich und Mark spürte ein unbeschreibliches Glücksgefühl, das er bisher nur aus

Büchern kannte. ›Fühlt sich so also Liebe an?‹, fragte er sich.

Und als beide vor Carinas Zuhause standen, küsste Carina ihren edlen Jedi-Ritter Mark zum Abschied. Beim Öffnen der Haustüre drehte sie sich noch einmal um und flüstere ihm zu: »Ich liebe dich!«

Mark antwortete ganz nach der passenden Filmszene aus dem Film: »Ich weiß!«

»Ach, ich dachte, das war Han Solos Text, bevor er eingefroren wurde?«

Mark grinste vor sich hin und lief mit einem wundervollen Gefühl im Bauch nach Hause, wo ihn seine Mutter schon sehnsüchtig erwartete. Immerhin war es schon kurz vor 23 Uhr und am nächsten Tag musste er wieder zur Schule. Mark ging also ohne etwas zu erzählen in sein Bett und schlief mit den schönsten Gedanken ein, die ein frisch verliebter Junge nur haben konnte.

In dieser kurzen Nacht hatte ICH vieles zu sortieren. Deshalb kreierte ICH für Mark einen weiteren Traum:

›Afram legte sich auf seinen Schlafplatz und genoss den Blick auf die Sterne. In dieser Nacht sollte ihm Amanar, der schönste und hellste Stern von allen, eine Botschaft bringen. Im Traum sah er die geheimnisvolle Frau, von der er bisher nur die glitzernden Augen kannte. Sie waren das Wundervollste, das er je in seinem Leben gesehen hatte. Sogar schöner, als jede Perle. Sie kniete neben seinem Schlafplatz und beugte sich über ihn: »Wie kannst du Ordnung und Struktur in dein Leben bringen, wenn du selbst keines von beiden in Liebe in dir trägst? Schaue den Stoff meines Kleides an. Näher und genauer. Siehst du sie,

die Struktur der Nähte und die Ordnung der Fäden. Sie haben alle ihren Sinn und ihre Aufgabe. Alle zusammen schaffen nur das, was ein Einzelner nicht zu erreichen vermag. Sei weise und in Liebe, dann wird dir alles möglich sein. Sei fein wie ein Sandkorn, aber habe ein Herz so groß wie das Meer. Auch wenn dich niemand sieht, jeder wird dich spüren, so wie der Wind dein Gesicht berührt. Fühle in dich hinein, wo dich das Feuer deines Herzens hinleitet und du wirst sehen, das Ziel liegt näher, als du glaubst.« Wie gerne hätte Afram mehr von Amanar erkannt, doch ein schwarzes Gewand verhüllte alles, außer ihre Augen.‹

Am nächsten Tag in der Schule war der Unterricht Nebensache. Die Mitschüler fragten sie über den neuen Kinofilm Löcher in den Bauch und so waren die fünf Freunde der Mittelpunkt in jeder Pause. Allerdings war Carina heute auch etwas distanzierter zu Mark und er spürte nichts mehr von dem schönen Gefühl des gestrigen Abends. Nach der letzten Schulstunde sagte sie ihm dann, dass sie etwas durcheinander sei, da ihre Mutter sie gestern beobachtet hatte und mit ihr noch eine Weile gesprochen habe. Carina bat Mark, bitte nicht böse zu sein, dass sie erst einmal Zeit brauche, um sich über ihre Gefühle zu ihm klar zu werden.

Mark stand da wie angewurzelt und stammelte vor sich hin: »A-a-aber ich hab dich doch lieb.«

Carina drehte sich einfach um und lief in schnellen Schritten davon. Mark wusste nun gar nicht mehr, wie er reagieren sollte – hinterher laufen oder ihrem Wunsch entsprechen und ihr die Zeit zu geben, die sie brauchte.

Doch da er Carina in keiner Weise wehtun wollte, beherzigte er ihre Worte.

Eins brachte ihn auf seinem Heimweg allerdings noch zum Nachdenken: ›Warum hatte er gerade wieder gestottert? Wie konnte das passieren, obwohl er doch schon seit Ende der 2. Klasse, also mindestens vier Jahre lang, keine Probleme mehr damit hatte?‹

Zu Hause angekommen setzte er sich gleich an den gedeckten Tisch und aß mit seiner Mutter zu Mittag. Angy fragte ihn: »Na, wie war die gestrige Kinonacht?«

»Geht so«, antwortete Mark etwas betrübt.

»Da hat mir aber Natalie heute im Büro was anderes erzählt!«

»So, was denn?«

»Dass Carina freudestrahlend nach Hause kam und ihr fast den kompletten Film begeistert erzählt hat. Willst du mir nicht auch noch ein paar Dinge vom Kino erzählen?«

»Nein, eigentlich nicht. Ich bin jetzt müde und will mich nach dem Essen etwas hinlegen«, versuchte sich Mark, aus dem peinlichen Gespräch zu retten.

»Müde? Ich dachte, immer wenn man Schmetterlinge im Bauch hat, kann man nicht schlafen«, erwiderte Angy mit dem Unterton der allwissenden Mutter.

»Was soll das denn jetzt? Lass mich einfach in Ruhe damit!«, wies Mark seine Mutter genervt ab.

Am Wochenende hörte Mark nichts von Carina und auch in der Schule war sie weiterhin auf Distanz bedacht. Also beschloss Mark erst einmal abzuwarten, bis sie auf ihn zukommen würde.

Die nächsten zwei Helden-Club-Treffen fanden wieder in Anwesenheit aller statt und standen ganz im Zeichen des Weltraumabenteuers. Kenny konnte am Besten die tiefsinnigen Dialoge zwischen Luke und Yoda aus dem Film während der Ausbildung zum Jedi-Ritter wiedergeben. Es ging um Begriffe wie 'Geduld', 'Energie', 'Glaube', 'Angst' und 'Macht', die jeweils lange und inspirierende Diskussionen mit sich brachten. Mark und Carina begegneten einander eher auf der sachlich distanzierten Ebene.

Am letzten Heldentreffen vor Weihnachten kam Carina früher als gewohnt zu Mark. Als er die Türe öffnete, stand sie lächelnd mit einem Geschenk vor ihm. Mark war es etwas peinlich, da er gar nicht mehr damit gerechnet hatte, dass er die Chance hatte mit ihr unter vier Augen zu reden.

Im Club-Raum setzte sie sich neben ihn und sagte: »Lieber Mark, danke dass du mir die Zeit gelassen hast, um über meine Gefühle nachzudenken. Ich fühle tatsächlich so etwas wie Liebe für dich. Es ist allerdings viel zu früh für mich und meine Mutter meint, sie hätte meinen Vater erst im Studium kennen gelernt. Alle Freundschaften vorher seien bei ihr zerbrochen und deswegen habe ich große Angst, dich dann zu verlieren. Du bist mir einfach zu wertvoll. Können wir nicht einfach die besten Freunde bleiben?«

Carina gab Mark das Geschenk mit Tränen in den Augen und dennoch mit einem wunderschönen Lächeln im Gesicht. Mark öffnete das Päckchen und heraus kamen zwei Freundschaftsbändchen, die sich nur durch einen aufgestickten Buchstaben unterschieden – einmal 'M' für Mark und einmal 'C' für Carina. Mark freute sich, Carina zumindest wieder als beste Freundin zu haben.

DER RUF NACH FREIHEIT

Bei einem der wöchentlichen Heldentreffen entschuldigte sich Carina, dass sie heute schon früher gehen werde, weil sie ihrer Mutter bei dem schönen Wetter noch im Garten helfen müsste. Daraufhin teilte Harry mit: »Ich muss auch noch für meine Mutter ein paar Bestellungen in der Stadt abholen, bevor wir mit dem Zug nach Hause fahren. Da können wir dann ja zusammen gehen.«

»Wenn wir uns jetzt ranhalten, dann schaffen wir noch den größten Teil. Den Rest mache ich mit Kenny und Peter dann noch fertig. Aber ihr kennt ja die Regel, wer das Clubtreffen für einen wichtigen Grund früher verlässt, muss trotzdem 50 Pfennig in die Kasse zahlen. Ohne wichtigen Grund wären es ja fünf D-Mark«, klärte sie Mark auf.

Nach einer halben Stunde verließen Carina und Harry das Treffen. Die restlichen drei sortierten, diskutierten und klebten noch alle Informationen zum bald auf der Kinoleinwand erscheinenden 'Supermann II – Allein gegen alle'-Film in den passenden Club-Ordner. Als dann der Klebstoff leer war und Mark im ganzen Haus keinen Ersatz fand, beschlossen die drei das Treffen offiziell zu beenden. Mark nahm sich aus der Clubkasse ein wenig Geld und begleitete seine zwei Freunde Richtung Bahnhof, um auf dem Weg dorthin für das nächste Treffen neuen Klebstoff zu kaufen.

Sie kamen an der italienischen Eisdiele vorbei, die bei dem schönen Frühlingswetter das erste Mal im Freien bestuhlt hatte. Kenny hatte die Idee für alle ein Eis zu kaufen und dies zur Belohnung aus der Clubkasse zu bezahlen. Peter willigte sofort ein, doch Mark bremste etwas: »Aber nur eine Kugel für jeden, sonst geht uns das Geld noch aus.«

So stellten sich die drei vor die Eistheke und bestellten ihr wohlverdientes Eis.

Als Mark gerade an seiner mit Stracciatella-Eis gefüllten Waffel schlecken wollte, sah er in einer Ecke im Außenbereich Harry und Carina fröhlich und ausgelassen einen Eisbecher schlemmen. Obwohl er innerlich kochte, konnte und wollte er Kenny und Peter nicht darüber informieren und folgte ihnen in Richtung Bahnhof. Er fragte sich: ›Warum hatten ihn seine Helden-Club-Freunde belogen? Steckte etwa mehr dahinter? Und warum verbrachte Carina jetzt gerade Zeit mit Harry, der sie doch schon so oft genervt hatte?‹

In diesem Augenblick schickte ICH Mark die Erinnerung, wie er bei Kennys 11. Geburtstag das erste Mal Harry mit seinen coolen Klamotten gesehen hatte und wie sich Carina danach die ganze Zeit für ihn interessierte.

Da kam in Mark wieder ein unbehagliches Gefühl hoch, welches ihn klein und schwach machte. Dabei dachte er: ›Carina hat mir doch gesagt, dass sie mich nie verlieren will und wir immer ehrlich miteinander umgehen wollen. Das kann nur daran liegen, dass ich ihr nichts zu bieten habe und ich immer noch die alten Klamotten von Sven tragen muss. Kein Wunder, wenn sie mich nicht mehr lieb hat. Wer möchte schon einen Freund, der in der Kleidung des ungeliebten Bruders rumläuft?‹

Mit diesen Gedanken bog Mark in das Kaufhaus ab, nachdem er sich von Peter und Kenny verabschiedet hatte. In der Schreibwarenabteilung besorgte er den benötigten Klebstoff. Dann zog es ihn weiter auf die Rolltreppe nach oben in die Stockwerke für die Bekleidung. Nach der Damen- und Herrenabteilung fand er im 3. Stock dann den passenden Bereich für sein Alter. Als ihn dort eine Frau ansprach, ob sie ihm behilflich sein könnte, lehnte er freundlich ab, da er sich ja nur etwas umschauen wollte. Da waren sie also, die neuesten Klamotten, die ihm aus seiner Misere helfen könnten. Er fand eine coole 'Mustang'-Jeans von der Marke mit dem galoppierenden Pferd, die ihm auf Anhieb gefiel. Im Stapel suchte er sich eine Jeans mit seiner aktuell passenden Größe. Jetzt konnte er das erste Mal ganz für sich in Ruhe das anziehen, was ihm auch gefiel. Auf der Suche nach einer Kabine fand er noch ein buntes T-Shirt und an einer anderen Stelle eine Jeansjacke als passendes Gegenstück zur Hose.

Anschließend betrachtete er sich außerhalb der Kabine mit der neuen Kleidung im Spiegel. Eine Verkäuferin machte ihm beim Vorbeilaufen ein Kompliment und sagte, wie toll er damit aussehen würde. Die passenden Schuhe dazu könne er im Untergeschoss finden. Er nahm die Wertsachen aus seiner alten Hose und fuhr mit dem Aufzug ganz nach unten. Dort fand er mit Hilfe eines sportlich aussehenden Mannes die passenden Schuhe mit einem weiteren springenden Tier auf der Seite – echte 'Pumas'. Mark fühlte sich unbeschreiblich wohl darin. Ein fremdes Mädchen, das auch in der Schuhabteilung war, lächelte ihn sogar an. Er wusste nicht mehr genau, was ihn dazu bewegte im Aufzug anstatt der Taste '3. OG' den 'EG'-Knopf zu drücken und den nahe gelegenen Hinterausgang ins Freie zu nehmen. Zumindest spürte er ein bisher unbekanntes Gefühl von Freiheit und Selbstbestimmung, das sogar seine Körper- und Kopfhaltung nach oben ausrichtete. Er schwebte förmlich bis zu dem Moment, als ihn von hinten jemand am Kragen packte. Beim Umdrehen erkannte er einen grauhaarigen Mann in Anzug und Krawatte.

»Moment mal du Bürschchen – hab ich dich erwischt! Ein Ladendieb kommt bei uns nicht so einfach davon«, triumphierte der Mann und zerrte ihn zurück in das Kaufhaus. Dort schleppte er ihn in sein dunkles, kleines Büro im Kellergeschoss. Da saß Mark nun, völlig geschockt und niedergeschlagen und der Kaufhausdetektiv verhörte ihn mit ernster Miene.

Aus meinem Speicher schickte ICH Mark die Erinnerung, als er mit sieben Jahren mit seiner Mutter auf die Vernehmung im Polizeirevier wartete. Damals bekam er mit, wie eine junge

Frau als Ladendiebin verhört wurde und lautstark über einen Kaufhausdetektiv schimpfte.

Mark wurde es mulmig im Bauch und er hatte Probleme zu atmen, da sich sein Hals wie durch eine unsichtbare Schlinge zuzog. Er saß stocksteif auf dem Stuhl und gab keinen Laut von sich.

»Na gut, wenn du nicht kooperativ bist, dann wirst du schon sehen, was gleich passiert«, drohte der Detektiv mit böser Miene und fuhr fort: »Gib doch endlich zu, dass du hier schon oft geklaut hast. Wenn nicht, wird es die Polizei schon heraus bekommen. Wir haben gemeinsam schon so einige Ladendiebe überführt. Und wenn es uns zu bunt wurde, dann haben wir die kleinen Verbrecher vor das Jugendgericht gebracht. Die haben sie dann ins Gefängnis oder ins Heim gesteckt oder zumindest zu Sozialstunden verdonnert. Du hast jetzt die letzte Chance, alles zu gestehen, bevor ich die Polizei anrufe!«

»Ich wollte das nicht klauen – ehrlich nicht – und ich hab noch nie etwas gestohlen!«, brach es nun aus Mark heraus.

»Das kannst du dem Osterhasen erzählen, aber mir nicht. Ich habe dich schon öfter beobachtet, wie du dich gemeinsam mit einem Mädchen in der Schreibwarenabteilung und bei den Zeitschriften herumgetrieben hast. Die habe ich übrigens heute auch schon mit einem anderen Typen gesehen. Das nächste Mal erwische ich deine kleine Freundin auch und dann wirst du schon sehen, was mit der kleinen Diebin passiert«, versuchte der Detektiv ihn weiter einzuschüchtern.

Mit aufkommendem Mut erwiderte Mark: »Sie dürfen mich doch gar nicht so behandeln und mich auch nicht gegen meinen Willen festhalten. Rufen Sie jetzt sofort die Polizei und lassen Sie mich mit ihren Drohungen in Ruhe.«

»Du wirst schon sehen, was ich alles darf«, rechtfertigte er sich, nahm den Telefonhörer und rief die Polizei.

Nach zehn wortlosen Minuten öffnete sich seine Bürotür und herein kam der Polizist Alois. Dieser blickte Mark überrascht an und spottete: »So so, da haben wir ja den Richtigen erwischt. Kein Wunder, dir fehlt es wohl an Zucht und Ordnung. Dich vernehme ich am besten gleich hier!« Der Detektiv machte einige Erklärungen zur Tat und ging dann nach draußen, um nach Marks alter Kleidung zu suchen.

Die bisherigen Symptome von Mark verstärkten sich weiter und zusätzlich hämmerte es in seinem Kopf. Kurz bevor er diesen Druck durch das Aufschlagen auf die Schreibtischplatte loswerden wollte, fing Alois an mit bestimmender Stimme auf ihn einzureden: »Mark, du hast jetzt genau zwei Möglichkeiten! Entweder du stellst dich weiterhin gegen mich wie deine Schwester Penny, dann finde ich jetzt eine Möglichkeit, um auch dich vom Hals zu bekommen. Oder du spielst bei meinem Spiel mit und bist ab jetzt der brave Stiefsohn, damit ich und deine Mutter endlich ein Paar werden können.«

»A-a-aber ich will meine Mutter n-n-nicht auch noch verlieren«, stotterte Mark.

»Dann sind wir uns ja einig. Du bekommst deine alte Kleidung und wir tun dafür so, als ob der Diebstahl nie passiert wäre. Verstanden?«, forderte Alois.

»Verstanden – was hab ich denn sonst für eine Wahl?«, stellte Mark resigniert fest.

Da klopfte es bereits an der Tür und der Detektiv brachte Marks alte Kleidung. Dieser zog sich rasch um. Währenddessen erklärte Alois dem Detektiv, dass der Junge nur diesen einen Diebstahl gestanden habe und er ihn jetzt zu Hause abliefern würde.

Auf der Fahrt fühlte Mark sich schon deutlich besser als in dem dunklen Verlies. In dem Moment, als sie am Sportplatz an der Schule vorbei fuhren, verlor Mark sämtlichen Respekt und schrie: »Stopp! Halt an, Alois!«

Der Polizist machte eine Vollbremsung und schaute Mark verwundert an.

»Ich weiß ganz genau, was du hier an dieser Stelle mit Penny gemacht hast. Sie hat mir alles erzählt, als sie damals nachts mit der zerrissenen Bluse nach Hause kam«, begann Mark mit sicherer Stimme und ernsthaftem Ton zu sprechen.

»Dieses durchtriebene Ding hat sich die Bluse selbst aufgerissen, damit sie mich unter Druck setzen kann. Ich habe gar nichts gemacht. Du kannst mir nichts beweisen!«, versuchte sich Alois rauszureden.

»Doch! Pennys Bluse wird als Beweis reichen. Alois, du hast jetzt genau zwei Möglichkeiten! Entweder ich erzähle zu Hause alles meiner Mutter und wir bringen dich wegen Misshandlung ins Gefängnis oder ich sage nichts und du hältst dich ab jetzt komplett aus unserem Leben raus. Hast du das verstanden oder sollen wir dir deine Sterne einzeln von den Schultern reißen?«, forderte Mark bestimmend.

»Hau ab und verschwinde – du kleiner Bastard! Du wirst genauso ein Versager wie dein Vater, dieser arrogante Schnösel!«, schrie Alois mit teuflischem Blick, während Mark das Auto in aller Ruhe verließ.

Mark lief wie in Trance den Weg nach Hause, dachte zuerst an seinen Vater und dann an Carina. Er wollte auch hier für Klarheit sorgen. Also wechselte er die Richtung und lief zu Carinas Elternhaus. Er dachte sich: ›Entweder hat sie eine gute Erklärung für das Ganze oder sie bekommt ihr Freundschaftsbändchen zurück.‹

Als er Carina nicht im Garten hinter dem Haus fand, klingelte er an der Haustür. Sie öffnete ihm und schaute ihn fragend an: »Was machst du denn hier?«

»Ich möchte etwas Wichtiges mit meiner besten Freundin besprechen.«

»Komm rein – was gibt es denn?«, wollte Carina wissen und Mark folgte ihr in ihr Zimmer.

»Kannst du mir bitte ehrlich erklären, warum du vorhin mit Harry beim Eisessen warst, anstatt deiner Mutter zu helfen?«

»Mark, du hast ja so recht. Als wir bei mir zu Hause ankamen, musste meine Mutter nochmal dringend ins Büro. Zuerst wollte ich zurück zu euch, doch dann hat mich Harry gebeten, ihm zu helfen. Seine Mutter hatte im Kaufhaus ein paar Klamotten für ihn zurücklegen lassen, die er jetzt auswählen sollte. Danach hat er mich dafür auf ein Eis eingeladen. Sonst war da wirklich nichts anderes dabei. Ich glaube, Harry steht sowieso nicht auf mich«, legte Carina ihre Sichtweise dar.

»Da hätte ich mir vorhin echt ein paar Probleme ersparen können, wenn ich gleich zu euch an den Tisch gekommen wäre«, bereute Mark und erzählte Carina seinen Kaufhauskrimi in allen Einzelheiten.

Carina war erstaunt, wie Mark den Dimpfelmoser losgeworden war: »Mark, du bist ein echter Held. Aber ohne mich wäre dir das heute wahrscheinlich nicht gelungen. Es war also doch für etwas gut.«

Beide nahmen sich ganz fest in die Arme und Mark konnte dabei fühlen, dass Carinas Herz immer noch für ihre Freundschaft schlug.

ICH konnte Mark zwar in dieser schwierigen Situation mit meinen Erinnerungen zur Seite stehen und sie ihm im passenden Augenblick schicken, jedoch geschah es nur noch selten, dass Mark wirklich auf meine Impulse reagierte. Sein Verstand hatte inzwischen so große Macht über ihn, dass ICH mich in vielen Bereichen schlafen legte und nur noch mein Standardprogramm abspulte. Das bedeutete auch, dass die Entwicklung von weiteren außergewöhnlichen Fähigkeiten erst einmal auf der Strecke blieb.

Mark hatte eine unruhige Nacht hinter sich. Obwohl er schlecht geschlafen hatte, zog ihn seine Neugier aus seinem Bett. Er war gespannt, welche Überraschung an seinem 14. Geburtstag auf ihn warten sollte. Er hörte Geräusche aus der Küche und folgte diesen. Dort stand seine Mutter mit einer Tasse Kaffee in der Hand. Sie schaute etwas überrascht, weil Mark schon wach war und fragte ihn: »Was machst du denn in den Ferien schon so früh auf den Beinen? Na komm erst mal her mein Großer und lass dir gratulieren.«

Noch etwas verschlafen ließ sich Mark nur sehr widerwillig in die Arme nehmen und beglückwünschen.

»Wo willst du denn hin, Mama?«

»Ich dachte, du schläfst noch bis 11 Uhr und deswegen wollte ich gerade zur Arbeit. Bis zum Mittag bin ich dann pünktlich da, um dir dein Lieblingsessen zu kochen, mein Schatz«, versicherte Angy.

»War ja klar, dass dir die Arbeit wieder mal wichtiger ist als ich«, erwiderte Mark etwas trotzig.

»Was redest du denn da?«

»Ach, dir war doch noch nie wichtig, was ich mir wünsche. Es geht immer nur um deine Arbeit, um deine Probleme und um dich!«, gab Mark provozierend als Antwort.

»So, und was war dann an deinem 10. Geburtstag, an dem alles in Erfüllung gegangen ist, was du dir gewünscht hattest?«, versuchte sich Angy zu verteidigen.

»Genau das hab ich bei Alec gelernt! Er hat mir gezeigt, wie man sich Ziele setzt. Aber du hast mir ja verboten, weiterhin zu ihm zu gehen!«, entgegnete Mark wütend.

»Das war nicht Alecs Verdienst. Ich hatte damals deinen zerknüllten Zettel im Papierkorb gefunden. Ein Jahr lang habe ich mein Bestes gegeben und alles auf die Seite gelegt, damit dein 10. Geburtstag schön wird. Ist das jetzt der Dank dafür?«, klagte Angy aufbrausend.

»Ich bin jetzt 14 Jahre alt und ich werde auch irgendwann wieder zu Alec gehen! Ich kann selbst bestimmen, was ich mache. Wenn du dich jetzt noch weiter so aufführst, wie damals immer bei Penny und mich ständig kontrollierst, dann bist du mich auch bald los. Akzeptier endlich, dass ich auch ein Recht auf ein selbstbestimmtes Leben habe und nicht immer nur das gemacht wird, was du willst!«, brüllte Mark seine Mutter an.

»Dann hör du endlich auf, immer deinen Vater zu suchen! Wenn der sich für uns auch nur ein Sandkorn interessieren würde, dann hätte er sich in den letzten zwölf Jahren zumindest einmal gemeldet. Weißt du was, dann mach doch ab heute, was du willst! Ich gehe jetzt jedenfalls zur Arbeit!«, schnaubte Angy und ließ Mark in der Küche stehen. Beim Verlassen der Wohnung knallte sie hörbar die Türe hinter sich zu.

So hatte sich Mark seinen Geburtstag nun wirklich nicht vorgestellt. Dennoch machte er sich einen heißen Kakao und tunkte ein Stück Hefezopf hinein. Dabei fühlte er sich schon deutlich besser. Danach verschwand er im Bad. Unter der Dusche konnte er, wie schon so oft, seine negativen Gedanken loslassen und diesmal auch den Streit mit seiner Mutter kurzfristig vergessen. Die Dusche wurde im Laufe der Jahre für ihn zu einem Ort der Ruhe und Entspannung.

Dabei zeigte ICH ihm die Erinnerung, als Alec ihm an seinem siebten Geburtstag ein Geschenk in die Hand drückte und ihn bat, mit dem Inhalt an seinem 14. Geburtstag zu ihm zu kommen.

Und mit diesen Gedanken eröffnete ICH Mark das vierte Geheimnis für ein selbstbestimmtes Leben:

> ***›Wenn Dir im Leben Menschen begegnen,
> die Dir mit ihrem Wissen helfen Deinem Ruf
> zu folgen, dann prüfe, ob sie es von Herzen
> tun und Großartiges in Dir sehen.‹***

Jetzt wurde Mark bewusst, dass er genau heute zu Alec gehen musste. Schnell duschte er sich den letzten Schaum aus den Haaren, um dann in seinem Zimmer die Schatztruhe zu suchen. Lange hatte er schon nicht mehr an sie gedacht und fand sie ganz hinten in seinem Kleiderschrank unter den Winterpullis. Als er die Truhe an seinem Schreibtisch öffnete und nach Alecs Geschenken suchte, kam ihm die Adlerkette des Mannes aus Dubai in die Finger. Er legte sie zusammen mit dem Taschentuch neben die Truhe, um das Päckchen von Alec zu öffnen. Darin lag immer noch der Schüssel mit der Notiz:

> ›Dies ist Dein Schlüssel zur Freiheit.
> Bringe ihn an Deinem 14. Geburtstag zu mir
> und Du wirst seine Bedeutung erfahren.
> Dein Alec‹

Daneben lag noch das zweite Geschenk – eine Zündkerze mit der Aufschrift 'CHAMPION', die er von Alec zwei Jahre später bekommen hatte. Daran hing noch immer der Zettel mit der Botschaft, dass er auch die Zündkerze an seinem heutigen Geburtstag mitbringen sollte. Er schaute sich nochmals den Buchstaben- und Zahlensalat auf der Rückseite an.

›31N C4POM1HN 8G1RN7 5N313
Z3NDÜND3N 133DN ZUM LCH3UT3N,
34GL W13 DK3NUL D3R MNO3M7 UND
W13 SR74K D3R DCRUK 4UCH 157.‹

Da hatte ICH damals eine wirklich knifflige Aufgabe zu lösen. ICH zog alle Register und suchte zu den Zahlen ähnlich aussehende Buchstaben. Danach half es mir, dass ich jedes einzelne Wort als Bild in meinem riesigen Speicher abgelegt hatte. So war es für Mark nur noch notwendig, für jedes einzelne Wort den ersten und letzten Buchstaben zu erkennen und mit Hilfe seines Verstandes Ordnung in den Mittelteil zu bringen.

Plötzlich konnte Mark die Geheimschrift spielend leicht entziffern:

›EIN CHAMPION BRINGT SEINE
ZÜNDENDEN IDEEN ZUM LEUCHTEN,
EGAL WIE DUNKEL DER MOMENT UND
WIE STARK DER DRUCK AUCH IST.‹

Mark wurde jetzt noch einmal in seinem Vorhaben bestätigt, genau heute zu Alec zu gehen. Also zog er sich rasch an.

Nachdem er die Schatztruhe wieder in seinem Schrank verstaut hatte, fiel ihm auf, dass das Taschentuch mit der Adlerkette noch auf dem Schreibtisch lag. Er nahm die Kette mit dem Anhänger die Hand und schaute sie genau an. Sie war sehr filigran verarbeitet und viele Details des Adlers waren zu erkennen. Selbst die Kette war mit einem interessanten Schliff verarbeitet und schimmerte in den ersten Sonnenstrahlen, die durch sein Zimmerfenster fielen. Mark legte sich die Kette an und stellte sich im Badezimmer vor den Spiegel. Er fühlte sich stolz, als er sein Spiegelbild betrachtete. Unerwartet kamen Zweifel in Mark hoch: ›Würde Alec mich überhaupt wiedersehen wollen? Immerhin waren seit meinem letzten Besuch fast fünf Jahre vergangen.‹ Doch er schob alle Zweifel beiseite, schnappte sich beide Geschenke und nahm den Ziele-Ordner aus seinem Bücherregal. Voller Hoffnung machte er sich auf den Weg zu ihm.

Als Mark bei Alec an der Tankstelle ankam, hing an der verschlossenen Eingangstür ein Schild mit der Aufschrift: ›Am Feiertag geschlossen.‹

Mark wunderte sich, denn es war heute, bis auf seinen Geburtstag, ein ganz normaler Wochentag. Er dachte sich: ›Vielleicht ist er ja weggefahren.‹

Doch ohne lange nachzudenken, lief er nach hinten in den Hof zur Autohalle, weil er hoffte, dass er Alec vielleicht dort antreffen würde.

Mark drückte den Griff des alten rostigen Stahltors nach unten und zu seinem Erstaunen öffnete sich dieses. Er ging hinein, doch von Alec war weit und breit keine Spur. In der Mitte der Halle stand Alecs alter blau-weißer Bus, der allerdings inzwischen sichtbare rostige Stellen hatte. Auf der Frontscheibe klebte ein Zettel mit dem Text:

›Die Geduld ist ein Schlüssel zur Freiheit.‹

Er lief in die kleine Küche, doch auch dort fand er Alec nicht. Allerdings roch es lecker nach frisch gebackenem Kuchen. Mark war irritiert und ging wieder zurück in die Halle. Auf der Rückseite des Busses sah er nun einen weiteren Zettel, auf dem stand:

›Alles, woran Du nicht glauben kannst,
wird Dein Versagen sein
und damit versagst Du es dir.‹

›Hm, was bedeutet das denn schon wieder?‹, wunderte sich Mark. Er lief um den Bus herum und an der Fahrertür hing ein weiterer Hinweis:

›Wenn Du Dich für Dein Leben öffnest, dann
öffnen sich auch die richtigen Türen für Dich.
Der Schlüssel dazu liegt in Deiner Hand.‹

Mark öffnete seine mitgebrachte Schachtel und entnahm den Schlüssel. Er steckte ihn instinktiv in das Türschloss und drehte ihn nach rechts, bis er ein leises Klacken hörte. Er öffnete die Tür und begann im Innenraum nach einem weiteren Hinweis zu suchen. Auf dem kleinen ausgeklappten Tisch im hinteren Bereich des wohnlich eingerichteten Busses, fand er einen weiteren Zettel. Er setzte sich auf die Sitzbank und las fasziniert:

›Herzlichen Glückwunsch zu Deinem neuen Lebensabschnitt.
Dein 14. Geburtstag ist der Start für den Weg in die Erwachsenenwelt.‹

In diesem Moment öffnete sich die seitliche Schiebetür und Alec stand lächelnd mit einem Tablett mit Kaffee, Kakao, Kuchen und einer brennenden Kerze vor ihm: »Happy Birthday to you – schön, dass du wieder den Weg zu mir gefunden hast.«

Während Alec das Tablett auf den Tisch stellte, fragte Mark verdutzt: »Woher wusstest du, dass ich heute zu dir komme?«

»Ich habe immer an dich geglaubt und war fest davon überzeugt, dass du heute – an deinem Feiertag – zu mir kommst!«

»Oh Mann, ich habe dir so viel zu erzählen«, fiel Mark Alec um den Hals.

Nach einem kräftigen Schluck aus der Kakaotasse sprudelte es nur so aus Mark heraus und er erzählte, was er in den letzten Jahren alles erlebt hatte.

»Das Zieleblatt von damals hat mir geholfen, dass ich heute im Gymnasium ein richtig guter Schüler bin. Auch mein Geburtstagswunsch ist damit ein Jahr später, an meinem 10. Geburtstag genauso in Erfüllung gegangen, wie ich es formuliert hatte. Doch heute Morgen hat mir meine Mutter gesagt, dass sie den zerknüllten Zettel damals beim Papierkorbleeren fand. Den hatte ich ja voller Wut am Abend meines Geburtstags hineingeworfen. Da konnte ich natürlich lange im Keller bei den ekeligen Spinnen im Altpapier suchen. Sie hat im darauf folgenden Jahr alles für diesen Tag organisiert, um mir eine Freude zu machen. Also lag es gar nicht an mir, oder?«, vermutete Mark etwas traurig.

»Was meinst du? Wäre das passiert, wenn du das Zieleblatt nicht geschrieben und wenn du es an diesem Abend nicht entmutigt in den Papierkorb geworfen hättest?«, entgegnete Alec.

»Ich hätte es in meiner Schatztruhe versteckt und sie hätte es nie gesehen. Also habe ich das Ergebnis doch verursacht!«, schlussfolgerte Mark.

»Die Ursache für die Erfüllung war das Schreiben des Zieleblattes. Nur der Weg dorthin ist manchmal anders, wie du ihn dir vorstellst. Das Ergebnis selbst hast du mit Hilfe deiner Mutter zu einhundert Prozent erreicht – Glückwunsch!«, bestätigte Alec seinen Schüler.

»Leider hatten wir heute Morgen einen heftigen Streit und meine Mutter ist dann voller Wut zur Arbeit gegangen. Es war genau so, wie sie immer mit Penny gestritten hatte, bis die dann vor dreieinhalb Jahren einfach abgehauen ist«, berichtete Mark.

»Was, Penny ist weggelaufen? Hast du denn noch Kontakt mit ihr?«, fragte Alec entsetzt.

„Sie schreibt mir manchmal einen Brief, damit ich beruhigt bin und weiß, dass es ihr gut geht. Doch Penny sagt, ich soll einfach verstehen, dass sie keinen Kontakt mehr zu unserer Mutter haben möchte«, erklärte Mark mit großer Wehmut.

»Und wie geht es deiner Mutter damit?«, hakte Alec nach.

»Am Anfang ist sie in ein großes Loch gefallen und hat alle Hebel in Bewegung gesetzt, um sie zu finden. Mir gegenüber war sie ab diesem Zeitpunkt viel großzügiger. Ich durfte damals sogar Pennys leerstehendes Zimmer benutzen, um mich mit meinen Freunden für unseren Helden-Club zu treffen. Allerdings musste ich ihr auch versprechen, dass ich das Zimmer wieder räume, wenn Penny zurückkommt. Fast ein Jahr später hat uns dieser doofe Polizist Alois bei einem seiner Besuche darüber informiert, dass Penny in Hamburg untergetaucht sei und sich ihre Spur dort allerdings wieder verlaufen hätte.«

»Der doofe Polizist Alois?«, rätselte Alec.

»Ja, genau der Polizist, der uns damals nach unserem Unfall verhörte und auch an dir kein gutes Haar gelassen hatte. Er schaffte es immer wieder, aus irgendwelchen Gründen, mit meiner Mutter in Kontakt zu treten. Ich glaube, die sind auch öfters als einmal miteinander ausgegangen. Doch als Penny ihn dann endlich mit einer Aktion erfolgreich abwimmeln konnte, hatte ich lange Zeit Ruhe vor ihm – bis vor einem halben Jahr, als ich beim Klauen erwischt wurde. Ich kann mir auch gut vorstellen, dass er bei Pennys Verschwinden die Finger im Spiel hatte«, hörte Mark gar nicht mehr auf, weiter zu erzählen.

»Mark, ganz langsam. Den Polizist kenne ich nur zu gut. Der versucht mir auch immer wieder Steine in den Weg zu legen. Aber jetzt schön der Reihe nach. Was ist denn ein Helden-Club, warum hast du geklaut und was hat der Polizist denn Schlechtes über mich erzählt?«

Mark erzählte ihm alles ausführlich. Beim Thema Helden-Club stellte sich heraus, dass auch Alec ein großer Fan von den 'Krieg der Sterne'-Filmen war. Mark erklärte auch, dass die negativen Behauptungen des Polizisten über Alec der Grund waren, warum er den Kontakt mit ihm abbrechen musste.

Alec schien plötzlich etwas wütend sowie traurig zugleich und erklärte: »Eines darfst du dir hinter die Ohren schreiben – rede über einen Menschen nur negativ, wenn dieser auch anwesend ist, um Stellung zu beziehen. Ansonsten sei kritisch, wenn du etwas Negatives über andere in ihrer Abwesenheit hörst.«

Mark nickte und dabei kam seine goldene Adlerkette unter dem T-Shirt zum Vorschein. Als Alec diese bemerkte, wollte er sie sich genauer ansehen. Mark nahm die Kette ab und legte sie in Alecs Hände. Er begutachtete sie: »Ist der Adler das Geschenk von dem Mann aus Dubai?«

»Ja und ich habe sie heute das erste Mal überhaupt um den Hals. Sie lag die ganzen Jahre in meiner Schatztruhe. Ich habe sie heute Morgen wieder entdeckt, als ich deine Geschenke von damals gesucht habe.«

»Das ist eine gute Idee, dass du die Kette nun bei dir trägst. Kennst du die Bedeutung des Adlers?«

»Ja klar, von dir damals. Aber du hast mir nie gesagt, für welches Tier sich die Menschen entschieden haben.«

»Für welches Tier würdest du dich denn entscheiden? Für die Muschel, den Adler oder für ein ganz anderes Tier?«

»Kann ich auch eine Mischung aus beiden sein – ein 'Mudler'?«, wollte Mark wissen und fing sofort an herzhaft zu lachen.

»Du hast recht. Viele würden tatsächlich gerne Muschel und Adler zugleich sein. Maximale Freiheit genießen mit geringstmöglichem Aufwand. Wenn du dieses Fantasietier in der Mitte mit einem 't' schreibst, dann haben wir zumindest einen 'Mutler'. Mehr Mut statt Wut braucht die Welt, denn mit Wut zerstörst du deine Freiheit und nur mit Mut wirst du ein selbstbestimmtes Leben führen können«, philosophierte Alec.

»Wer will denn schon ein 'Wutler' sein?«

»Wenn du irgendwann eine echte Entscheidung getroffen hast, welches Tier für deine Persönlichkeit Vorbild sein soll, dann kannst du mir das bei passender Gelegenheit gerne mitteilen.«

»Okay, das mache ich!«

»Doch du solltest auch wissen, dass dein Adler neben dem ideellen auch einen materiellen Wert für dich hat – ich schätze ihn auf mindestens 1.000 D-Mark«, erklärte Alec.

Mark wurde ganz heiß und er merkte, dass in ihm eine Angst hochkam, weil er diesen wertvollen Schatz verlieren könnte.

»Ich glaube, dann sollte ich ihn auch nur an besonderen Tagen tragen und irgendwann nach Dubai zurückbringen.«

»Genau Mark, doch warum bist du denn heute eigentlich hier?«, wollte Alec jetzt wissen.

»Wegen dem Schlüssel zur Freiheit!«

»Warum bist du heute überhaupt hier?«, bohrte Alec nach.

»Weil ich dich wiedersehen wollte!«, versuchte Mark die richtige Antwort zu geben.

»Nein Mark, warum bist du denn heute überhaupt hier auf dieser Welt?«

»Weil ich vor 14 Jahren geboren wurde!«

»Und von wem?«

»Von meiner Mutter«, ergänzte Mark.

»Solltest du denn mit der Frau, die all die Schmerzen ausgehalten hat und am Tag deiner Geburt die wichtigste Aufgabe für dich erledigt hat, böse sein?«

»Eigentlich nicht«, antwortete Mark.

»Deine Mutter hat mit dem Tag deiner Geburt ihre Hauptaufgabe erfüllt. Alles andere war Bonusmaterial. Sei dankbar, dass sie da war und verzeihe ihr, wenn sie in der Vergangenheit mal nicht so sein konnte, wie du es wolltest«, führte Alec aus.

Mark antwortete jedoch mit tiefer Wut: »Es ist schwer für mich, ihr einfach zu verzeihen. Sie hat mir ...«

Alec unterbrach ihn: »Mark, dein größtes Geschenk wartet auf dich, wenn du bereit bist deine Sichtweise zu verändern. Was ist der Sinn von diesem Fest? Hast du dir schon mal die Frage gestellt, warum du diesen Anlass – alle Jahre wieder – mehr oder weniger ausgiebig feierst? Vielleicht ist es jetzt auch an der Zeit dein größtes Geschenk selbst auszupacken und zu entdecken. Es hat nur drei Buchstaben und steckt in Worten wie 'glücklich', 'erfolgreich' und auch in 'Persönlichkeit'. Suche danach und du wirst dein 'ICH' darin finden! Wenn du dir – also deinem 'ICH' – zu diesem Fest das größte Geschenk machen willst, dann folge einer der wichtigsten Tugenden, die den Sinn darin widerspiegeln – der Verzeihung. Wenn du anderen verzeihst, heißt das nicht, dass du schwach bist, weil du nachgegeben hast. Es heißt auch nicht, dass du alles unter den Teppich kehren sollst und die Verletzungen und Kränkungen einfach so vergessen musst. Du sollst dir auch keine Friede-Freude-Eierkuchen-Mentalität antrainieren. Der dadurch erzeugte innerliche Druck führt nämlich wiederum zu einem unfreiwillig angepassten Verhalten. Und Unfreiwilligkeit ist der einzige Stressauslöser in unserem Leben. Diese Verhaltensmuster machen krank, schwach, macht- und erfolglos.«

Mark schaute Alec verwundert an, doch dieser erklärte weiter: »Wie wäre es mit einem Fest ohne Eierkuchen? Du kannst aus freiem Willen deinem 'ICH' ein Gefühl von Friede und Freude bescheren, indem du anderen Menschen verzeihst! Es kann auch sein, dass du selbst diese Person bist, der du verzeihen darfst. Wenn du fähig bist zu verzeihen, dann zeigst du wahre Größe und dass du eine wahrhaft große Persönlichkeit hast und bist – das ist ein Ausdruck von mentaler Stärke. Du musst dafür nicht einmal direkt auf die betreffende Person zugehen. Denn manchmal ist das vielleicht gar nicht mehr möglich. Dann mache das in deinen Gedanken. Stelle dir mental vor, wie du vor diesem Menschen stehst und ihm sagst: ›Ich verzeihe dir, weil du nicht so warst, wie ich es mir gewünscht habe. Ich wünsche uns Friede und Freude!‹ Du wirst spüren, welche Last von dir fällt und wie die Freiheit in dir wächst, wenn sich diese mentalen Fesseln lösen. Manchmal kommt das größte Geschenk dann sogar auf dich zu und die betreffende Person bittet dich um Verzeihung. Dann nimm es bereitwillig an und zeige die wahre Größe deiner Persönlichkeit. Das Entfalten deiner Persönlichkeit ist wohl dein größtes Geschenk, das du dir im Leben machen kannst.«

»Verzeihen ist eine der größten Stärken?«, wunderte Mark und fügte hinzu: »Aber ...«

»Nicht 'ABER' – du kannst mit dem Wort 'UND' das gleiche sagen, jedoch machst du damit dein Gegenüber nicht klein!«

»Okay! Und mein Vater hatte welche Aufgabe? Der war doch nicht mal an meiner Geburt da!«

»Was war die Aufgabe deines Vaters?«, fragte Alec.

»Geld zu verdienen?«, versuchte Mark zu raten.

»Nein, ich meine früher«, bohrte Alec nach.

»Mich zu zeugen?«, fragte Mark leicht errötend.

»Ja, das war die einzige Aufgabe, sonst wärst du nicht hier. Alles danach war wiederum Bonusmaterial. Nur du entscheidest, wann, wie oft und mit welchen Gefühlen du diesen inneren Film immer wieder anschaust – traurig, weil er nicht mehr da ist oder mit Freude, dass du ihn überhaupt gesehen und gefühlt hast«, führte Alec aus.

»Danke Alec, das ist für mich eine ganz neue Sichtweise und macht es um einiges leichter, damit zurechtzukommen!«

»Und jetzt zeige ich dir die letzten Geheimnisse, wie Superhelden sich Ziele setzen«, fuhr Alec fort. »Das mit den ersten drei Fragen auf deinem Zieleblatt hat ja für dich schon super funktioniert. Jedoch gibt es zu den drei Schritten 'WAS', 'WILL' und 'ICH' noch weitere drei, die ich dir damals nicht mehr beibringen konnte, da du nicht mehr zu mir kommen durftest. Bist du bereit diese heute von mir zu lernen?«

»Ja – ich will!«

Alec schmunzelte und begann nochmals von vorne mit dem ersten Schritt: »'WAS' für einen Geburtstag möchtest du heute erleben?«

»Ich habe heute die coolste Geburtstagsparty, die ich je erlebt habe!«, antwortete Mark voller Begeisterung.

»Willst du das wirklich?«

»Ja - ich 'WILL'!«, bekräftigte Mark mit Überzeugung.

»Okay – kommen wir nun zum dritten Schritt, zu deinem 'ICH' – zu deiner Persönlichkeit.«

»Gibt es eigentlich eine schlechte Persönlichkeit?«

»Junge, du hast ja gute Fragen. Ich glaube, es gibt weder schlechte noch gute Persönlichkeiten. Wir sind einfach alle nur anders. Schau dir mal deinen Daumen genau an. Alle Rillen darin ergeben ein Gesamtbild. So wie es deinen Daumenabdruck nur ein einziges Mal auf dieser Welt gibt, so gibt es auch deine Persönlichkeit nur ein einziges Mal auf diesem Planeten. Jede Persönlichkeit ist daher einzigartig. Allerdings kannst du diese trainieren und entfalten. Egal was du in deinem Leben verlierst – wichtige Menschen, alles Geld, deine Heimat oder vielleicht einmal deinen Arbeitsplatz – deine Persönlichkeit bleibt immer bei dir. Diese zu entfalten ist das Beste, was du für dich tun kannst!«

»Es war für mich nicht leicht, mit den gebrauchten Klamotten von Carinas Bruder zur Schule zu gehen, da viele über mich lachten«, sagte Mark betrübt.

»Das verstehe ich, doch genau das hat deine Persönlichkeit noch mehr entfaltet. Wenn du dein Selbst nicht von Äußerlichkeiten abhängig machst – also von Dingen oder anderen Menschen – dann wächst dein Selbstwertgefühl, Selbstvertrauen und Selbstbewusstsein. Doch bis diese groß und stark sind, werden dir unweigerlich noch einige Probleme zum Lösen vorgelegt werden. Nicht um daran festzuhalten und deinen Ängsten die Macht über dich zu geben, sondern um diese spielerisch und mutig zu lösen. Das bringt dich deinem Schatz näher, ein selbstbestimmtes Leben zu führen! Hast du denn schon die Persönlichkeit, um für dich selbst eine Geburtstagsparty zu organisieren?«, wollte Alec wissen.

»Ich glaube, das kann ich hinbekommen. Allerdings brauche ich dich mit im Boot. Kannst du mir dabei helfen, Alec?«

»Na klar! Auf mich kannst du zählen und wir können die Party gerne heute bei mir in der Halle feiern!«, bestätigte Alec.

»Oh Alec, das ist die beste Idee überhaupt!«, bracht es begeistert aus Mark heraus.

»Dann kommen wir zum vierten Schritt – der Frage nach dem 'WANN'. Und diesen notierst du bitte wieder auf deinem Spickzettel. Erst wenn du dir einen klaren Termin setzt, wird aus deinem Traum bzw. deinem Wunsch dein richtiges Ziel. Hierbei ist es wichtig, ein genaues Datum, bzw. für heute eine Uhrzeit festzulegen. Also wann soll deine Party heute spätestens beginnen?«

Mark sagte euphorisch: »Um 18:18 Uhr!«

„Grundsätzlich ist es bei dieser Frage wichtig, deinen kleinen Mann im Kopf so zu informieren und inspirieren, damit du es auch mit seiner Hilfe erreichen kannst. Ergänze also hinter deinem 'WANN'? noch die Worte '... bis spätestens' und setzte dann ein Datum ein, mit Tag, Monat und Jahr. Und bei einem so kurzfristigen Ziel wie heute ergänzt du den Termin noch um eine Uhrzeit«, erklärte Alec weiter.

»Bitte formuliere deinen Satz nochmals komplett«, forderte Alec Mark auf.

»Ich habe heute die coolste Geburtstagsparty, die ich je erlebt habe und bis spätestens 18:18 Uhr sind alle meine Gäste da!«, sagte Mark mit leuchtenden Augen und fuhr fort: »... und ich hoffe, dass MENTALMAN das jetzt richtig verstanden hat.«

»Wer?«, fragte Alec erstaunt nach.

»MENTALMAN – der Superheld in mir!«, gab Mark mit leuchtenden Augen von sich.

»Da hast du aber einen genialen Namen für dein Unterbewusstsein entdeckt. Herzlichen Glückwunsch«, bestätigte ihn Alec und ergänzte: »Bei der Frage nach dem 'WANN' gibt es allerdings Situationen, in denen du sinnvollerweise '... ab jetzt' oder '... ab sofort' schreiben solltest. Wenn zum Beispiel die Angst machtlos zu sein in dir hochkommt, dann kannst du mit dem Satz ›Ich bin mit der Macht – ab jetzt‹, deinem MENTALMAN den Auftrag geben, machtvolle Bilder voller Selbstbewusstsein zu finden. Dadurch schaltest du die negativen Gedanken in dir ab.«

»Und wie geht es jetzt weiter mit dem Zieleblatt?«

»Als fünften Schritt stellst du dir die Sinnfrage. 'WARUM' willst du das Ziel erreichen?«

»Weil ich es will«, schoss es spontan aus Mark heraus.

»Fühl mal in dich hinein. Bringt dir diese Antwort die notwendige Energie, damit du dein Ziel erreichen kannst?«, hakte Alec nach.

»Noch nicht so wirklich«, stellte Mark ernüchternd fest.

»Dann suche dir noch mehr Gründe für dein 'WARUM', bis du genug Energie spürst«, forderte ihn Alec auf.

Mark überlegte kurz und erkannte den tieferen Sinn: »Weil ich mir das selbst wert bin und weil ich ungern Dinge alleine tue – also lieber gemeinsam, statt einsam. Das gibt mir jetzt mehr Energie, weil ich selbst bestimmen kann, was ich in meinem Leben haben möchte!«

»Das ist super, denn hinter jedem Ziel steckt der brennende Wunsch nach Freiheit. Und Freiheit bekommst du nur, wenn du dein Leben in die Hand nimmst und selbst bestimmen kannst«, erklärte Alec.

»Dann kommen wir zum sechsten Schritt. 'WIE' willst du das Ziel erreichen? Ein Ziel ist immer ein ungelöstes Problem, solange du es noch nicht erreicht hast. Das ist die Stelle, bei der du dir dann einen Plan machst. Die meisten Menschen stellen sich diese Frage viel zu früh, direkt nach dem 'WAS'. Sie geben dann entmutigt auf, weil sie denken: ›Das schaffe ich sowieso nicht.‹ Erst jetzt, an dieser Stelle, schreibst du auf der Rückseite des Blattes alles auf, was dir hierzu einfällt. Man nennt das auch 'Brainstorming'. Also lass uns jetzt mal einen Sturm in unseren Gehirnen entstehen, der frischen Wind in unsere Problemlösung bringt. Was brauchst du denn alles für deine Feier? Wen möchtest du einladen? Was soll es zu essen und zu trinken geben?«

Nach einer halben Stunde intensiver Ideensuche hatten sie ihren Plan fertiggestellt.

Doch Mark kam ins Zweifeln: »Und wie soll ich denn das Ganze nur bezahlen?

»Die Rechnung übernehme ich. Das hast du dir mit der heutigen Entscheidung hierher zu kommen und mit deiner Geduld bereits verdient«, machte ihm Alec eine riesige Freude.

»Echt jetzt? Das ist ja großartig! Danke Alec.«

»Sehr gerne! Und zu guter Letzt, schaust du dir alle Punkte auf deinem Blatt nochmal an und machst einen

Realitätscheck, indem du prüfst, ob du das auch 'ERREICHEN' kannst«, führte Alec aus.

»Sieht gut aus«, stellte Mark nach einem ausführlichen Check fest.

»Und wenn du jetzt daran glauben kannst, dass dein Ziel Realität wird, weil du es schaffen kannst, dann schreibe ganz unten auf dein Blatt: ›Ich schaffe das!‹. Darunter schreibst du das heutige Datum und besiegelst es mit einer verbindlichen Unterschrift. Das hat auch schon Henry Ford, der berühmte Unternehmer erkannt, indem er sagte: ›Ob du denkst, du kannst es oder du kannst es nicht – du wirst auf jeden Fall Recht behalten.‹ Mit einem richtig ausgefüllten Zieleblatt erreichst du deine Ziele künftig fast automatisch. Denn dein Unterbewusstsein hat dann die richtigen Fragen bereits beantwortet und weiß, was du wirklich willst, so dass dein MENTALMAN mit dir lenkt und denkt. Dann ist seine Macht mit dir«, beendete Alec seine Ausführungen und beide verließen den Bus, um das Ziel durch ihr Tun auch Realität werden zu lassen.

Auf dem Weg zum Büro gab Alec ihm noch einen Tipp: »'WAS WILL ICH WANN WARUM WIE ERREICHEN?' Wenn du dir diesen Satz einprägst, dann hast du immer das Geheimnis der Zielerreichung bei dir und kannst mit MENTALMAN, dem Superheld in dir, zu deinen Zielen fliegen!«

Am Schreibtisch gab Alec Mark das regionale Telefonbuch, damit er sich die Nummern, die er nicht auswendig wusste, noch neben seine Gästeliste schreiben konnte.

Der erste Anruf galt seiner Mutter, die er noch bei der Arbeit erreichte.

»Hallo Mama, ich möchte dich um Verzeihung bitten für den Streit heute Morgen und mich bei dir bedanken, da ich ohne dich gar nicht auf dieser schönen Welt wäre«, gab sich Mark versöhnlich.

»Danke Mark. Ich habe mir schon Sorgen gemacht, da ich dich zu Hause nicht erreichen konnte«, antwortete Angy.

»Das brauchst du nicht. Ich bin bei Alec gelandet, um mein Geschenk mit dem Schlüssel einzulösen«, erklärte Mark.

»Und jetzt?«

»Und jetzt habe ich mich für eine Geburtstagsfeier heute Abend entschieden. Die findet um 18.18 Uhr bei Alec in der Autohalle statt. Du bist mein wichtigster Gast und ich freue mich, wenn du kommst«, lud Mark seine Mutter selbstbestimmt und liebevoll ein.

»Mark, was soll das denn werden?«

»Lass dich einfach überraschen. Kommst du Mama?«, bohrte Mark nach.

»Du weißt doch, dass ich mit Alec ein Problem habe!«

»Dann lern ihn doch erst mal richtig kennen«, schlug Mark vor.

»Na gut! Dir scheint das ja wohl sehr wichtig zu sein. Dann spring ich halt mal über meinen Schatten und komme vorbei. Soll ich etwas früher da sein und euch beim Vorbereiten helfen?«

»Moment, ich frag mal Alec«, nahm Mark den Hörer vom Ohr, hob mit der anderen Hand die Sprechmuschel zu und fragte Alec: »Soll meine Mutter früher kommen und uns unterstützen?«

»Das ist deine Party – entscheide selbst!«

Mark nahm den Hörer wieder ans Ohr und sagte nach kurzem Überlegen: »Wenn du willst, kannst du ja noch einen Kuchen backen und einen Salat mitbringen. Das wäre echt lieb von dir. Wenn du dann so um fünf Uhr da sein könntest, dann passt das prima!« Nach ihrer Zusage beendete er sichtbar erleichtert das Gespräch.

»Super Mark, ich bin stolz auf dich!«, lobte ihn Alec.

Danach telefonierte Mark seine gesamte Gästeliste durch und erhielt überall Zusagen. Voller Freude konnte er sich nun dem nächsten Punkt auf der Liste widmen – dem Einkaufen.

Alec und Mark nahmen den blau-weißen VW Bus und fuhren los. Auf dem Weg zum Supermarkt stellte Mark fest: »Der ist aber ganz schön laut geworden.«

»Ja, der Auspuff ist durchgerostet und der TÜV ist auch fällig. Dazu muss er an einigen Stellen geschweißt und der Motor abgedichtet werden. Doch jetzt zu einem anderen Thema. Hast du eigentlich das Gefühl deinen Kopf auf einen Tisch schlagen zu müssen noch mal gehabt?«

»Lange nicht mehr, aber als mich der Kaufhausdetektiv und der Polizist verhörten, da hätte ich den Schreibtisch fast dazu benutzt.«

»Und wie sieht es mit dem Stottern aus?«

»Das hatte ich noch einmal, als Carina mir mitgeteilt hat, dass sie erst mal Zeit brauche, um sich über ihre

Gefühle zu mir klar zu werden. Ich war damals über beide Ohren in sie verliebt«, gab Mark verlegen von sich.

»Ja, diesen alten Ursachen aus deiner frühesten Kindheit auf den Grund zu kommen ist eine Herausforderung. Aus deinen Erlebnissen wurden deine Ängste und Blockaden geboren. Die treten bei jedem erneuten Auslöser solange zum Vorschein, bis dein MENTALMAN sie endlich emotional umgedeutet hat.«

»Das habe ich jetzt nicht so ganz verstanden.«

»Okay, dann erkläre ich es dir noch auf eine andere Weise. Alles was ein Mensch macht, hat in seinem Unterbewusstsein eine positive Absicht.«

»Auch das Klauen von Kleidung?«, wollte Mark wissen.

»Ja, für dein Unterbewusstsein schon. Frag dich doch mal, warum du die Kleidung haben wolltest. Was fällt dir da spontan ein?«

»Damit ich cooler bin.«

»Und warum ist cool sein so wichtig für dich?«, bohrte Alec nach.

»Damit ich nicht abgelehnt werde, besonders nicht von Carina.«

»Was hättest du noch für Möglichkeiten gehabt?

»Ich hätte die Klamotten kaufen können, doch meine Mutter hätte mir das Geld niemals gegeben.«

»Das heißt, dein Unterbewusstsein kennt deinen Schmerz, wenn du abgelehnt wirst und hat dadurch eine intelligente Schutzfunktion erschaffen, um dich vor weiterem Schmerz zu bewahren. Und da war die Angst stärker als jegliche Vernunft, die dir dein Verstand geliefert hatte. Das entschuldigt jedoch eine Straftat nicht. Allerdings bringt es dir Klarheit, wie dein Unterbewusstsein tickt. Deine Kleidung ist nur eine Hülle. Viele Menschen steigern dadurch ihr Selbstwertgefühl. Du konntest allerdings mit der gebrauchten Kleidung schon früh lernen, dass die inneren Werte den Äußerlichkeiten meilenweit voraus sind.«

»Ach so, beim Polizeiverhör von Alois habe ich auch nochmal gestottert.«

»Dann frag dich doch mal, warum du gestottert hast. Was fällt dir da spontan ein?«

»Ich wollte nichts Falsches sagen.«

»Und warum ist etwas Falsches zu sagen so schlimm für dich?«, bohrte Alec auch diesmal nach.

»Damit ich nicht abgelehnt werde – jetzt verstehe ich. Dann wollte der mentale Mann in meinem Kopf mir immer nur helfen, dass ich nicht mehr den Schmerz von Ablehnung spüren muss. Und er hat mir als Schutzfunktion ein Stottern erschaffen, so dass ich meine Worte nochmals durch den Verstand kontrollieren muss, bevor sie andere zu Ohren bekommen. Stimmt das?«

»Gratulation! Jetzt hast du MENTALMAN – den Superheld in dir entdeckt.«

»Ich hatte bei Peter auf seinem Pferdehof auch zwei komische Erlebnisse. Einmal stand ich auf einem Fels und schaute ins tiefe Tal hinunter. Plötzlich wurde mir schwindelig und meine Knie wurden weich und zittrig. Und einen Tag zuvor hatte mich beim Angeln ein riesiger Aal ins Wasser gezogen. Komisch war, dass ich schon keine Luft mehr bekam, bevor ich unter Wasser tauchte«, erzählte Mark und er spürte sogar jetzt bei der Erzählung, wie sich sein Hals erneut zuzog.

»Das wird sich durch dein ganzes Leben ziehen, wenn wir dein Urtrauma nicht lösen. Das hört sich für mich so an, als ob deine Geburt doch ein paar negativ eingeprägte Erlebnisse für deinen MENTALMAN hatte. Da nehmen wir uns bei nächster Gelegenheit gerne mal Zeit, damit die Macht in diesen Bereichen wieder mit dir ist. Natürlich nur, wenn du das auch willst!«

»Ja – ich will!«, gab Mark klar und deutlich zu verstehen.

Im Supermarkt dauerte der Einkauf fast eine Stunde, bis die beiden alle Sachen in ihre prall gefüllten Einkaufswägen gestapelt hatten. Nach dem Bezahlen verstauten sie alles im Bus und fuhren zu Alecs Autohalle zurück. Direkt davor stellten sie gemeinsam den großen Grill und im Innenbereich die Festzeltgarnituren auf, die Alec für seine Kundenveranstaltungen auf Lager hatte. Das Team erledigte die restlichen Vorbereitungen spielerisch mit voller Begeisterung und hatte einen Riesenspaß, als beim Wettaufblasen der Deko-Luftballons der ein oder andere mit einem lauten Knall platzte.

Als Marks Mutter voll bepackt um kurz vor fünf Uhr hereinkam, spielte auch schon die Musikanlage in voller Lautstärke das Lied von Phil Collins 'In the air tonight'. Mark rannte auf seine Mutter zu, nahm ihr den Korb aus der Hand und umarmte sie erst einmal. Während Mark den Salat und den Kuchen auf das Buffet stellte, begrüßte auch Alec Angy herzlich und versuchte sich zu versöhnen: »Wollen wir einfach alles vergessen, was in der Vergangenheit nicht so gut gelaufen ist?«

Angy schaute ihn erleichtert an und erwiderte: »Wenn ich sehe, wie Mark bei dir aufblüht, dann kann ich alles vergessen. Aber bitte nimm ihn mir nicht weg – er ist alles, was ich noch habe. Das könnte ich dir nie verzeihen.«

Alec schaute ihr tief in die Augen: »Mark ist dein Sohn und das wird er auch immer bleiben.«

Angy half noch mit, ein paar Luftschlangen zu dekorieren und Mark erzählte ihr dabei begeistert von seinem bisherigen Geburtstag.

»Wer kommt denn alles zu deiner Party?«, wollte Angy von ihrem Sohn wissen.

»Lass dich einfach überraschen.«

Schon im nächsten Moment öffnete sich das schwere Metalltor und Oma und Opa betraten die Halle.

»Mark, die Überraschung ist dir wirklich gelungen«, gab Angy von sich und lief zu Alec.

Währenddessen eilte Mark seinen Großeltern freudestrahlend entgegen und rief: »Herzlich willkommen zu meiner Party!«

Nach einer Umarmung nahm er beide an die Hand und brachte sie zu seiner Mutter. Angy erkannte, wie wichtig es Mark schien, wenigstens für diesen Tag Frieden zu schließen und sie reichte beiden die Hand. Kurz darauf kam Tony mit Kenny und Harry durch die Eingangstür. Diese waren völlig begeistert, als sie die vielen besonderen Autos sahen. Wenig später traf Peter mit seinen Eltern ein und auch diese gratulierten Mark herzlich. Es fehlten nur noch Carina mit ihren Eltern und ihrem Bruder Sven. Mit etwas Verspätung trafen sie jedoch endlich ein. Carina drückte Mark gleich einen dicken Kuss auf die Backe und ein Kuvert in die Hand, während Alec sowie Marks Opa bereits am Grill standen und die ersten Steaks und Würstchen brutzelten. Zeitgleich verteilte Angy mit ihrer Mutter die Salate am Buffet auf die Teller der Gäste.

Als schließlich alle den ersten Hunger gestillt hatten, stellte sich Mark vor die Tische und begann eine kleine Rede: »Als ich heute Morgen aufgestanden bin, dachte ich noch, es wird wieder einmal ein langweiliger Geburtstag. Und dann habe ich mich entschieden, nach langer Zeit heute wieder Alec zu besuchen. Er hat mich vor sieben Jahren dazu eingeladen, mich immer wieder inspiriert und mir Mut gemacht, heute die schönste Geburtstagsparty zu feiern, die ich bisher erlebt habe. Allein schon, weil ihr alle da seid, hat sich mein Wunsch erfüllt. Dafür möchte ich euch allen 'Danke' sagen. Als ihr mich am Telefon gefragt habt, was ich mir für ein Geschenk wünsche, habe ich einfach nur 'Geld' geantwortet. Ich möchte euch jetzt erklären, was ich damit machen werde. Als wir vor circa sieben Jahren hierher gezogen sind, hatten wir wenig Geld. Aber meine Mama hat nie aufgegeben, für uns zu kämpfen. Carinas Familie hat uns dabei viel geholfen. Ich zum Beispiel habe immer Svens alte Kleidung bekommen, so dass wir einiges an Geld sparen konnten. Ich fühlte mich nie richtig wohl in dieser Kleidung und wurde deswegen auch oft geärgert. Doch eines habe ich dadurch gelernt – es ist nicht die

Kleidung, die einen Menschen ausmacht, sondern die Person, die darin steckt. Trotzdem möchte ich ab heute mit meinem eigenen Geld selbst bestimmen, welche Kleidung ich anziehe. Natürlich werde ich nicht alles nur für Kleidung ausgeben, sondern auch einen Teil sparen. Ich hoffe Alec, dass ich von dir noch so einige Geheimnisse im Umgang mit Geld lernen darf. Und das ist erst der Anfang auf meinem Weg zum Erwachsenwerden. Alle anderen Geheimnisse für ein selbstbestimmtes Leben habe ich dank euch in den letzten 14 Jahren gelernt – ihr seid die Superhelden in meinem Leben. Und danke lieber Alec, dass ich heute diesen Tag spontan in deiner Halle feiern darf. Es gibt noch eine Person, ohne die ich heute überhaupt nicht hier wäre. Danke Mama, dass du mich vor 14 Jahren auf diese Welt gebracht hast.«

Mark bekam großen Applaus! Angy lief mit Tränen in den Augen zu Mark und drückte ihn fest an sich: »Du bist für mich mein größter Superheld.«

Alec übernahm noch kurz das Wort: »Hey Mark – du hast dir diesen Tag auch redlich verdient. Doch jetzt geht die Party erst richtig los!«

Dabei lief er in den hinteren Teil der Halle auf ein Rolltor zu und drehte mit seiner Fernbedienung die Musikanlage laut. Während von 'Peter Maffay' das Lied 'Über sieben Brücken musst du geh'n' lief, bewegte sich das Rolltor langsam nach oben. Zum Vorschein kam ein wohnlich eingerichteter und auch für Mark bisher unbekannter Raum mit allen möglichen Gerätschaften. Darin standen Flipper, Billardtisch, Tischkicker,

Musikbox und eine riesige Carrera-Rennbahn. An den Wänden hingen eine Dartscheibe und alte Blechschilder mit verschiedenen Autos darauf. Das alles wartete auf die überraschten Gäste, die aus dem Staunen gar nicht mehr herauskamen.

»Das ist ja der absolute Wahnsinn«, rief Mark Alec zu, der sich sichtlich über die verblüfften Gesichter freute.

»So lange ihr euch hier vergnügt, kann ich nochmal Fleisch auf den Grill legen. Wer möchte noch was?«, fragte Alec in die gesellige Runde.

»Ein Wildschwein, beim Teutates!«, rief Kenny aus vollem Hals und brachte damit die versammelten Gäste herzhaft zum Lachen.

Aus Übermut begann nun auch noch Peter, der mitten im Stimmbruch steckte, in schrägen Tönen zu singen.

»Peter, du weißt aber schon, was mit dem Barden 'Troubadix' passiert, wenn er versucht zu singen«, warnte ihn Carina mit erhobenem Zeigefinger und sogleich beendete Peter seine Sangeslust.

Der weitere Abend nahm ganz nach Gallier-Manier seinen Lauf.

Allerdings gab es einen kleinen Zwischenfall, von dem jedoch nur Alec und Mark Notiz nahmen. Kurz nach 22 Uhr stand der Polizist Alois neugierig an der Eingangstür und fragte Alec, ob er sich eine Anzeige wegen Ruhestörung einhandeln möchte.

Als Mark dazu kam, machte er Alois mit selbstsicherer Stimme klar: »Das ist meine Geburtstagsparty und es fehlen mir heute genau zwei Menschen. Du hast jetzt zwei Möglichkeiten. Wenn du meine Schwester Penny findest und hierher bringst, dann bist du gerne mein Gast. Wenn nicht, dann lass uns in Ruhe feiern, verstanden?«

Der Polizist war so verdutzt, dass er nicht einmal mehr antworten konnte, bevor Alec ihm das Tor vor seiner Nase schloss und dabei erklärte: »Wir werden die Musikanlage etwas zurückdrehen und die Türen geschlossen halten. Schönen Abend noch Herr Wachtmeister!«

Alec drehte sich zu Mark und fragte: »Und wer ist die zweite Person, die du heute vermisst?«

»Natürlich mein Vater.« Beide gaben sich ein 'High-Five' und kümmerten sich anschließend wieder um ihre Gäste.

Noch bis spät in die Nacht feierten die Anwesenden ausgelassen Marks Geburtstag. Als sich alle bis auf seine Mutter verabschiedet hatten und Angy die letzten Tische abräumte, sagte Mark zu Alec: »Danke für das tolle Geschenk heute. Hier hast du den Schlüssel und die Zündkerze zurück.«

Alec nahm diese entgegen und verband beide mit einem Schlüsselring: »Man gibt doch ein Geschenk nicht einfach zurück! Den behältst du mal schön. Das ist doch der Schlüssel zu deiner Freiheit. Damit fängt es ab heute erst richtig für dich an. Bist du bereit dafür etwas zu tun, was du noch nie getan hast?«

»Ja!«

»Und willst du dafür über Grenzen gehen?«

Mark dachte kurz nach und ICH schickte ihm die Erinnerung an die Schatzkarte in seiner Truhe und den tiefen Wunsch, seinen Vater zu finden.

Mark antwortete voller Überzeugung: »Ja – ich will!«

»Dann gehört dir ab sofort das passende Fahrzeug zum Schlüssel und wir werden deinen VW Bus gemeinsam in den nächsten vier Jahren auf Vordermann bringen, so dass du pünktlich zu deinem Führerschein einen fahrbaren Untersatz hast«, überraschte ihn Alec.

»Meinst du das ernst? Das kann ich gar nicht glauben!«, erwiderte Mark mit großen Augen.

»Und ob du das kannst!«, schmunzelte Alec und drückte ihm dabei lächelnd noch ein Stück Metall in die Hand. Als sich Mark dieses anschaute, sah er einen total verbogenen Löffel, so wie er es mit seinem Opa als kleiner Junge schon einmal von 'Uri Geller' im Fernsehen gesehen hatte. Mark schaute Alec verblüfft an und noch bevor Mark etwas erwidern konnte, ergänzte Alec: »Wenn MENTALMAN es glauben kann, dann wirst du es mit seiner Macht auch erreichen. Du wirst sehen, es lohnt sich MENTALMAN – den Superheld in dir nicht nur zu entdecken, sondern auch zu erwecken.«

ICH freute mich, mit Mark seinen bisher schönsten Tag zu erleben und speicherte diese Erkenntnisse und Erlebnisse tief und fest für ihn ab. Endlich hatte mich Mark durch seine zahlreichen Abenteuer wieder für sich entdeckt und ICH war begeistert davon.

MACH DOCH WAS DU WILLST

Geht es Dir jetzt ähnlich wie Mark und Du hast MENTALMAN in Dir entdeckt – einen mehr oder weniger unbekannten, unterdrückten oder unterschätzten Superheld in Dir, der manchmal nicht so recht weiß, wohin er will? Bist Du vielleicht noch auf der Suche nach dem Leben, von dem Du schon immer geträumt hast?

Dann lade ich Dich ein, auf den nachfolgenden Seiten mutig zu beschreiben, wie Du Dir Dein Leben in der Zukunft vorstellst. Bringe es am Besten gleich aufs Papier – wenn nicht jetzt, wann dann?

Im Anschluss daran sind noch einmal die im Buch versteckten Geheimnisse eines selbstbestimmten Lebens aufgeführt. Dort findest Du auch weiterführende Informationen und Bonusmaterial, um Dich und Deinen MENTALMAN zu inspirieren. Jetzt darfst Du tun und lassen, was Du möchtest. Also mach doch aus Deinem Leben, was Du wirklich willst. MENTALMAN – der Superheld in Dir – ist Dir dabei stets zu Diensten.

Heldenhafte Grüße
Dein Oliver M. Gulde

Meine Ziele in einem Monat:

MEINE ZIELE IN EINEM JAHR:

Meine Ziele in zwei Jahren:

Meine Ziele in fünf Jahren:

Meine Ziele in 10 Jahren:

MEINE ZIELE IN 15 JAHREN:

Meine Ziele in 20 Jahren:

MEINE LEBENSZIELE:

DIE GEHEIMNISSE EINES SELBST-BESTIMMTEN LEBENS

Erstes Geheimnis:
*Wenn Dir im Leben etwas Bestimmtes fehlt,
dann liegt es in dieser Welt
schon für Dich bereit.*

Zweites Geheimnis:
*Wenn Dir im Leben etwas wichtig erscheint,
lohnt es sich auch, den Weg dorthin
zu gehen.*

Drittes Geheimnis:
*Wenn Du in diesem Leben Deinem
Traum nicht folgst, dann wird er mit
Dir sterben!*

Viertes Geheimnis:
*Wenn Dir im Leben Menschen begegnen,
die Dir mit ihrem Wissen helfen Deinem Ruf zu
folgen, dann prüfe, ob sie es von Herzen tun und
Großartiges in Dir sehen.*

INFORMATIONEN UND BONUSMATERIAL

MENTALMAN – Zielerreichung
Du möchtest Deine Ziele schneller und sicherer erreichen?
Dann hole Dir hier Dein kostenloses Starterpaket:
www.mentalman.de/zielerreichung

MENTALMAN – Live
Du möchtest Mentalman live erleben?
Dann erfahre weitere Geheimnisse vom Superheld in Dir:
www.mentalman.de/live

MENTALMAN – News
Du möchtest Neues vom Mentalman erfahren?
Dann hole Dir hier Tipps für den Superheld in Dir:
www.mentalman.de/news
Oder Du folgst Mentalman auf Facebook. Dort freut er sich auf
Deine Buchbewertung. Zusätzlich findest Du weitere
Geheimnisse und kannst für Dich etwas gewinnen:
www.facebook.de/MentalmanBuch

MENTALMAN – Autor
Du möchtest mehr über den Autor Oliver M. Gulde und seine
Berufung als Mentalberater erfahren oder hast Fragen?
Dann findest Du ihn hier:
www.mentalman.de/autor

MENTALMAN – Buch
Du möchtest das Buch Mentalman weiterempfehlen oder einen
lieben Menschen damit überraschen?
Dann findest Du es im Buchhandel oder unter:
www.mentalman.de

MENTALMAN – Literatur
Du findest hier das Literaturverzeichnis und Weiterführendes.
www.mentalman.de/literatur

1001 DANK

Danke an Dich, lieber Leser, dass Du Dich dafür entschieden hast, Mentalman in Dir zu entdecken.

Danke an meine Frau Monika, dass Du über meine Füße gestolpert bist und wir schon über 30 Jahre unseren gemeinsamen Weg gehen. Auch wenn dieser oft steinig war, durch tiefe Täler und auf hohe Berge führte, hast Du nie aufgegeben. Danke für Deine Liebe und unsere zwei wundervollen Kinder, die Du uns geschenkt hast. Ohne Dich wäre das Leben nur halb so schön!

Danke an unsere beiden Söhne, dass Ihr mich als Papa ausgewählt habt und ich Euch auf dem Weg zu einem selbstbestimmten Leben begleiten durfte. Danke für Eure Geduld und Ausdauer sowie die vielen Inspirationen, alleine für dieses Buch.

Daniel, Dir danke ich für deine tatkräftige Unterstützung, wenn die Technik mal wieder schneller voranschreitet, als deine Eltern. Außerdem danke ich Deiner Elena, die mich mit Ihrer herzlichen Art immer wieder ermutigte.

Fabian, Dir danke ich für Deine besonderen Fähigkeiten, die mir das Buch überhaupt erst als Familienprojekt möglich gemacht haben. Danke auch an Deine Sara, die Dir stets mit ihren kreativen Ideen bei der Mitgestaltung des Buches zur Seite stand.

Ihr vier seid ein großes Geschenk!

Danke an alle meine Heldenfreunde, dass ich mit Euch so viele Abenteuer erleben durfte – besonders an Dich Udo, da die Macht schon am längsten mit uns ist.

Danke an Karsten, Cornelia und Heidi für Euer außergewöhnliches Engagement auf dem Weg zu diesem Buch.

Danke an die lieben Menschen, die ich in den letzten fünf Jahrzehnten kennen lernen durfte.

Danke an meinen Papa Norbert und meine Mama Erna, dass Ihr mich gezeugt und auf die Welt gebracht habt. Danke auch für all das Bonusmaterial danach.

Mama, ich weiß, dass Du mich von einer Wolke da oben beobachtest und mich immer wieder daran erinnert hast, mein erstes Buch zu schreiben.

Danke an Mentalman, dass ich Dich entdecken durfte.

Ihr alle seid die Helden meines Lebens!
Euer Oliver M. Gulde

– Danke für dieses Leben voller Abenteuer –

GULDE AKADEMIE

FINDE DEN WEG ZUM ZIEL!

Die Gulde Akademie ist eine privat geführte Bildungseinrichtung, die sich zum Ziel gesetzt hat Menschen und Unternehmen zielorientiert durch persönliche Beratung und individuelles Coaching zum Erfolg zu begleiten. Erfolgreiche Veränderungen im privaten und beruflichen Leben beginnen immer zuerst im Kopf – im Mentalen.

Wenn Du Dich in den Bereichen Business, Beruf, Beziehungen und Persönlichkeit oder Gesundheit und Sport weiterentwickeln und verbessern willst, dann bist Du hier genau richtig.

Durch unsere Seminare & Workshops unterstützen wir die Teilnehmer, ihre Ziele und Wünsche schnell und sicher in die Realität zu bringen. Denn nichts ist demotivierender als eine Idee oder ein erfolgversprechendes Projekt, das sich im Laufe der Zeit im Sande verläuft.

Nenne uns Deine Wünsche – wir finden gemeinsam den Weg zu Deinem Ziel!

Dein Oliver Gulde – der Mentalberater mit Weitblick

www.gulde-akademie.com